古典文獻研究輯刊

三六編

潘美月・杜潔祥 主編

第 7 冊

群書校補（三編）
——傳世文獻校補（第五冊）

蕭 旭 著

國家圖書館出版品預行編目資料

群書校補（三編）──傳世文獻校補（第五冊）／蕭旭 著 --
初版 -- 新北市：花木蘭文化事業有限公司，2023〔民112〕
目 4+196 面；19×26 公分
（古典文獻研究輯刊 三六編；第7冊）
ISBN 978-626-344-265-8（精裝）
1.CST：古籍 2.CST：校勘
011.08 111022049

ISBN-978-626-344-265-8

9 786263 442658

古典文獻研究輯刊
三六編 第七冊 ISBN：978-626-344-265-8

群書校補（三編）
──傳世文獻校補（第五冊）

作　　者	蕭旭
主　　編	潘美月、杜潔祥
總 編 輯	杜潔祥
副總編輯	楊嘉樂
編輯主任	許郁翎
編　　輯	張雅淋、潘玟靜　美術編輯　陳逸婷
出　　版	花木蘭文化事業有限公司
發 行 人	高小娟
聯絡地址	235 新北市中和區中安街七二號十三樓
	電話：02-2923-1455／傳真：02-2923-1452
網　　址	http://www.huamulan.tw 信箱 service@huamulans.com
印　　刷	普羅文化出版廣告事業
初　　版	2023 年 3 月
定　　價	三六編 52 冊（精裝）新台幣 140,000 元

群書校補（三編）
——傳世文獻校補（第五冊）

蕭旭 著

第十一冊

《新序》校補

　　西漢劉向編著《新序》，原本 30 卷，至北宋時已殘缺大半，曾鞏校定作 10 卷，今傳各本的祖本皆是曾校本。

　　清代以還對《新序》的研究著作，余所見者有以下幾種：盧文弨《群書拾補·新序校正》〔註1〕，蘇時學《爻山筆話》卷 5《新序》〔註2〕，徐友蘭《群書拾補識語·新序》〔註3〕，孫詒讓《新序札迻》〔註4〕，汪之昌《新序雜證》〔註5〕，石光瑛《新序校釋》〔註6〕，張白珩《新序校注補正》〔註7〕，金其源

〔註1〕盧文弨《新序校正並補遺》（以何允中《廣漢魏叢書》本作底本，後附《新序逸篇》52 條），收入《群書拾補》，《抱經堂叢書》本；又《續修四庫全書》第 1149 冊，上海古籍出版社 2002 年版，第 397～409 頁。

〔註2〕蘇時學《爻山筆話》卷 5《新序》，收入《四庫未收書輯刊》第 7 輯第 11 冊，北京出版社 1997 年影印出版，第 407～408 頁。

〔註3〕徐友蘭《群書拾補識語·新序》，收入《叢書集成續編》第 92 冊，上海書店 1994 年版，第 572～573 頁；又收入《叢書集成續編》第 6 冊，新文豐出版公司 1988 年版，第 490～491 頁。

〔註4〕孫詒讓《新序札迻》，收入《札迻》卷 8，中華書局 1989 年版，第 251～254 頁。

〔註5〕汪之昌《新序雜證》，收入汪之昌《青學齋集》卷 23，民國 20 年（1931）新陽汪氏青學齋刊本。此文僅完成《雜事一》部分，但徵引劉向以前群書與《新序》相印證者，本書不作徵引。

〔註6〕石光瑛《新序校釋》，中華書局 2001 年版。另見石氏幾種論文：石光瑛《新序校釋（卷一）》，國立中山大學研究院《語言文學專刊》，第 1 卷第 3～4 期，1937 年版，第 739～829 頁。石光瑛《新序校釋（卷第）》，《同聲月刊》第 3 卷第 8 號，1943 年版，第 103～123 頁。石光瑛《新序校釋（卷第一續）》，《同聲月刊》第 3 卷第 9 號，1943 年版，第 96～126 頁。本文引用一依中華版《新序校釋》。附記：本稿完成後，又見《新序校釋》中華書局 2017 年版，未暇改依新版，謹此說明。

〔註7〕張白珩《新序校注補正》，四川省立圖書館《圖書集刊》1945 年第 6 期，第 99

《新序管見》〔註8〕，趙仲邑《新序校證》、《新序詳注》〔註9〕，徐仁甫《新序辨正》〔註10〕，朱季海《新序校理》〔註11〕，趙善詒《新序疏證》〔註12〕，陳茂仁《新序校證》〔註13〕。其中趙仲邑《校證》、《詳注》採用石光瑛等前人說〔註14〕，多不注明出處。陳茂仁《校證》於常見通假字、異體字、古今字、正俗字，不厭其煩、不避重複地指出，發明無多。

日人著作僅見武井驥《新序纂注》〔註15〕。

以下幾種著作未見：（日）岡本保孝《新序考》〔註16〕，朱駿聲《新序簡端記》〔註17〕，陳壽祺《新序校本》〔註18〕，張國銓《新序校注》〔註19〕，施珂《新序校證》〔註20〕，蒙傳銘《新序校記》〔註21〕，梁容茂《新序校補》〔註22〕，蔡信發《新序疏證（上、中、下）》〔註23〕。本文如有引用，皆係轉引自陳茂仁《校證》。

茲依石光瑛《新序校釋》為底本作校補〔註24〕，校以南宋刻本（省稱作

〔註8〕 金其源《新序管見》，僅一條，收入《讀書管見》，（上海）商務印書館1957年初版，第423頁。

〔註9〕 趙仲邑《新序校證》，《中山大學學報》1961年第4期，第79～97頁。趙仲邑《新序詳注》，中華書局1997年版。本文引用《校證》注明出處。

〔註10〕 徐仁甫《新序辨正》，收入《諸子辨正》，成都出版社1993年版，第412～471頁；又中華書局2014年版，第409～465頁。

〔註11〕 朱季海《新序校理》，中華書局2011年版。

〔註12〕 趙善詒《新序疏證》，華中師範大學出版社1989年版。此書僅彙錄「諸書互見材料」，本書不作徵引。

〔註13〕 陳茂仁《新序校證》，花木蘭文化出版社2007年版。

〔註14〕 趙氏見過石光瑛《新序校釋》廣州中興印書館印本前四卷，見《新序詳注前言》第20頁及22頁注（11）。

〔註15〕 （日）武井驥《新序纂注》，廣文書局1981年印行。東都書肆尚古堂文政五年（1822年）刊本注：「《新序纂注拾遺》，嗣出。」未見。

〔註16〕 （日）岡本保孝《新序考》，臺灣國立故宮博物院藏鈔本。

〔註17〕 朱駿聲《新序簡端記》，朱駿聲《石隱山人自訂年譜》朱師轍《附識》著錄，江蘇省立蘇州圖書館《吳中文獻小叢書》之十，1930年出版，第17頁。

〔註18〕 張之洞云：「陳壽祺有《新序》、《說苑》校本，未刊。」張之洞、范希曾《書目答問補正》卷2，上海古籍出版社2001年版，第89頁。

〔註19〕 張國銓《新序校注》，附《佚文校輯》，成都茹古書局1944年版。

〔註20〕 施珂《新序校證》，臺灣大學中文所1959年碩士論文。

〔註21〕 蒙傳銘《新序校記》，《新亞書院學術年刊》第12期，1970年版，第19～73頁。

〔註22〕 梁容茂《新序校補》，（臺北）水牛出版社1971年版。

〔註23〕 蔡信發《新序疏證（上、中、下）》，《女師專學報》1976年第8～10期。

〔註24〕 《校釋》第286、347、360等頁自言「以宋本為主」。

「宋本」)、《叢書集成初編》本（影鐵華館校宋本，康熙年間徐元圃校刻本，省稱作「校宋本」)、《漢魏叢書》本（明萬曆二十年程榮校刊本，省稱作「程本」)、《四部叢刊》本（影明嘉靖翻宋刊本，《諸子百家叢書》本亦即此本，省稱作「嘉靖本」〔註25〕)、《龍谿精舍叢書》本（周楚江刊正本，省稱作「龍谿本」)、《四庫全書》本（省稱作「四庫本」)。石氏《校釋》第91頁自言於《御覽》「未得宋刊佳本」，第227頁自言「未得北宋本」，乃用鮑本，本文皆以景宋本覆校。

《雜事篇》第一校補

（1）瞽瞍與象為浚廩塗井之謀，欲以殺舜

按：浚廩塗井，各本作「浚井塗廩」，石光瑛《校釋》本誤倒。

（2）魯有沈猶氏者，旦飲羊，飽之，以鬻市人

按：鬻，各本作「欺」，石光瑛《校釋》本誤。《家語·相魯》作「詐」。

（3）魯市之鬻牛馬者善豫賈

石光瑛曰：市，各本作「氏」，今從宋本。豫，俗本作「遇」。

按：余所見各本皆作「市」、「豫」，石氏謂「各本作氏」，非其實也。

（4）魯之鬻馬牛者不豫賈

石光瑛曰：各本奪「者」字，非。今據《荀子》補。

按：石說是也，《家語·相魯》作「鬻牛馬者不儲價」，亦有「者」字。本書《雜事五》亦脫「者」字。

（5）問其故

石光瑛曰：《書鈔》卷33引作「樊姬問故」。

按：《類聚》卷70、《御覽》卷632、《類說》卷30引作「樊姬問其故」，《記纂淵海》卷36引作「樊姬問之」。各本皆脫「樊姬」二字。

（6）非不欲專貴擅愛也

石光瑛曰：擅，猶專也，嘉靖本誤「檀」。

〔註25〕趙仲邑《新序詳注前言》第20頁以「四部叢刊本」、「嘉靖本」並出，是不知二者乃一本也。

按：嘉靖本「貴」誤「責」，亦當出校。《類聚》卷 70 引「貴」作「寵」。

（7）夫子生則欲進賢而退不肖，死且不懈

石光瑛曰：《大戴禮》、《賈子》「不懈」作「未止」。

按：懈，讀為解，止也，舍也，罷也，釋也，猶言放棄。《漢書·五行志》：「歸獄不解，茲謂追非，厥水寒，殺人。追誅不解，茲謂不理，厥水五穀不收。大敗不解，茲謂皆陰。解，舍也。」顏師古注引張晏曰：「解，止也。」

（8）唯善故能舉其類

石光瑛曰：陸氏《左襄三年傳》《釋文》於傳文「能舉善也夫，唯善故能舉其類」，謂「夫音扶，絕句。一讀以『夫』為下句首」。當以「夫」字絕句，以申慨歎之神，不當以「夫」屬下句讀。陸氏不能辨明，兩存其說，失之不考。

按：石說非是。《左傳》當以「夫」屬下句，讀作「夫唯善，故能舉其類」。「夫唯」與「故」字相呼應。《老子》第 8 章：「夫唯不爭，故無尤。」又第 15 章：「夫唯不可識，故強為之容。」又第 22 章：「夫唯不爭，故天下莫能與之爭。」又第 67 章：「夫唯大，故不肖。」《韓子·外儲說右下》：「夫唯嗜魚，故不受也。」《禮記·曲禮上》：「夫唯禽獸無禮，故父子聚麀。」皆其例。《老子》第 2 章：「夫唯不居，是以不去。」又第 70 章：「夫唯無知，是以不我知。」《大戴禮記·曾子制言中》「夫唯進之何功？退之何守？是故君子進退有二觀焉。」「是以」、「是故」與「故」用法同，亦與相呼應。「夫唯」亦作「夫惟」，《淮南子·說山篇》：「夫惟能下之，是以能上之。」此文則省「夫」字，不可據此文斷《左傳》「夫」字當屬上句讀。類，群類、朋輩。徐仁甫曰：「類當訓善。善與類異詞同義。」非是。

（9）常思我以道，正我以義

石光瑛曰：《呂氏·長見》作「數犯我以義，違我以禮」，《說苑·君道篇》同。俞樾曰：「犯違讀範圍。」俞說亦通，然依本字讀，文理自明，似不必改字。《治要》止引一句，作「常勸我以義」，《御覽》引作「忠我以義」，「忠」、「思」形近，疑作「忠」近是。

按：思，宋本、校宋本、程本、嘉靖本、龍谿本、四庫本、武井驥本並作「忠」，石氏所據乃誤本，又失校諸本。《御覽》卷 459 引作「忠我以義」者，脫「我以道正我以」六字。《治要》卷 42 引作「常勸我以義」，則是臆改。《冊

府元龜》卷 244、宋・周必大《繳故事箚子》、宋・葛洪《玄宗用韓休為社稷》用此文，亦作「忠我以道，正我以義」，是宋人所見，固作「忠」字。《呂氏春秋・當賞》：「輔我以義，導我以禮。」《韓詩外傳》卷 3：「恭我以禮，防我以義。」《說苑・復恩》：「防我以禮，諫我以義。」《史記・晉世家》：「導我以仁義，防我以德惠。」諸文並可參證。《後漢書・宦者列傳》、《劉梁傳》李賢注引此文並作「犯我以義，違我以禮」，《文選・宦者傳論》李善注引同，蓋誤記《呂氏》或《說苑》之文。

（10）吾所樂者，勸吾為之；吾所好者，先吾服之

石光瑛曰：服，事也。先吾而為其事。《說苑》作「吾所欲者，勸我為之；吾所樂者，先我行之」。

按：朱季海曰：「服亦行也，蓋楚語有之。《說苑》以『行』代『服』，而古言可知。」《廣雅》：「服，行也。」武井驥指出《御覽》卷 459 引「先」作「勸」。

（11）吾與處歡樂之，不見戚戚也

石光瑛曰：「戚戚」有二義：《論語》鄭注：「戚戚，多憂懼。」以憂訓戚，則戚乃慽之叚字。《說文》：「慽，憂也。」此一義也。《孟子・梁惠王篇》趙注：「戚戚然心有動也。」焦氏循《正義》曰：「戚與慼亦聲近義同。」如焦氏說，則戚乃慼之叚字。此又一義也。本文「戚戚」字當同第二義，訓心動，猶言心思念之，不當訓憂。《說苑》作「不見則思」，《治要》引作「不見則戚」，《御覽》作「嘗與處不見思之」。

按：景宋本《御覽》卷 459 引作「吾與處，不見思之」，石氏所據乃俗本。《後漢書・劉梁傳》李賢注、《文選・宦者傳論》李善注引並作「與處則安，不見則思」。武井驥曰：「戚戚，憂貌。」戚訓憂訓思，二義相因，「慽」乃憂義之分別字。字亦作怒，《詩・小弁》毛傳：「怒，思也。」《冊府元龜》卷 743 作「不得（見）則慼」，「慼」亦同。

（12）令尹即拜箕蘇為上卿，而遂申侯伯，出之境

按：遂，各本作「逐」，石光瑛《校釋》本誤。

（13）若困民之性，乏民之祀

石光瑛曰：下「民」字當作「神」，字之誤也。盧文弨曰：「《左氏襄十四

年》作『困民之主，匱神乏祀』，其文似不若此。」案「匱神乏祀」文義難解。《釋文》云：「『乏』本作『之』，誤也。」是陸本已作「乏」。近徐友蘭《群書拾補識語》云：「此文《左氏》有譌，當從沈果堂本改『主』為『生』，『乏』為『之』。性、生古字通，匱、乏同義。」〔註26〕案徐說是。王若虛已訂正今本《左氏》之失。《國語・周語》：「匱神之祀。」

　　按：朱季海亦謂當作「乏神」。宋本、程本、嘉靖本、四庫本皆作「乏神」，校宋本、龍谿本誤作「乏民」。《國語・周語上》作「匱神之祀而困民之財」，「民之財」即指民之生活所需，亦足證《左氏》「主」為「生」形誤。《治要》卷5引《左氏》雖誤作「主」字，而「之祀」字不誤。

（14）趙簡子上羊腸之坂

　　石光瑛曰：「坂」俗字，當作「阪」。《類聚》卷24引作「羊關阪」。

　　按：宋刊本、嘉靖刊本《類聚》卷24引作「羊開阪」，四庫本引作「羊腸阪」；《書鈔》卷157引作「羊腸阪」，《白氏六帖事類集》卷11引作「羊坂」〔註27〕。「開」是「關」俗字。

（15）群臣皆偏袒推車，而虎會獨擔戟行歌不推車

　　石光瑛曰：《書鈔》卷124引「偏」作「編」，誤。《類聚》卷24「袒」作「裼」。

　　按：《書鈔》卷124引「偏」作「徧」，石氏誤記。武井驥曰：「《御覽》卷53引『擔』作『當』。」《御覽》卷457引「袒」亦作「裼」。古鈔本《治要》卷42引「袒」誤作「祖」，天明刊本誤作「袒」。《白氏六帖事類集》卷11引「偏袒」作「徧裼」，《合璧事類備要》後集卷7引作「袒裼」。S.2552V《類書抄》：「魏文侯坐步車上羊場（腸）板（阪），教群臣步車而推，虎會負戈而歌。」當即此事，而誤作魏文侯。

（16）辯者不為使，則指事不通

　　石光瑛曰：指事，各本作「使」，《治要》引亦作「使」，今從《類聚》、《御覽》卷457引作「指事」。蓋「事」字與「使」字義同。

〔註26〕徐氏原文「改」作「更」。徐友蘭《群書拾補識語・新序》，收入《叢書集成續編》第92冊，上海書店1994年版，第572頁。

〔註27〕《白帖》在卷39，下同。

按：朱季海亦據《類聚》改作「指事」。古鈔本《治要》卷 42 引作「則不通」，天明刊本作「則使不通」，石氏所據乃後出之刊本。《冊府元龜》卷 831 用此文，亦作「則使不通」。疑「則使不通」不誤，或本作「音使不通」，因誤作「指事不通」耳。《御覽》卷 785 引《尚書大傳》：「道路悠遠，山川阻深，音使不通。」《韓詩外傳》卷 10：「臣欲亡，為失兩君之使不通。」《史記・滑稽列傳》：「欲赴佗國奔亡，痛吾兩主使不通。」

（17）居無幾何，而周舍死

石光瑛曰：居，辭也。

按：石說非是。居，猶留也，處也。《戰國策・齊策一》：「留無幾何，齊貌辨辭而行。」《呂氏春秋・知士》同。《呂氏春秋・愛士》：「處無幾何，趙興兵而攻翟。」又《期賢》：「居無幾何，秦興兵欲攻魏。」二者文例正同，是居猶處也。《列女傳》卷 6：「處家無幾何，其母亡布八尋。」

（18）昔者吾先君中行穆子，有車十乘

石光瑛曰：各本無「中行」二字，案《治要》及《御覽》兩引俱有，《論衡》亦有，今據補。《論衡》「穆」作「密」，聲轉通用。「有」各本作「皮」，《治要》及《御覽》卷 627 引亦作「皮」。或釋「皮車」即「革車」，非也。「皮」者「友」字之譌，《御覽》卷 736 正作「友」，可證。《論衡》作「有」，「有」、「友」古通用。

按：宋本、校宋本、程本、嘉靖本、龍谿本、四庫本俱有「中行」二字，石氏謂「各本無」，非其實也。古鈔本《治要》卷 42 引「穆」作「密」，旁注「穆」字（天明刊本引仍作「穆」）；《御覽》卷 627、736 引亦作「密」。景宋本《御覽》卷 736 引作「有車」，不作「友車」，石氏所據乃俗本，趙仲邑襲取石說，而不知檢正〔註28〕。

（19）夫船車飾則賦斂厚，賦斂厚則民怨謗詛矣

石光瑛曰：「船」各本作「舟」，《治要》、《御覽》627 引作「船」，《論衡》亦作「船」，是古本《新序》本作「船」字，今據改。《御覽》卷 736「夫船」作「且舟」，卷 627 引無「賦」字。《論衡》無「怨」字，《御覽》627 無「賦」字「謗」字。

〔註28〕趙仲邑《新序校證》，《中山大學學報》1961 年第 4 期，第 80 頁。

按：「舟」字不當改，《管子·權脩》：「舟車臺榭廣則賦斂厚矣……賦斂厚則下怨上矣。」此《新序》所本。景宋本《御覽》627引有「謗」字，又卷736引作「且船」，石氏所據乃俗本。

（20）解忿悁之難，交兩國之歡

石光瑛曰：《舊事》「悁」作「爭」，《御覽》卷305作「憤」，卷621作「狷」。案「狷」乃「悁」之誤，然義亦可相通。《御覽》卷305「歡」作「欣」，卷321（引者按：當是卷621）作「忻」。「欣」乃「歡」之譌，「忻」又因「欣」而誤。

按：悁，《治要》卷42、《後漢書·李膺傳》李賢注引同，《冊府元龜》卷239用此文亦作「狷」。歡，《治要》、《渚宮舊事》卷3引同，《後漢書》李賢注引作「懽」。

（21）以當彊敵

石光瑛曰：《治要》、《舊事》、《御覽》「彊」作「強」。

按：古鈔本《治要》引仍作「彊」，石氏所據乃後出之刊本。嘉靖本「彊」誤作「疆」。

（22）所使皆趨湯火

石光瑛曰：《舊事》無「所」字。盧文弨曰：「《御覽》作『使赴湯火』，此衍二字。」案《治要》引與今本同，惟「趨」作「趣」。《御覽》卷305作「使皆赴湯火」，盧所據者621卷文，是卷所引從略，不得遽據以改本文。

按：古鈔本《治要》引作「使皆趣湯火」（天明刊本句首增一「所」字），與今本不同，石氏失檢。《渚宮舊事》卷3、《文選·報任少卿書》李善注、《後漢書·李膺傳》李賢注引作「使皆赴湯火」，同《御覽》卷305。當衍「所」字。趨亦赴也。

（23）攝治亂之遺風

石光瑛曰：盧文弨曰：「攝，章懷作『獵』。」案《治要》、《御覽》卷305、621引俱作「撮」，《舊事》與今本同。「撮」乃「最」之別字。撮，聚也，取也。「聚」與「取」皆有「攝」義，二字字異義同。「獵」當作「擸」，《說文》：「攝，引持也。擸，理持也。」惟《大學》《正義》引《史記》作「撥」，乃異文也。此「攝」義當為綜攬。

按:《冊府元龜》卷 239 用此文,字作「酌」,蓋是臆改。《後漢書·李膺傳》、《李固傳》李賢注引俱作「攦」,《職官分紀》卷 45 引同。武井驥曰:「『攦』、『攝』通。《說文》:『攝,引持也。』」朱季海曰:「今謂『攦』字是也,『攝』、『撮』形近而誤。」朱說未確,「攝」字不誤。「攦」、「攝」古字通,字亦作躐。《史記·日者列傳》:「攦纓正襟危坐。」《索隱》:「攦,攬也。」錢大昕曰:「攦、攬聲相近。」〔註29〕《後漢書·崔駰傳》《達旨》:「躐纓整襟。」李賢注:「躐,音呂涉反。躐,踐也,此字宜從手。《廣雅》云:『攦,持也。』」〔註30〕言持纓整襟,修其容止。《史記》曰:『攝纓整襟。』華嶠《書》『躐』作『攝』也。」《御覽》卷 686 引後漢崔駰《達指》作「攝纓整衿」。「衿」同「襟」。「攝」、「攝」同為盍部字,聲近義同,皆執持而整理之義。《廣雅》:「撮,持也。」「撮」雖亦有持義,然是以手指撮取義,於文義不安,「撮」當是「攝」形誤。

(24) 景公觴之,酒酣

石光瑛曰:舊本「觴」作「賜」,則以「景公賜之酒」五字為句,「酣」字自為一句。案此文本《晏子春秋》,今《內篇雜上》作「景公觴之,飲酒酣」,是「賜」字為「觴」字形近而誤,當以「景公觴之」四字為句,「酒酣」二字為句。《外傳》作「景公錫之宴」,又無「酣」字。

按:陳茂仁說同石氏。《外傳》「錫」即「賜」字,此文或不必同《晏子》也。《冊府元龜》卷 655 用此文,同今本。此文「酒」字疑當重,讀作「景公賜之酒,酒酣」。

(25) 且欲試吾君臣,故絕之也

石光瑛曰:試,嘗也。且,猶將也。《外傳》「且」作「是」,亦通。或疑「且」為「是」字爛文,則以不狂為狂矣。

按:《晏子春秋·內篇雜上》亦作「且」。「是」亦猶且也,將也〔註31〕。試,《晏子》、《外傳》同,《孫子·謀攻》杜牧注、《御覽》卷 574 引《晏子》作「憝」。本篇下文「臣欲試其君」,《晏子》、《外傳》卷 8 亦同,《後漢書·馬

〔註29〕錢大昕《史記考異》,收入《二十二史考異》卷 5,《嘉定錢大昕全集(二)》,江蘇古籍出版社 1997 年版,第 106 頁。
〔註30〕《增韻》卷 5 引「躐」作「攦」,與今本《廣雅》同。
〔註31〕參見蕭旭《古書虛詞旁釋》,廣陵書社 2007 年版,第 369~370 頁。

融傳》李賢注、《御覽》卷 574、761、《事類賦注》卷 11 引《晏子》「試」作「憖」（陳茂仁已指出，石光瑛、趙仲邑僅及李注）、《孫子·謀攻》杜牧注引作「辱」。武井驥誤以「臣」屬下句。

（26）晉平公浮西河，中流而歎曰

石光瑛曰：《說文》：「浮，氾也。」浮、氾一聲之轉。《廣雅》：「浮，游也。」浮、游疊韻。《類聚》及《書鈔》卷 24 引作「遊」，俗。

按：《書鈔》見卷 34 引，非卷 24，石氏誤記。《韓詩外傳》卷 6、《說苑·尊賢》作「游」。

（27）夫劍產干越，珠產江漢，玉產昆山

石光瑛曰：干，各本作「於」，當作「干」，今正。「干」誤為「于」，又誤為「於」也。干越者，吳越也。

按：朱季海、徐仁甫亦謂當作「干越」。宋本作「干」，校宋本、程本、嘉靖本、龍谿本、武井驥本作「于」，四庫本作「於」，《靖康緗素雜記》卷 7 引作「于」，《文選·贈陸機出為吳王郎中令》、《贈侍御史王元貺》、《上書秦始皇》李善注三引並作「於」，《御覽》卷 802、《類說》卷 30 引作「於」，《冊府元龜》卷 741 用此文亦作「於」。

（28）楚威王問於宋玉曰：「先生其有遺行邪？何士民眾庶不譽之甚也？」

按：蘇時學曰：「宋玉當楚襄王時，『威』當作『襄』。」其，《文選·宋玉·對楚王問》、《御覽》卷 938 引《春秋後語》、《長短經·論士》同，李善注引《韓詩外傳》：「子路謂孔子曰：『夫子尚有遺行乎？奚居之隱？』」今《外傳》卷 7「尚」作「當」，《說苑·雜言》作「尚」。其，猶尚也，猶也，「當」是「尚」借字。《史記·滑稽列傳》：「意者尚有遺行邪？其故何也。」

（29）其始曰下里巴人

石光瑛曰：《御覽》卷 572 引《襄陽耆舊傳》「里」作「俚」。方以智曰：「孟康曰：『死者歸蒿里，葬地下，故曰下里。』其下里巴人之歌，即蒿里薤露之類也。」張雲璈曰：「下文復有『陽阿薤露』，此不得以『下里』為『蒿里』。下里巴人，自是鄙俗之曲。」……「里」當作「俚」為正，「里」省借字。下，卑下也。巴人所制曲，卑下鄙俚，故曰下里巴人。

按：武井驥亦從方以智說。石說非也。「俚」本訓聊，「里」指鄉居之地，故引申為鄙陋、鄙俗之義。《文選·演連珠》李善注引《宋玉集》、《御覽》卷12引《宋玉對問》亦作「下俚巴人」。《御覽》卷573引《古樂志》古歌曲有「下俚巴人」，並云「並見《襄陽耆舊轉（傳）》及梁元帝《纂要》」。字亦作悝，馬王堆帛書《老子》甲本：「眾人皆〔有以，我獨頑〕以悝。」乙本、北大本及傳世本「悝」作「鄙」。

（30）其為陽陵採薇，國中屬而和者數百人

石光瑛曰：盧文弨曰：「《文選》作『陽阿薤露』。」案《御覽》引《襄陽耆舊傳》作「陽阿採菱」，與此又異。據此，則「陵」當作「阿」，但「陵」、「阿」義近，或可通稱。《淮南子·人間訓》：「夫歌采菱，發陽阿。」《說山訓》：「欲善和者始于陽阿采菱。」《楚辭》：「涉江采菱發陽阿。」〔註32〕諸書俱作「菱」不作「薇」，則本書「薇」字當為「菱」字之誤。

按：趙仲邑襲取石光瑛說，陳茂仁亦校作「陽阿採菱」。石說「採薇」當作「採菱」是也，而謂「陽陵」當作「陽阿」則誤。《樂府詩集》卷50、《記纂淵海》卷30引已誤作「採薇」〔註33〕。「陽陵」與「陽阿」是二曲名，不當改字。《初學記》卷15云：「古歌曲有陽陵、白露、朝日、魚麗、白水、白雪〔註34〕、江南、陽春、淮南、駕辨、淥水、陽阿採菱、下里巴人」，指出「並見《襄陽耆舊傳》及梁元帝《纂要》」。《御覽》卷573引《古樂志》「淥」作「綠」，「白雪」誤作「白雲」，餘同，亦指出「並見《襄陽耆舊傳》及梁元帝《纂要》」。

（31）夫鹵田之鴳

石光瑛曰：鹵田，舊本皆作「糞田」。《文選》及《御覽》卷915、938引《後語》俱作「藩籬之鷃」。「鷃」、「鴳」同字。但「糞田」二字，義不可曉。徐友蘭《群書拾補識語》云：「『糞』當為『藩』，『田』當為『林薄』之薄，『番』即『藩』半字，共為『薄』上艸，『田』為『甫』爛餘。」其說牽合無理。竊疑矢溺字古作「菡」，此「糞田」是「鹵田」之誤。「鹵」、「菡」聲形

〔註32〕中華本《新序校釋》誤點作：「《楚辭·涉江》：『采菱發陽阿。』」石氏所引，當出《楚辭·招魂》：「涉江采菱發陽荷（阿）些。」

〔註33〕《記纂淵海》據南宋刊本，四庫本在卷60。

〔註34〕《初學記》據宋刊本，古香齋本、四庫本「白雪」誤作「白雲」，《樂府詩集》卷83引《纂要》作「白雪」不誤。

皆近，「鹵」譌「菡」，轉譌為「糞」。此言鹵田之鷃，猶《莊子》言斥鷃耳。高誘注《淮南·精神訓》曰：「斥澤之鷃，為飛不能出於頃畝。」〔註35〕斥澤，即鹵田。斥乃斥鹵之義，崔注本《莊子》作「尺」（見《釋文》），通叚字。夏侯湛《抵疑》：「尺鷃不能陵柔榆。」〔註36〕字亦作「尺」。而釋者遂謂鷃長惟尺，即以尺名稱之（《眾經音義》「尺鷃」下），謬矣（《莊子釋文》引簡文云：「作尺非。」）。高注「頃畝」，即謂鹵田，以《莊子》、《淮南》互證自明。昭明改「糞田」為「藩籬」，誤。

　　按：趙仲邑從石光瑛說，石說非是。①《文選》宋玉《對楚王問》各本作「蕃籬之鷃」，《類聚》卷90、《長短經·論士》、《書敘指南》卷14引同〔註37〕；《御覽》卷197、《爾雅翼》卷13、《錦繡萬花谷》別集卷28引作「藩籬之鷃」，《記纂淵海》卷12引《楚辭》同。《白氏六帖事類集》卷3出「藩籬之鷃」〔註38〕，未言出處。李白《大鵬賦》：「此二禽已登於寥廓，而斥鷃之輩，空見笑於藩籬。」即用此典〔註39〕，是李白所見，亦作「藩籬」也。朱起鳳曰：「『蕃』字從米從田，《新序》誤析『蕃』字為兩，因作『糞田』耳。」〔註40〕其說近是。此文「糞田」乃「蕃籬」之誤，「蕃」形誤作「糞」，「糞籬」不辭，後人因改「籬」作「田」字。《莊子·逍遙遊》：「有鳥焉，其名為鵬，背若泰山，翼若垂天之雲，摶扶搖羊角而上者九萬里，絕雲氣，負青天，然後圖南，且適南冥也。斥鷃笑之曰：『彼且奚適也？我騰躍而上，不過數仞而下，翱翔蓬蒿之間，此亦飛之至也，而彼且奚適也？』」「藩籬」即「蓬蒿」之比也。《古文苑》卷4楊雄《蜀都賦》：「被鷃晨鳧。」被讀為藩、蕃，一聲之轉。「被鷃」即「藩籬之鷃」也。②《莊子》「斥鷃」，《釋文》：「斥，如字，司馬云：『小澤也。』本亦作尺，崔本同。簡文云：『作尺非。』」《淮南子·精神篇》：「鳳凰不能與之儷，而況斥鷃乎？」高誘注解作「斥澤之鷃」。《玄應音義》卷22：「案鷃長唯尺，即以名焉。一作斥，小澤也。」胡紹煐曰：「斥，澤也。斥鷃，猶澤鷃。『斥鷃』、『山鷃』對言，正謂澤。」〔註41〕諸說皆誤。考《慧琳音義》卷97引《莊子》作「尺鷃」。《文選·七啟》：「山

〔註35〕石氏引「為」誤作「雀」，屬上句，又奪「於」字，茲據《淮南子》景宋本逕正。
〔註36〕據《晉書·夏侯湛傳》，「能」字衍文。
〔註37〕《類聚》據南宋刊本，四庫本作「藩籬之鷃」。
〔註38〕《白孔六帖》在卷11。
〔註39〕王琦注《李太白文集》卷1未知其出典，中華書局1977年版，第11頁。
〔註40〕朱起鳳《辭通》卷2，上海古籍出版社1982年版，第151頁。
〔註41〕胡紹煐《文選箋證》卷25，黃山書社2007年版，第688頁。

鷃斥鷃，珠翠之珍。」李善注：「許慎《淮南子》注：『鷃雀飛不過一尺，言劣弱也。』斥與尺古字通。」《莊子》言「騰躍而上不過數仞」，許慎言其「飛不過一尺」，極言其飛之不高耳。李善說「斥與尺古字通」，亦是也。字亦作「赤」，《證類本草》卷 19：「按鷃是小鳥，《莊子》云『赤鷃』。」《埤雅》卷 6 引《禽經》：「雉上無尋，鷃上無常，雉上有丈，鷃上有赤。」又卷 8：「鷃亦雀屬，所謂『鷃上有尺』是也。」「赤」即是「尺」借音字，與「尋」、「常」、「丈」皆長度單位。鷃飛不過一尺，故謂之「尺鷃」，或作「斥鷃」、「赤鷃」。本篇下文「夫尺澤之鯢，豈能與之量江海之大哉」，李善注「尺澤言小也」，亦是也。「尺澤」與指鹹鹵之澤的「斥澤」不同。

（32）豈能與之斷天地之高哉

石光瑛曰：盧文弨曰：「『斷』疑『斷』，《文選》作『絕』。」案「斷」古「絕」字。本文「斷」字不當作絕解，「斷」有判決之義。《文選》作「絕」，正由「斷」字與「絕」古字形似而誤，盧氏反欲據以改本書，過矣。作「絕」，文義反隔。又胡克家覆宋本《文選》作「料」，不作「絕」，盧所據不言何本，予所見宋刊六臣本亦作「料」，料、量同義。可證本文作「斷」不誤，《御覽》卷 915、938 兩引亦皆作「料」。

按：《文選・對楚王問》，除石氏所舉胡克家覆宋本、宋刊六臣本外，宋淳熙八年刻本、嘉靖元年金臺汪諒刊本、日本慶長十二年活字印本、奎章閣本、朝鮮木活字印本皆作「料」，不作「絕」，盧氏失檢。二氏解「斷」皆非是。朱季海但列異文，未斷是非。「斷」是「料」形誤，「斷」俗字作「断」，「料」俗字作「斸」，形近易誤也〔註42〕。宋玉《對楚王問》之文，除石氏所舉《御覽》二引外，《類聚》卷 90、《長短經・論士》、《爾雅翼》卷 13、《學林》卷 8、《示兒編》卷 13、《錦繡萬花谷》別集卷 28 引皆作「料」（徐仁甫已指出《長短經》異文）。《記纂淵海》卷 12 引《楚辭》脫「料」字〔註43〕。「料」與下文「量」同義對舉。《御覽》卷 930 引《楚國先賢傳》宋玉對楚王曰：「夫尺澤之魚，豈能料江海之大哉？」易「量」作「料」。陳茂仁曰：「斷、料義通。」亦非。

〔註42〕 參見蕭旭《鹽鐵論校補》，收入《群書校補（續）》，花木蘭文化出版社 2014 年版，第 889 頁。《三國志・明帝紀》裴松之注引《魏書》：「褒禮大臣，料簡功能。」《書鈔》卷 7 引誤作「斷簡」，孔廣陶校本但出異文，未能判斷是非。「料簡」是中古成語，亦作「料揀」、「料撿」。孔廣陶校本《書鈔》，收入《續修四庫全書》第 1212 冊，上海古籍出版社 2002 年版，第 91 頁。

〔註43〕 《記纂淵海》據南宋刊本，四庫本在卷 56，不脫「料」字。

（33）鯨魚朝發崑崙之墟，暴鬐於碣石，暮宿於孟諸。夫尺澤之鯢，豈能與之量江海之大哉石光瑛曰：暴鬐於碣石，《御覽》引《後語》無此句。《御覽》卷938引《後語》「諸」作「津」，誤。

按：《長短經・論士》亦誤作「孟津」。《白氏六帖事類集》卷29、《合璧事類備要》別集卷63引「孟諸」作「孟瀦」，「鯢」作「鰌」〔註44〕。《御覽》卷936引「碣石」誤作「碭石」，「暮」作「夕」。《御覽》卷938引《後語》「尺澤」作「赤澤」，借字。《御覽》卷72引亦無「暴鬐於碣石」五字，《長短經・論士》同。《初學記》卷30引《楚國先賢傳》宋玉對楚王曰：「神龍朝發崑崙之墟，暮宿於孟諸，超騰雲漢之表，婉轉四瀆之裏。夫尺澤之魚，豈能料江海之大哉？」〔註45〕《御覽》卷930、《記纂淵海》卷99引「魚」作「鯢」，餘同。多「超騰雲漢之表，婉轉四瀆之裏」十二字。

（34）子生無目朕

石光瑛曰：朕，舊本作「眹」。案《說文》無「眹」，《新坿》始收此字……《御覽》卷428引無「朕」字。

按：朱季海說略同石氏。《冊府元龜》卷831用此文，亦無「朕」字。朕，校宋本、程本、嘉靖本、龍谿本、四庫本、武井驥本同，宋本作「眹」。

（35）下才處高，不肖臨賢

按：《御覽》卷428引「臨」誤作「處」。

（36）以計多為善，以聚斂為良

石光瑛曰：善，《淮南》作「功」。計多為善，謂尚詐不尚德。以聚斂為良，《淮南》無此句。

按：《文子・上禮》同《淮南》。趙仲邑曰：「計，指收入之數。」其說是也，「計」指收賦稅。石說「尚詐」云云，非是。

（37）其尸不返

按：返，宋本、校宋本、程本、嘉靖本、龍谿本、四庫本、武井驥本皆作「反」。

〔註44〕《白孔六帖》在卷95，「孟諸」作「孟渚」。
〔註45〕《初學記》據宋刊本，古香齋本「魚」作「鰌」，「料」誤作「到」。

《雜事篇》第二校補

（1）遂安千載

石光瑛曰：遂亦安也，連緜語。

按：趙仲邑襲取石說，其說非是。遂，猶終也，卒也，竟也。

（2）齊桓公得管仲，有霸諸侯之榮；失管仲，而有危亂之辱

按：《大戴禮記・保傳》：「齊桓公得管仲，九合諸侯，一匡天下，再為義王[註46]；失管仲，任豎刁、狄牙，身死不葬，而為天下笑。一人之身，榮辱具施焉者，在所任也。」

（3）推弱燕之兵，破彊齊之讎

石光瑛曰：彊，《治要》作「強」。

按：古鈔本《治要》卷42引誤作「破強讎之齊」（天明刊本不倒）。彊，程本、嘉靖本、四庫本誤作「疆」。本卷下文「彊楚之讎」，是其比。

（4）兵立破，亡七十餘城

按：各本無「餘」字，《治要》卷42引亦無。

（5）魏龐恭與太子質於邯鄲

石光瑛曰：此下各本多連上為一章，宋本提行，案《治要》引亦提行，是古本如此，今從之。

按：天明刊本《治要》提行，古鈔本《治要》不提行，石氏未見古本。

（6）謂魏王曰

按：天明刊本《治要》卷42引同，古鈔本《治要》引誤作「請魏主曰」。

（7）武王謂甘茂曰：「寡人欲容車至周室者，其道乎韓之宜陽。」

石光瑛曰：《秦策》作「寡人欲車通三川，以闚周室」，《史記・甘茂傳》作「寡人欲容車通三川，以窺周室」。金正煒曰：「『車』乃『東』字之譌。」案金說甚謬。「容」有容內之誼，容車三川，猶內車至三川（容車謂車可安容，即通車之意。）《秦策》「下兵三川」，高誘注曰：「三川，宜陽也。」下文云「其道乎韓之宜陽」，可為高注得一切證。近人周氏據《文選・宋孝武

[註46]「再為義王」當從《賈子・胎教》作「再（稱）為義主」。

貴妃誅》注云：「容車，婦人所載小車也，其施蓋帷，所以隱蔽其形容也。」謂可補《集解》、《索隱》、《正義》之缺，其說尤謬。《選》注所引出於《釋名》，其容車乃是車名，與此訓容內者迥不相涉，何得並為一談？

　　按：石說是也。《秦策二》「車通」，陳蔚松據《史記·甘茂傳》及本書補作「容車通」〔註47〕，亦是也。《史記·秦本紀》作「寡人欲容車通三川，窺周室」，亦其證。陳茂仁曰：「審『欲容』為合成詞，義並同『若』，故略去其一，無害於義。」其說非是，「欲容」不成詞。

（8）今王倍數險，行千里，攻之，難

　　石光瑛曰：倍，此用向背字，則當作「北」。各本作「陪」，「陪」、「倍」並叚借字。宋本作「倍」，與《策》、《史》同，今從宋本。

　　按：校宋本、程本、嘉靖本、龍谿本、四庫本、武井驥本皆作「倍」。武井驥引鮑彪曰：「『倍』、『背』同。」倍，讀為踣，踰越也，踐履也，猶言跨過〔註48〕。

（9）其母投杼下機，踰墻而走

　　按：《新語·辨惑》「墻」作「垣」，「走」作「去」。《說文》：「垣，牆也。」

（10）今臣羈旅也

　　石光瑛曰：羈，嘉靖本作「覊」，字俗，今從眾本。

　　按：宋本亦作「覊」，《戰國策·秦策二》同。

（11）楚王問群臣曰：「吾聞北方畏昭奚恤，亦誠何如？」

　　按：《御覽》卷909引《春秋後語》同。武井驥曰：「《楚策》『亦』作『果』」裴學海、徐仁甫並曰：「亦，猶果也。」〔註49〕

（12）虎求百獸食之，得一狐

　　石光瑛曰：《楚策》及《御覽》卷494引《尹文子》俱無「一」字。

　　按：《御覽》卷909、《記纂淵海》卷98引《春秋後語》亦無「一」字。

〔註47〕陳蔚松《〈史記〉〈新序〉校勘記》，《華中師院學報》1984年第5期，第69頁。
〔註48〕參見蕭旭《敦煌賦校補》，收入《群書校補》，廣陵書社2011年版，第824頁。
〔註49〕裴學海《古書虛字集釋》，中華書局1954年版，第180頁。

－814－

（13）狐曰：「子毋敢食我也。」

石光瑛曰：《御覽》引《尹文子》無「敢」字。毋，《策》作「無」，古字通用。毋敢食我，文義難通。敢當讀如噉，《說文》：「啖，噍啖也，一曰噉。」「噉」後起俗字。吳師道《補正》引一本標《十二國史春秋後語》「食我」作「噉我」，足為「敢」字即「噉」字之證。

按：徐仁甫說同石氏，又謂原文「食」字衍文。吳師道校語當點作「一本標《十二國史》、《春秋後語》『食我』作『噉我』」。《楚策一》作「子無敢食我也」，《御覽》卷494引《尹文子》作「子無食我也」，敦煌寫卷P.2569《春秋後語》作「子毋得食我也」，《御覽》卷909、《事文類聚》後集卷37、《合璧事類備要》別集卷78引《後語》作「子無噉我」，《韻府群玉》卷3「假威狐」條引《後語》作「無啖我」。吳氏謂「『食我』一作『噉我』」，石、徐二氏讀敢為噉，皆非是。《後語》諸本「敢」、「得」異文，而非「食」、「噉」異文；作「子無食我」、「子無噉我」者，「無」下脫「得」字。毋敢，猶毋得也，口語曰「不可以」〔註50〕。

（14）子賤辭去，因請借善書者二人

石光瑛曰：《呂氏》作「將辭而行，請近吏二人于魯君」，《家語·屈節解》「吏」作「史」。吏、史古字通。《類聚》卷53引無「借」字及「二人」字。

按：《類聚》見卷52引，非卷53，石氏誤記。《家語》作「故請君之近史二人與之俱至官」。請，讀為倩。《方言》卷12：「倩，借也。」《列女傳》卷3：「其家倩吾兄行追之。」《御覽》卷147、979引「倩」作「借」，《後漢書·盧植傳》李賢注引《琴操》作「請」，是其證也。《史記·滑稽列傳》：「乳母上書曰：『某所有公田，願得假倩之。』」「請借」即「假倩」也。

（15）使書憲書教品

石光瑛曰：《御覽》卷268引作「其憲法教品」，文有脫誤。

按：《類聚》卷52引作「使書憲法」，《冊府元龜》卷704作「使書憲法數（教）品」〔註51〕。疑「憲書」本作「憲法」。

〔註50〕參見蕭旭《古書虛詞旁釋》，廣陵書社2007年版，第132～133頁。
〔註51〕「數」為「教」形誤，周勳初等校訂《冊府元龜》失校，鳳凰出版社2006年版，第8127頁。

（16）魯君曰：「子賤苦吾擾之，使不得施其善術也。」

石光瑛曰：《類聚》、《御覽》引「善術」作「善政」，《書鈔》卷 78 引同。

按：宋本、校宋本、程本、嘉靖本、龍谿本、四庫本、武井驥本皆作「善政」。擾，《冊府元龜》卷 704 誤作「憂」。

（17）楚人有獻魚楚王者

石光瑛曰：《類聚》卷 91、《御覽》卷 935 引「魚」下均有「於」字，《書鈔》卷 37 引無。又《御覽》卷 830 引「獻」下有「餘」字。

按：《類聚》見卷 96 引，非卷 91；《書鈔》見卷 39 引，非卷 37；《御覽》卷 833 引「獻」下有「餘」字，非卷 830；石氏皆誤記（下文引卷 457 誤作卷 450，卷 935 誤作卷 936）。《御覽》卷 457、833、《事類賦注》卷 29、《記纂淵海》卷 99 引「魚」下均有「於」字〔註52〕，《御覽》卷 510 引袁淑《真隱傳》有「于」字，《御覽》卷 626 引無。

（18）今日魚獲，食之不盡，賣之不售，棄之又惜，故來獻也

石光瑛曰：嘉靖本「獲」作「穫」，誤。《類聚》引無「日」字。《書鈔》卷 37、《御覽》卷 457 引作「獲魚」，又卷 626 引無「今日」二字，亦作「獲魚」，又 935 卷引與此同。《御覽》卷 833「又」作「可」。

按：《書鈔》見卷 39 引，非卷 37，石氏誤記。宋本、校宋本、程本、龍谿本、四庫本皆作「漁獲」（嘉靖本誤作「漁穫」），不作「魚獲」。《御覽》卷 935、《事類賦注》卷 29 引作「漁獲」〔註53〕，《御覽》卷 510 引袁淑《真隱傳》同。《類聚》卷 96、《御覽》卷 833、《記纂淵海》卷 99 引作「獲魚」。「漁獲」之「漁」是動詞，「獲魚」之「魚」是名詞。《御覽》卷 510 引袁淑《真隱傳》作「棄之又可惜」，今本蓋脫「可」字，《御覽》卷 833 引則脫「又」字。

（19）蓋聞囷倉粟有餘者，國有餓民

石光瑛曰：囷，《御覽》卷 450 作「囮」，《類聚》引作「國」，誤。舊本有注云：「一本作『下民多飢』。」不知何人所校，宋本已然〔註54〕。《御覽》卷

〔註52〕《事類賦注》據宋刊本，四庫本引作「于」。

〔註53〕《事類賦注》據宋刊本，四庫本引誤作「魚獲」。

〔註54〕石氏「一本」誤作「今本」，中華書局點校本誤點作：「今本作『下民多飢』。不知何人所校，宋本已然。」「不知」云云十字是石氏語，不是舊校語。

450「民」上有「死」字。餓，各本作「飢」，今從宋本，《類聚》及《御覽》卷 935 同。

按：《御覽》見卷 457 引，非卷 450，石氏誤記。《類聚》卷 96 引「困」誤作「國」，無「倉」字，石校未盡。嘉靖本「困」形誤作「困」。《記纂淵海》卷 99 引「困」作「廩」。余所見各本皆作「餓民」，《事類賦注》卷 29 引亦同，《御覽》卷 935、《記纂淵海》卷 99 引作「饑民」。

（20）後宮有幽女者，下民多曠夫

石光瑛曰：幽，幽閉。曠，曠廢。《御覽》卷 405 引無「民」字。

按：《御覽》見卷 457 引，非卷 405，石氏誤記。有，各本皆作「多」，各書引同。幽，幽怨。《韓子・外儲說右下》：「宮中有怨女則民無妻。」《漢書・貢禹傳》：「是以內多怨女，外多曠夫。」顏師古曰：「曠，空也。室家空也。」《白虎通義・三軍》：「內有怨女，外有曠夫。」《後漢書・周舉傳》：「內積怨女，外有曠夫。」

（21）餘衍之蓄，聚於府庫者，境內多貧困之民

石光瑛曰：《御覽》卷 935 句首有「夫」字。《御覽》卷 450「聚」誤作「眾」，無「於」字。《御覽》卷 935 引「困」作「乏」。

按：《御覽》見卷 457 引，非卷 450，石氏誤記。《御覽》卷 935 句首無「夫」字，「夫」乃上句「曠夫」連文者，石氏誤記。《事類賦注》卷 29、《記纂淵海》卷 99 引「困」亦作「乏」。

（22）皆失君人之道

石光瑛曰：《御覽》卷 932 引脫「人」字。

按：《御覽》見卷 935 引，非卷 932，石氏誤記。《事類賦注》卷 29 引亦脫「人」字。

（23）故庖有肥魚，廄有肥馬，民有餓色

石光瑛曰：魚，各本作「肉」，宋本、嘉靖本作「魚」，《御覽》卷 935 引同。宋本「故」下有注云：「一有『困』字。」各本亦有（嘉靖本無），但「困」字當作「廚」。有「廚」字者，一本作「庖」，一本作「廚」，校者旁識異字混入正文耳（《類聚》引已有「廚」字）。《御覽》卷 935「餓」作「饑」，與《孟子》同。

按：宋本「故」下注作「一有『廚』字」，程本、四庫本同，不作「困」，惟校宋本、龍谿本誤作「困」耳，嘉靖本作「廚庖」；《御覽》卷 935 引作「庖有肥肉」，不作「肥魚」，石氏皆誤記。校宋本、程本、龍谿本同宋本，亦作「肥魚」。《類聚》96 引三句脫誤作「故廚庖有肥馬」〔註55〕，《事類賦注》卷 29 引作「庖有肥肉⋯⋯民有飢色」。《孟子・梁惠王上》、《滕文公下》並云：「庖有肥肉，廄有肥馬，民有飢色，野有餓莩。」《鹽鐵論・園池》：「語曰：『廚有腐肉，國有饑民；廄有肥馬，路有餒人。』」此文蓋本作「肥魚」、「餓色」，作「肥肉」、「饑色」者，後人據《孟子》改耳。

（24）罷去後宮不御者，出以妻鰥夫

石光瑛曰：去，《御覽》卷 450 作「出」，卷 626 仍引作「去」。案此字不當作「出」，若作「出」，則與下複矣。

按：《御覽》見卷 457 引，非卷 450，石氏誤記。景宋本《御覽》卷 457 引仍作「罷去」，四庫本作「罷出」，石氏所據乃俗本。《御覽》卷 833 引作「去後宮以妻寡夫」，亦作「去」字。《書鈔》卷 39 引亦作「罷去」，脫「出」字。景宋本《御覽》卷 626 引下句誤作「出人以鰥夫」。嘉靖本「出以」作「出而」。

（25）故漁者一獻餘魚，而楚國賴之

石光瑛曰：《御覽》卷 450 引無「一獻」二字，《類聚》及《御覽》卷 935 引無「一」字。一本「一」作「壹」。

按：《御覽》見卷 457 引，非卷 450，且所引無「一餘」二字，非「一獻」二字，石氏誤記。《事類賦注》卷 29 引亦無「一」字。程本、嘉靖本、武井驥本「一」作「壹」。

（26）稷下先生淳于髡之屬七十二人，皆輕忌，以謂設以辭，鄒忌不能及

石光瑛曰：設，假設。《御覽》卷 432 引《說苑》作「皆輕鄒忌，為設妙辭」。《史記集解》引本文「皆輕」下有「騶」字，「設以」下有「微」字，「不能及」上有「必」字，「謂」作「為」。為、謂古通用，「微」字似當有。

按：設，陳也，置也。及，猶知也，下文「三知之」，正作「知」。

〔註55〕《類聚》據宋刊本，四庫本引作「故庖有肥肉，廄有肥馬，民有飢色」。

（27）乃相與俱往見鄒忌

　　石光瑛曰：往，《治要》引作「行」，形義俱相通。《史記集解》引亦作「往」。

　　按：《治要》卷42引作「主」，旁改作「行」。「行」、「主」皆是「往」形誤。《御覽》卷578引《大周正樂》：「三子相與俱往見之。」

（28）方內而員釭

　　石光瑛曰：《治要》作「圜釭」。王念孫曰：「『內』與『枘』同。」「釭」乃「釭」之誤字。

　　按：古鈔本《治要》卷42引作「圜釭」。石氏未見古本，所據乃天明刊本。武井驥說同王念孫，趙仲邑則襲取其說。

（29）請謹門內，不敢留賓客

　　石光瑛曰：《治要》引無「賓」字。

　　按：門內，趙仲邑、朱季海、施珂、梁容茂均指出《治要》卷42引作「門戶」，石氏失校。

（30）淳于髡等三稱，鄒忌三知之，如應響

　　石光瑛曰：《集解》括引本書，故改「三稱」作「稱辭」。《治要》引作「三稱辭」，承上設辭言，似當有「辭」字為優。

　　按：《治要》卷42引作「三辭」，不作「三稱辭」，石氏失校。《冊府元龜》卷799引作「稱辭」，《御覽》卷432引《說苑》「三稱」。

（31）淳于髡等辭屈而去

　　石光瑛曰：《史記集解》「屈」作「詘」。《說文》：「詘，話屈也。」是「詘」有屈義。

　　按：《說文》作「詘，詰詘也」，石氏引誤。《冊府元龜》卷799引作「詘」，《御覽》卷432引《說苑》同。古鈔本《治要》卷42引作「淳于髡等辭詘，辭而去」，旁注「屈」字，天明刊本逕作「屈」（武井驥所見正古鈔本）。詘、屈，正、借字。

（32）故所以尚干將、莫邪者，貴其立斷也；所以尚騏驥者，為其立至也

　　石光瑛曰：「尚」與「上」同，貴也。下「尚」，各本作「貴」，《史記集解》

引作「尚」，今從《集解》改。

按：《初學記》卷 17 引《史記》作「尚騏驥」，當是《史記・田敬仲完世家》《集解》。《冊府元龜》卷 796、799、850 引此文作「尚騏驥」，《後漢書・崔駰傳》李賢注、《御覽》卷 432 引《說苑》同。

（33）必且歷日曠久乎？絲氂猶能挈石，駑馬亦能致遠

石光瑛曰：《說文》：「挈，縣持也。」挈石，言能引堅。

按：石氏讀挈如字，訓引持，非是。校宋本、嘉靖本、龍谿本作「氂」，正字；宋本、程本、四庫本作「氂」，乃俗字；《初學記》卷 17 引《史記》作「整」，則是形誤字〔註56〕。挈，讀為契，《後漢書・崔駰傳》李賢注引《說苑》正作「契」字。《說文》：「契，刻也。」字亦作鍥、楔、刻。挈石，猶言刻石，截斷堅石。《淮南子・說山篇》：「執而不釋，馬氂截玉。」又「梧桐斷角，馬氂截玉。」「截玉」即「挈石」之比。必且，《初學記》卷 17 引作「必若」。《史記集解》引脫「猶」字。

（34）是以聰明捷敏，人之美材也

按：捷敏，《初學記》卷 17 引《史記》作「敏捷」，《後漢書・崔駰傳》李賢注、《御覽》卷 432 引《說苑》同。

（35）君不能施君之所輕，而求得士之所重，不亦難乎

石光瑛曰：《御覽》作「而求得士死，願下廚焉」，譌誤直不可讀。

按：景宋本《御覽》卷 475 引作「而求得士之所重，難焉」，石氏所據為誤本。四庫本《御覽》作「而求得士死，胡可得也」，亦是臆改。

（36）前有大蛇，高如隄，阻道，竟之

石光瑛曰：《御覽》卷 933 引《賈子》及本書作「其高如隄」，今《賈子》作「高若隄」，《通義》作「見大蛇，高如隄」。竟，極也。《賈子》作「橫道而處」，《通義》作「其長竟路」。

按：《博物志》卷 7 作「大蛇當道，如拱」。竟，滿也。

（37）臣聞之：「喜者無賞，怒者無刑。」

按：徐仁甫曰：「當讀為『喜者得無賞乎，怒者得無刑乎』，言必賞必刑

〔註56〕《呂氏春秋・音初》「殷整」，《文心雕龍・樂府》誤作「殷氂」，是其相譌之例。

也。」徐說非是。武井驥曰：「《淮南子》曰：『不為醜美好憎，不為賞罰喜怒。』
又曰：『喜不以賞賜，怒不以罪誅。』」武氏所引見《主術篇》，《文子·上仁》
同。《鄧子·無厚》：「喜不以賞，怒不以罰。可謂治世。」《管子·版法》：「喜
無以賞，怒無以殺。」《晏子春秋·內篇問上》：「不因喜以加賞，不因怒以加
罰。」《漢紀》卷 21：「不以喜加賞，不以怒增刑。」考《說苑·政理》引太
公曰：「不因喜以賞，不因怒以誅。」《治要》卷 31 引《六韜·文韜》：「不因
喜以賞，不因怒以誅。」又引《太公陰謀》：「不因怒以誅，不因喜以賞。」
此蓋太公遺教。

（38）發夢視蛇，臭腐矣

石光瑛曰：發夢，夢覺。《賈子》作「文公覺（俗本『覺』下有『發』字），
使人視之」，《通義》作「及明視之，則已臭爛」。

按：石說是也。《博物志》卷 7 作「覺而視，蛇則自死也」〔註57〕。

（39）梁君謂行者止，行者不止

按：各本「不止」下有「白鴈群駭」四字，石氏《校釋》本脫之。

（40）其御公孫龍下車撫矢曰：「君止。」

石光瑛曰：《御覽》卷 458 引《莊子》「撫矢」作「撫其心」，《困學紀聞》
同。又《御覽》卷 832 作「其御公孫龍撫轡曰」，《類聚》卷 66 止云「其御公
孫龍止之」。

按：《御覽》見卷 457 引，非卷 458，石氏誤記。《治要》卷 42 引同今本，
《冊府元龜》卷 242 用此文亦同。「心」是「止」形誤字，又有脫文，當作「撫
其〔矢曰君〕止」。

（41）梁君援其手，與上車，歸

石光瑛曰：《御覽》引《莊子》作「梁君與援手上車」（卷 832 引《莊》作
「梁君援其手與歸」）。

按：《御覽》卷 457 引《莊子》作「梁君援手與上車」，石氏誤倒。《御覽》
卷 917、《事類賦注》卷 19 引《新語》（當是《新序》）作「梁君引龍登車」。

〔註57〕《太平廣記》卷 291 引作「覺而視之，蛇則臭矣」，今本「自死」當是「臰」
　　　　誤分，「臰」是「臭」俗字。范寧《博物志校證》失校，中華書局 1980 年版，
　　　　第 84 頁。

（42）一虜答曰：「吾國有妖，晝見星而雨血。」

　　石光瑛曰：《六韜》佚文「雨血」作「雨石」。盧文弨曰：「『而』下舊無『天』字，依《呂氏・慎大覽》補。」徐友蘭曰：「『而』即『天』之譌。」案《呂覽》「而天」字並見，疑一本作「而」，一本作「天」，校者旁識，混入正文。今姑仍本文，而坿二說於注，以備採擇。

　　按：《類說》卷30引此文作「晝出星而夏雨雪」，《開元占經》卷76引《呂氏》作「國有妖，星晝見」。《治要》卷31引《六韜》作「殷國嘗雨血雨灰雨石」，《御覽》卷21、51、83引同，惟「嘗」作「常」；又卷874引作「殷國嘗雨血雨石」。《資治通鑑外紀》卷3作「晝見星，天雨血、雨灰、雨石」。然則非《六韜》佚文「雨血」作「雨石」，其文「雨血」、「雨石」並有。

（43）晉文公出田，逐獸，碭入大澤，迷不知所出

　　石光瑛曰：碭，俗「蕩」字。《御覽》卷832引亦作「碭」。《治要》引本文亦作「碭」，蓋六朝時俗字。又《御覽》卷72引作「晉文公逐獸於碭，入大澤」，則誤以「碭」為地名矣（卷490又作「晉文公出田，入大澤」，卷633作「晉文公獵於澤」云云），皆由不省「蕩」俗書作「碭」，輕改本文。

　　按：景宋本《御覽》卷490引作「晉文公出田，逐獸，入大澤」，有「逐獸」二字，石氏所據乃俗本。《冊府元龜》卷740用此文，同今本。《資治通鑑外紀》卷5刪「碭」字。《貞觀政要》卷1載魏徵《對》：「晉文公出田，逐獸於碭，入大澤，迷不知所出。」亦誤以「碭」為地名，唐・王方慶錄魏徵《對隋末百姓不自保》不誤。武井驥曰：「或曰：『碭』、『蕩』通，過也。吳本作『踢』。」朱季海曰：「碭，突也。字又作蕩、逿，並借為踢（踢）。」〔註58〕朱氏謂「碭」、「蕩」、「逿」同，是也，但讀為踢則未得。碭，讀為宕，省借字；「蕩」、「逿」亦借字，下文「碭入至此」同。《說文》：「宕，過也，從宀，碭省聲。」《列仙傳》卷下：「邗子尋犬，宕入山穴。」正用本字。俗字亦作趤、趨。

（44）文公謂曰：「我，若君也，道安從出，我且厚賜若。」

　　石光瑛曰：「出」下疑奪一字，《御覽》卷490引作「出我，且厚若」。

　　按：景宋本《御覽》卷490引脫作「出，我且厚賜」，不作「且厚若」，石氏所據乃俗本。趙仲邑曰：「『我』應從《御覽》卷490引作『出我』。」〔註59〕

〔註58〕引者按：「踢」當作「踢」，朱先生筆誤，或中華本（第178頁）誤排。
〔註59〕趙仲邑《新序校證》，《中山大學學報》1961年第4期，第82頁。

「出」下無奪字，石、趙說非是。《治要》卷 42 引同今本，《冊府元龜》卷 740、《資治通鑑外紀》卷 5 用此文亦同，武井驥指出《貞觀政要》卷 1 作「道將安出」。「出」與「道」相應。《墨子・天志中》：「然則義何從出？」《周髀算經》卷上：「請問數安從出？」《莊子・天下》：「神何由降？明何由出？」《列子・天瑞》：「則天地安從生？」《孔叢子・抗志》：「如此則善安從生？」文例皆同，不勝枚舉。陳茂仁據《御覽》讀作：「道安從，出我，且厚賜若。」非是。「道安從」不成句。

（45）公令曰：「子之所欲以教寡人者何等也？願受之。」

石光瑛曰：宋本、嘉靖本、鐵華館本俱無「欲」字，各本皆有。案《御覽》卷 490 引有「欲」字，無「以」字。疑一本作「欲」，一本作「以」，校者旁記，混入正文耳。但二字連用亦通，今姑從眾本。

按：宋本、程本、四庫本作「所欲以」，《冊府元龜》卷 740 用此文亦同，石氏失校。《貞觀政要》卷 1 載魏徵《對》有「欲」字，無「以」、「等」二字。

（46）漁者曰：「鴻鵠保河海之中，厭而欲數移，徙之小澤。」

石光瑛曰：保，安也。《御覽》卷 832 引「鵠」字作「乃」，誤不可通。之，往也。「數」字各本俱奪，據《治要》引補。《御覽》卷 490 引作「厭而從之小澤」，「從」是「徙」之誤。卷 633 作「鴻鵠厭江河而移入小澤」，卷 832 無「欲數移」三字，皆括省其文。

按：「數」字不當補，乃涉「欲」形誤而衍。當「厭而欲移徙之小澤」作一句讀，「移徙」連文成詞。景宋本《御覽》卷 832 引「鴻鵠」下有「乃」字，非「鵠」作「乃」，「河海」作「大海」；又卷 633 引「河海」作「江海」，非「江河」，石氏所據皆俗本，脫「鵠」字耳。《貞觀政要》卷 1 載魏徵《對》作「鴻鵠保河海，厭而徙之小澤」，《資治通鑑外紀》卷 5 同，惟「之」作「於」。唐・王方慶錄魏徵《對隋末百姓不自保》作「鴻鵠保大海之中，厭而數移徙之小澤」。《冊府元龜》卷 740 作「鴻鵠保河海之中，厭而欲移徙于小澤」。之，猶於也。保，守也。

（47）則必有丸矰之憂

石光瑛曰：丸矰，各本皆作「九矰」，《治要》及《御覽》卷 832 引不誤。《御覽》卷 490 作「丸矰」，卷 633 作「矰繳之患」。孫詒讓曰：「『九矰』當

為『丸矰』。『九』、『丸』形近而誤，『繒』與『矰』古字通。丸謂彈。矰謂繳矢也。」

按：朱季海亦據《治要》校作「丸矰」。景宋本《御覽》卷490引作「丸矰」，又卷832引作「矢矰」（四庫本作「丸矰」），石氏所據皆俗本。趙仲邑不核對原文，襲取石說，皆承其誤。《貞觀政要》卷1載魏徵《對》作「矰丸」，唐・王方慶錄魏徵《對隋末百姓不自保》作「繒弋」，《資治通鑑外紀》卷5作「九矰」，《冊府元龜》卷740作「繳矰」，《喻林》卷5引作「弋繒」。

（48）君亟歸國，臣亦反漁所

石光瑛曰：「反」下各本俱有「吾」字。案既臣，復稱吾，前後錯雜，且於理不順。《治要》及《御覽》卷72引俱無「吾」字，是，今據刪。

按：《御覽》卷832引亦無「吾」字，《資治通鑑外紀》卷5同。然有「吾」字亦可，不得謂之「於理不順」。《韓詩外傳》卷8：「君反國，臣亦反其屠。」文誼正同，「其」亦代指臣。

（49）虎豹之居也，厭閑而近人，故得；魚鼈之居也，厭深而之淺，故得

石光瑛曰：《御覽》卷832作「虎豹之居也，厭深而得淺」，脫誤至不可讀。卷390「近人」作「之近」，亦非。《治要》引與今本同。又卷906引無「之居也」三字。

按：景宋本《御覽》卷832引作「虎豹之居也，厭閑而得近，故人得之；魚鼈之居也，厭深而得淺，故人亦得之」，惟前十九字誤作小字注文耳。朱季海曰：「『閑』通『閒』，謂幽閒隱辟、退燕避人。」

（50）故有悅色

按：《治要》卷42引同，《御覽》卷906、《記纂淵海》卷98引作「故忻也」（四庫本《御覽》作「有忻色」），蓋臆改。

（51）緩令急誅，暴也

石光瑛曰：緩，《治要》引作「慢」，《荀子・宥坐篇》作「嫚」，字通（《韓詩外傳》作「慢」）。誅，責也。《荀子》作「謹誅」。謹、急一聲之轉。謹，嚴也，亦有急義。

按：《治要》引作「緩」，不作「慢」，石氏失檢。《荀子・宥坐篇》：「嫚令

謹誅，賊也。」《家語·始誅》：「慢令謹誅，賊也。」《韓子·揚權》：「簡令謹誅，必盡其罰。」

（52）文公曰：「善！」還載老古與俱歸

石光瑛曰：《御覽》卷390「善」下有「哉」字，「還」作「遂」，非。還者，返也。《治要》作「命車載老古俱歸」。

按：景宋本、四庫本《御覽》卷390引「善」下並無「哉」字，《治要》卷42引作「還車載老古與俱歸」，石氏並失檢。作「還」是，指回車。

（53）故良醫之治疾也，攻之於腠理，此皆治之於小者也

石光瑛曰：舊本「此」下有「事」字，《韓子》無，下「治」作「爭」。案「事」字不應有，今據《韓子》刪。

按：石氏據《韓子》刪「此」下「事」字，是也。《韓子》「治」作「爭」，「爭」是「事」形誤〔註60〕，事亦治也。「此」下「事」字蓋校者旁注異文，而又錯置於上。舊校《韓子》者皆未及，余作《韓非子校補》亦失校，附識於此。

（54）淫衍侈靡

石光瑛曰：《國策》「衍」作「逸」，與「溢」義同。「衍」與「溢」、「逸」、「佚」皆雙聲字，古通用。《御覽》卷457引「侈」作「多」。

按：景宋本《御覽》卷457引作「淫行侈靡」，四庫本引同今本，皆不作「多」，石氏所據乃俗本。「行」是「衍」形誤，下文引同句亦誤。

（55）先生老悖歟？妄為楚國妖歟

按：妖，《御覽》卷457引作「祅」，下同。「祅」是「祅」形誤。武井驥本「悖」作「偣」。

（56）時甘露而飲之

石光瑛曰：《策》作「仰承甘露而飲之」。「時」字宋本、嘉靖本如此，各本俱作「待」，古書叚借通用。此文義當作待，字則叚「時」為之，作「時」乃本書之原文也。《國策》作「承」者，時、承亦通用，《大戴禮·少閒篇》

〔註60〕 《戰國策·楚策四》「與人無爭也」，宋刊本、讀畫齋叢書本《長短經·七雄略》「爭」誤作「事」，《類聚》卷90引誤同。是其例。

「時天之氣」，即承天之氣。

按：張白珩曰：「待，倭本作『時』，非。」〔註61〕趙仲邑曰：「待，校宋本、程本、四部叢刊本作『時』。時，伺，也是待之意。今從崇文書局本及《御覽》卷457引作『待』。」蒙傳銘、梁容茂亦謂「時」當作「待」。陳茂仁曰：「時，伺也。」龍谿本、四庫本亦作「時」，《爾雅翼》卷25引亦作「待」。時，當據《國策》、《長短經・七雄略》讀為承，謂承接。《書・堯典》：「百揆時敍。」王引之曰：「時敍者，承敍也。《大戴禮・少閒篇》曰：『時天之氣，用地之財。』謂承天之氣也。承、時一聲之轉。《楚策》云云，《新序》『承』作『時』（時、詩聲相近，故詩亦訓為承。《特牲饋食禮》：『詩懷之。』鄭注：『詩猶承也。』《內則》：『詩負之。』鄭注：『詩之言承也。』）。」〔註62〕趙逵夫曰：「『時』當讀為『承』。《詩・文王》：『有閒不顯，帝命不時。』曾星笠《毛詩說》云：『不時猶丕承。承、時一聲之轉。』並舉《孟子・滕文公下》引《書》『丕顯哉，文王謨；丕承哉，武王烈』等例為證。《戰國策》作『承』是後人以本字易之。」〔註63〕

（57）膠絲竿

石光瑛曰：《御覽》作「以竹竿」，誤。《策》作「方將調鉛膠絲」，鮑彪注本改「鉛」為「飴」，注：「飴，米糵所煎，調以餌之，又施膠於絲以摰之。」吳師道本正曰：「《急就章》注：『以糵消米，取汁而煎之，溪弱者為，形怡怡然，此謂調以膠絲也。』」又補曰：「膠，一本作標膠，或作繆，言糾繆纏繞也。」案鮑、吳二說俱非。改「鉛」為「飴」，「膠」為「繆」，作「糾繆」，殊近臆斷。本意蓋謂調鉛如膠於絲竿以致之耳。

按：吳師道《補》當點作：「膠，一本標『膠，或作繆，言糾繆纏繞也』。」本無「作」字，石氏增「作」，又未得其讀。鮑注作「繫」，石氏引誤作「摰」。鮑、吳二說皆是，石氏自誤耳。吳師道又曰：「《淮南子》：『柳下惠見飴，曰：可以養老。盜跖見飴，曰：可以黏牡。』《呂氏春秋》：『仁人得飴以養疾侍老，跖蹻得飴以開閉取楗。』皆以黏也。」所引分別見《淮南子・說林篇》、《呂氏

〔註61〕張白珩《新序校注補正》，四川省立圖書館《圖書集刊》1945年第6期，第100頁。

〔註62〕王引之《經義述聞》卷3，江蘇古籍出版社1985年版，第71頁。

〔註63〕趙逵夫《莊辛〈諫楚襄王〉考校——兼論〈新序〉的史料價值》，《甘肅社會科學》1993年第6期，第123頁。

春秋・異用》。《策》文「鉛」原作「鈆」。范祥雍曰：「鮑彪改『鈆』作『飴』，盧本從之。吳師道云：『當作飴。』鮑改是也，《長短經》『鈆』正作『飴』。」〔註64〕范氏所引見《長短經・七雄略》，所據乃讀畫齋叢書本或四庫本，宋本誤作「鈆」。《文章正宗》卷 6、《妙絕古今》卷 2 引《策》作「飴」，《冊府元龜》卷 743 用《策》文亦同。景宋本《御覽》卷 950 引《策》誤作「鈎」（四庫本不誤）。

（58）而下為蟲蛾食已

　　石光瑛曰：《策》「蟲蛾」作「螻蟻」。《御覽》「蛾」作「蟻」。

　　按：《爾雅翼》卷 25 引作「蟲蟻」。蛾、蟻，一音之轉耳。

（59）左把彈，右攝丸

　　石光瑛曰：《策》「把」作「挾」，《御覽》引本文作「抱」，其義皆同。

　　按：陳茂仁說同石氏。趙逵夫曰：「《策》改『把』為『挾』，失其義也。『彈』與『丸』相對而言，指彈弓。『把』為拿定之意。言『挾彈』打鳥則不可。」〔註65〕趙說是也。《易林・比之小畜》：「公子王孫，把彈攝丸，發輒有得，室家饒足。」又《艮之豫》、《井之蹇》同。即用此典，字亦作「把」。「彈」非可抱，「抱」是「把」形誤。

（60）定操持，審參連

　　按：關於「參連」，石氏引《周禮》疏及李呈芬、黃以周、章太炎說。惠士奇亦曾論之〔註66〕，可以參閱，文繁不錄。

（61）仰奮陵衡

　　石光瑛曰：《策》作「仰嚙蔆衡」。《說文》：「奮，翬也。」陵，「蔆」之省文。鮑彪注：「衡，香草。」吳師道《補正》曰：「蔆、菱字通。『衡』與『菱』並言，即『荇』，接余，水草也。」衡，杜衡也，俗作「蘅」。吳氏以接余之荇當之，恐非。

〔註64〕范祥雍《戰國策箋證》，上海古籍出版社 2006 年版，第 875 頁。
〔註65〕趙逵夫《莊辛〈諫楚襄王〉考校——兼論〈新序〉的史料價值》，《甘肅社會科學》1993 年第 6 期，第 123 頁。
〔註66〕惠士奇《禮說》卷 4，收入《叢書集成三編》第 24 冊，新文豐出版公司 1997 年版，第 308～309 頁。

按：趙仲邑曰：「『奮』應從《楚策》作『齧』。『陵』通『蔆』，即『菱』。『衡』通『蘅』。均水中之植物。」〔註67〕陳茂仁、趙逵夫說同趙氏，趙逵夫又曰：「奮，震動也。《策》改『奮』作『齧』，則與上句意重。」〔註68〕杜衡是香草，不得與「陵」並言。吳說「衡」指接余，則字當作「荇」。《說文》：「苻，薑餘也。荇，苻或從行，同。」「接余」即「薑餘」。《冊府元龜》卷743用《策》文作「仰齧蔆荇」。《類聚》卷90引《策》作「仰齗菱藕」，《御覽》卷916引作「仰齗菱藕」，疑「藕」誤作「蘅」，又脫作「衡」。「齗」、「齗」皆「齧」之譌。趙仲邑謂「奮」當作「齧」，是也。「奮」是「齧」形誤，又易作「齧」。

（62）不知弋者選其弓弩

石光瑛曰：選，擇也。《御覽》引「選」作「撰」，「弩」作「矢」。「撰」即「選」字俗。

按：景宋本《御覽》卷457引作「操其弓矢」，四庫本作「撰其弓矢」。

（63）實之以黿厄，而投之乎黿塞之外

石光瑛曰：《策》作「填黿塞之內，而投己乎黿塞之外」。

按：景宋本《御覽》卷457引作「殺之乎黿塞之外」。「殺」是「投」形誤（四庫本不誤）。

（64）襄王大懼，形體悼栗

石光瑛曰：《策》作「襄王聞之，顏色變作，身體戰慄」。各本「悼」誤「掉」，宋本作「悼」，是。吳師道《補正》引亦作「悼」。《御覽》作「掉慄」。

按：悼栗，宋本、校宋本、龍谿本作「悼栗」，武井驥本作「掉栗」，景宋本《御覽》卷457引作「棹慓」，四庫本《御覽》作「掉慄」。「棹慓」乃「悼慄」形譌。「掉」非誤字。掉，搖動也，心之搖動則作「悼」，故為懼義。《玄應音義》卷2「戰掉」條引《字林》：「掉，搖也。」又引《廣雅》：「掉、振，動也。」本書《雜事五》「恐懼而掉慄」，亦作「掉」。趙逵夫曰：「『悼栗』為楚語。《莊子·山木》：『危行側視，震動悼慄。』張衡《西京賦》：『憂悼慄而

〔註67〕趙仲邑《新序校證》，《中山大學學報》1961年第4期，第83頁。
〔註68〕趙逵夫《莊辛〈諫楚襄王〉考校——兼論〈新序〉的史料價值》，《甘肅社會科學》1993年第6期，第124頁。

悚兢。」張衡為東漢南陽人，其地戰國時屬楚，故猶存楚語之舊。『悼栗』即『悼慄』。《戰國策》作『戰栗』，失楚語之舊。」〔註69〕《策》作「戰慄」，乃易作通語。

（65）文侯曰：「若不知其裏盡而毛無所恃邪？」

石光瑛曰：若，汝也。毛附於裏，裏盡則毛無所恃以存也。《傳》曰：「皮之不存，毛將安附？」《御覽》卷694「恃」作「附」，又卷627引「恃」作「植」，又卷543及《治要》引皆作「恃」。

按：《類說》卷30、《記纂淵海》卷61引作「恃」，《通典》卷4作「附」。恃、植音轉，栫、植同字，是其比。《御覽》卷694、《通典》卷4「裏盡」作「皮盡」。

（66）銖布十倍

按：銖，各本作「錢」。下文「而銖十倍」亦同。

（67）譬無異夫路人反裘而負芻也

石光瑛曰：《治要》「譬」譌「嬖」。

按：天明刊本《治要》引仍作「譬」（古鈔本作「𤘜」，俗省字），石氏誤記。

（68）楚莊王問於孫叔敖曰：「寡人未得所以為國是也。」

石光瑛曰：《後漢書·桓譚傳》引同，注云：「言欲為國於是，未知何以得之。」《渚宮舊事》作「何謂國是」。

按：得，猶知也。《爾雅》：「是，則也。」郭璞注：「是，事可法則。」國是，謂國之法則，下文「共定國是」同。李賢注並誤。

（69）士非我，無迿貴富

石光瑛曰：盧文弨曰：「迿，義與『由』同。」《舊事》「迿」作「道」，二字音形義均近。《桓譚傳》作「從」。

按：《冊府元龜》卷741作「道」，《皇王大紀》卷47作「由」，下同。道、由（迿）一聲之轉。蔡信發謂「道乃迿之形近之譌」，未達音轉之理也。

〔註69〕趙逵夫《莊辛〈諫楚襄王〉考校——兼論〈新序〉的史料價值（續）》，《甘肅社會科學》1994年第1期，第108頁。

武井驥曰：「『迶』、『攸』同，所也。」亦非是。

（70）臣死有日矣

石光瑛曰：將，猶其也。

按：「有日」前各本皆有「將」字。石氏所釋，是亦有「將」字。

（71）臼頭深目

石光瑛曰：王照圓曰：「《初學記》引『臼』作『凹』。凹頭，頭頂窊陷也。《後漢書》注引作『白頭』，《新序》同，誤也。」〔註70〕案王所引《後漢》注，在《楊賜傳》，殿本作「臼」不作「白」，不知王據何本。即使作「白」，亦「臼」字形近之誤。「凹」俗字，古所無。《治要》、《書鈔》引亦作「臼」。《世說·輕詆篇》注引作「黃頭深目」，皆譌字。《初學記》作「凹」，淺人妄改之耳。

按：各本皆作「臼」，王照圓引作「白」，誤也。《列女傳》之「臼」，《御覽》卷364、382、《記纂淵海》卷81引同，《白氏六帖事類集》卷7引作「目」〔註71〕，即「臼」。宋刊本《初學記》卷19引《列女傳》作「曰」，古香齋本作「凹」（此王、石二氏所據），皆「臼」形譌。《永樂大典》卷11951引《新序》作「凹」，亦淺人妄改。

（72）長肘大節

石光瑛曰：肘，宋本作「肚」，誤，各本俱作「肚」（引者按：當是「壯」）。《列女傳》作「指」，亦非。此字當作「肘」。「長肘」、「大節」對文，與前後句法一律。《珊玉集》引本書正作「肘」，今據改正。《後漢》注、《世說》注、《初學記》、《御覽》五（引者按：當是「四」）引《列女傳》，《治要》引本書，均作「壯」，皆誤。《書鈔》「壯大」互倒。

按：趙仲邑從石說〔註72〕，陳茂仁說亦略同。蒙傳銘從黃丕烈說謂作「肚」是，梁容茂謂當從《列女傳》作「指」。《珊玉集》見舊鈔卷子本卷14《醜人篇第二》。《初學記》卷19引《列女傳》作「肚」，石氏失檢。宋本、校宋本、龍谿本作「肚」，程本、嘉靖本、武井驥本作「壯」，《治要》引作

〔註70〕石氏所引有脫誤，徑據王照圓《列女傳補注》（清光緒八年刻本）校正。
〔註71〕《四庫》本《白帖》在卷21，所引誤作「凹頭」。
〔註72〕趙仲邑《新序校證》，《中山大學學報》1961年第4期，第84頁。

「壯」。《列女傳》作「指」，《蒙求集註》卷下、《永樂大典》卷 19636 引同，《事文類聚》後集卷 12 引亦作「壯」，《錦繡萬花谷》續集卷 5 引亦作「肚」。疑作「長壯」是，言其人長壯高大，骨節大也。作「長指」亦通，作「長肚」必誤。「肘」又「肚」字形誤。《白氏六帖事類集》卷 7 只引「大節」二字。

（73）肥項少髮

石光瑛曰：《書鈔》作「質肥」，非。

按：肥項，《列女傳》卷 6 同，《御覽》卷 364、382 引《列女傳》作「頂上」，蓋臆改。

（74）折腰亞胸

石光瑛曰：「腰」當作「要」，《御覽·人事部五》引《列女傳》作「要」。王注：「折腰，駝背。」亞，各本作「出」，《列女傳》同。王注：「《後漢書》注引『出』作『凸』。」案「凸」亦俗字，是「亞」之誤，「出」又因「凸」而誤。《治要》、《書鈔》引本書皆作「出」。《世說》注、《御覽》引《列女傳》同。《珊玉集》作「亞」。《說文》：「亞，醜也，象人局背之形。」宋無名氏《釋常談》記此事作『垤胸墜腰』，「垤」即「凸」字。

按：景宋本《御覽》卷 364（即《人事部五》）引作「腰」，不作「要」，石氏所據乃俗本。各本作「出」不誤，「出」謂凸出，此自是漢人語也。《周禮·考工記·玉人》鄭玄注：「射，琰出者也。」謂琰之凸出者為射。作「凸」、「垤」者，以同義字易之也。《列女傳》卷 6 同，其「出」字，《御覽》卷 364、382 二引並同，明嘉趣堂刊本《世說新語·輕詆》劉孝標注（宋刊本作「凸」〔註73〕）、《後漢書·楊賜傳》李賢注（四庫本作「凸」，王照圓所據本同）、《初學記》卷 19、《白氏六帖事類集》卷 7、《蒙求集註》卷下、《錦繡萬花谷》續集卷 5、《事文類聚》後集卷 12 引亦同。

（75）女行年三十，無所容入

石光瑛曰：無收容內入之者。《御覽》卷 693 引「入」作「人」，譌。

按：景宋本、四庫本《御覽》卷 693 引作「入」，石氏所據乃俗本。《列女傳》卷 6 同。「入」同「內」，即「納」。《類說》卷 30 引誤刪「入」字。《書鈔》

〔註73〕沈寶硯《世說新語校語》謂宋本「出」作「凸」，附於四部叢刊初編本《世說新語》。沈氏所稱「宋本」指傳是樓所藏淳熙十六年湘中刻本。

卷 129 引誤作「人」。

（76）衒嫁不售

石光瑛曰：王安人《列女傳注》曰：「《初學記》、《後漢書》注引『衒』作『行』。衒，賣也。言自誇耀以求售也。」

按：舊鈔卷子本《琱玉集》卷 14《醜人篇第二》引此文作「行」，《御覽》卷 382、《記纂淵海》卷 81、《錦繡萬花谷》續集卷 5、《合璧事類備要》前集卷 30 引《列女傳》同，乃「衒（衙）」形譌。嘉靖本「售」誤作「隻」。

（77）流棄莫執

石光瑛曰：王安人曰：「執，猶處也。」此「執」字訓取訓主。

按：《列女傳》卷 6 同，孫詒讓謂執訓親密﹝註74﹞，是也，裴學海、徐仁甫從其說﹝註75﹞。《事文類聚》後集卷 12 引《列女傳》「執」作「顧」，臆改。

（78）自詣宣王

石光瑛曰：詣，謁也。《御覽》引作「請」，乃「詣」字形近之譌。

按：景宋本、四庫本《御覽》卷 693 引作「詣」，石氏所據乃俗本。《初學記》卷 19、《後漢書‧楊賜傳》李賢注、《錦繡萬花谷》續集卷 5 引《列女傳》作「自謁」。

（79）願備後宮之掃除

石光瑛曰：備，《列女傳》作「借」，誤，一本仍作「備」。

按：《白氏六帖事類集》卷 7、《御覽》卷 382、《蒙求集註》卷下、《事文類聚》後集卷 12 引《列女傳》作「備」。本字作藉，《說文》：「藉，具也。」

（80）皆已備有列位矣

石光瑛曰：列位，《御覽》引《列女傳》作「位列」。

按：景宋本、四庫本《御覽》卷 382 引《列女傳》作「列位」，石氏所據乃俗本。

﹝註74﹞ 孫詒讓《墨子閒詁》，中華書局 1986 年版，第 51～52 頁。其說又見孫氏《札迻》卷 6《呂氏春秋高誘注》，中華書局 1989 年版，第 197～198 頁。

﹝註75﹞ 裴學海《評高郵王氏四種》，《河北大學學報》1962 年第 2 期，第 96 頁。

（81）宣王大驚，發《隱書》而讀之，退而惟之，又不能得

　　石光瑛曰：惟，《列女傳》作「推」。惟，思也，義可兩通，作「惟」尤勝。

　　按：各本「發」上有「立」字，石氏《校釋》本脫之。「推」是「惟」形誤。又不能得，《列女傳》卷 6 作「又未能得」，《御覽》卷 382 引《傳》作「久不能解」。「又」是「久」形譌。

（82）不以隱對

　　按：各本「不」上有「又」字，石氏《校釋》本脫之。

（83）西有衡秦之患，南有彊楚之讎

　　按：《列女傳》卷 6 同，《御覽》卷 382 引《傳》「讎」作「讟」。讟，怨也，惡也。

（84）一旦山陵崩阤

　　石光瑛曰：《說文》：「阤，小崩也。」宋本作「陁」，俗。各本作「弛」，誤。今《列女傳》亦作「弛」，誤。《治要》引作「阤」，正，今從之。

　　按：宋本作「陁」，不作俗字「陁」，石氏乃承盧文弨之誤（陳茂仁已指出盧氏失檢）。校宋本、程本、嘉靖本、龍谿本、四庫本、武井驥本作「弛」，古鈔本《治要》卷 42 引作「拖」（天明刊本作「阤」）。《後漢書·楊賜傳》李賢注引《傳》作「弛」，《御覽》卷 382 引《傳》作「墜」（陳茂仁已指出）。「弛」字不誤，借字耳，「施」俗字。字亦作施，明刊本《淮南子·說林篇》：「枝格之屬，有時而弛。」高誘注：「弛，落也。」北宋本、道藏本作「施」，《文子·上德》作「施」。趙仲邑亦謂「弛」當作「阤」，非是。牛和林曰：「『阤』、『陁』同音通假，讀為治。」〔註76〕不通故訓，妄說耳。

（85）賢者伏匿於山林，謟諛彊進於左右

　　石光瑛曰：《列女傳》無「伏」字、「進」字。彊，《傳》作「強」，《治要》引本書同。強，猶多也。「進」字各本奪，今依《治要》引補正。

　　按：「謟」當據校宋本、龍谿本、武井驥本及《治要》卷 42 引校作「諂」。下文「退謟諛」，宋本、程本、嘉靖本亦誤作「謟」。補「進」字是也，正與下文「退」為對文。《類說》卷 30 引「強」下有「據」字。《列女傳》作「賢

〔註76〕牛和林《〈新序〉校詁商補》，曲阜師範大學 2009 年碩士論文，第 7 頁。

者匿於山林，諂諛強於左右」，《文選・景福殿賦》李善注、《後漢書・楊賜傳》李賢注、《御覽》卷382、《合璧事類備要》前集卷21、《事文類聚》前集卷20引「匿」上並有「伏」字；李賢注引「強」上有「被」字；《御覽》引「強」下有「行」字。彊，勉也。敦煌寫卷 P.2524《語對》「彊進」作「列任」，蓋臆改。陳茂仁謂此文「伏」字衍，非也。

（86）酒漿流湎

石光瑛曰：《列女傳》作「飲酒沈湎」。《御覽》引《傳》亦作「酒漿流湎」，與本書同。古流、沈字通用。今《治要》引本書作「沈」，殆由後人習見「沈湎」，鮮見「流湎」，又以二字形近，疑其為譌，遂據《列女傳》改之耳。「沈湎」之沈，本字當作「湛」。

按：石說皆是也。《文選・景福殿賦》李善注、《後漢書・楊賜傳》李賢注、《合璧事類備要》前集卷21、《事文類聚》前集卷20引《列女傳》皆作「酒漿流湎」。天明刊本《治要》卷42引本書作「沈湎」，古鈔本引仍作「流湎」。

（87）外不修諸侯之禮，內不秉國家之治

石光瑛曰：武井驥曰：「一本『治』作『政』。」

按：《列女傳》卷6同，《後漢書・楊賜傳》李賢注引《傳》「治」作「政」。《御覽》卷382引《傳》「秉」作「康」，「治」作「理」。「康」字誤。

（88）漸臺五重，黃金白玉，琅玕龍疏，翡翠珠璣，莫落連飾，萬民罷極

石光瑛曰：《列女傳》「莫落」作「幕絡」。王安人注：「《新序》『幕絡』作『莫落』，音義皆同。」案王說是。

按：王說是也，然猶未盡。字亦作「幕絡」，《釋名・釋形體》：「膜，幕也，幕絡一體也。」又《釋牀帳》：「幕，幕絡也，在表之稱也。」又《釋綵帛》：「〔煮〕繭曰〔莫。莫〕〔註77〕，幕也，貧者著衣，可以幕絡絮也。」又《釋衣服》：「幕，絡也。」《古文苑》卷4楊雄《蜀都賦》：「旁支何若，英絡其間。」「英絡」當作「莫絡」，疊韻連語，連接不斷也。倒言則作「絡幕」，《文選・蜀都賦》：「罻羅絡幕。」劉淵林注：「罻羅，鳥獸網也。絡幕，施張之貌也。」《爾雅》：「草菤薖。」郭璞注：「絡幕草上者。」《類聚》卷九晉顧

〔註77〕脫字據《御覽》卷819引補。

愷之《冰賦》：「爾乃連綿絡幕，乍結乍無。」《御覽》卷九四八成公綏《蜘蛛賦》：「纖羅絡漠，綺錯交張。」倒言也作「絡縸」，《後漢書·馬融傳》《廣成頌》：「繒碆飛流，纖羅絡縸。」李賢注：「絡縸，張羅貌也。縸與幕通。」（略本畢沅《釋名疏證》〔註78〕，然畢說未備。）

（89）於是宣王掩然無聲

石光瑛曰：掩然，猶闇然，慘淡之貌。《列女傳》無「掩然」下十二字，《御覽》引《傳》存「闇然無聲」四字，字正作「闇」。闇、掩聲近通用。

按：闇、掩，並讀為瘖。《說文》：「瘖，不能言也。」字亦作「唵然」，《釋名》：「瘖，〔唵也〕，唵然無聲也。」〔註79〕

（90）喟然而嘆

石光瑛曰：《治要》「嘆」作「歎」。

按：天明刊本《治要》卷42引作「歎」，古鈔本引仍作「嘆」，石氏未見古本。

（91）於是立停漸臺，罷女樂

石光瑛曰：「立停」二字，《列女傳》作「折」。《治要》「停」作「毀」。

按：停，舊鈔卷子本《珩玉集》卷14《醜人篇第二》引同；鈔本《治要》卷42引作「隔」，旁注「毀」字（天明刊本引作「毀」）。《列女傳》之「折」，當據摹宋本、四庫本等作「拆」；《御覽》卷382引「折」作「壞」。「停」、「隔」形近，余謂均「隋」形訛。隋，讀作陸，字亦作墮（墯），俗作隳，毀壞也。《後漢書·邊讓傳》《章華賦》「於是罷女樂，墮瑤臺」，文例相同。

《雜事篇》第三校補

（1）故善用兵者，務在善附民而已

按：各本「在」下有「於」字，石氏《校釋》本脫之。

（2）夫兵之所貴者，勢利也；所上者，變詐攻奪也

石光瑛曰：「奪」當作「殺」。《荀子》「上」作「行」，無「攻奪」二字。

按：石說非是，其所據《荀子》乃俗本，誤脫「攻奪」二字。武井驥曰：

〔註78〕 畢沅、王先謙《釋名疏證補》，中華書局2008年版，第62頁。
〔註79〕 「唵也」二字據《御覽》卷740引補。

「『上』、『尚』同。」宋台州本《荀子‧議兵》：「君之所貴，權謀埶利也；所行，攻奪變詐者。」《治要》卷38引《荀子》作「君之所貴，權謀勢利攻奪變詐也」，亦有「攻奪」二字。《後漢紀》卷6：「於是乎變詐攻奪之事興，而巧偽姦吏（利）之俗長矣。」又「若乃變詐攻奪之事興，而飾智謀權策以勝之；巧偽姦利之俗長，而設禁網陷穽以餌之。」「奪」乃「敓」借字。

（3）君臣上下之間，渙然有離德者也

石光瑛曰：渙，《荀》作「滑」，《外傳》作「突」。楊注《荀子》云：「滑，亂也。」王引之曰：「『滑』當為『渙』。《說卦》曰：『渙者，離也。』《雜卦》曰：『渙，離也。』下文『事大敵堅，則渙然離耳。』是渙為離貌。《新序》正作『渙』。《外傳》作『突』，又『奐』字之譌。渙、奐古字通。」案：王說是。

按：蔡信發、陳茂仁並從王引之說，其說非是。王念孫曰：「『滑』與『𢪙』通，即破裂也。」〔註80〕王念孫說是，另參見《荀子校補》〔註81〕。

（4）反顧其上，如灼黥，如仇讎

石光瑛曰：灼謂以火燒之。謂如身有病，人點灸之也。黥，墨刑也。

按：石說非是，「灼」亦刑名。《荀子‧彊國》：「百姓讙敖，則從而執縛之，刑灼之，不和人心。」

（5）魏人有唐且者

石光瑛曰：且，《史記》作「雎」，《戰國策‧魏策》、《說苑‧奉使》、《後漢書‧崔駰傳》及本書皆作「且」。「且」、「雎」通用字。黃式三曰：「從目作睢，誤。」案：范雎、唐雎字均從且，俗或誤作睢，黃說是也。

按：黃、石說是也，錢大昕、黃丕烈、張文虎、梁玉繩、朱起鳳、中井積德、瀧川資言、施之勉、王叔岷諸家皆考定「睢」當作「雎」，秦漢人喜取「雎」名，如「王雎（雎）」、「上官媭」、「陳軹」，皆其比。取名之誼，或讀「且（雎）」為疽，或讀為駔，或讀為沮〔註82〕。

〔註80〕 王念孫《廣雅疏證補正》，收入徐復主編《廣雅詁林》，江蘇古籍出版社1992年版，第125頁。

〔註81〕 蕭旭《荀子校補》，花木蘭文化出版社2016年版，第305～306頁。

〔註82〕 參見蕭旭《說說「范雎」的名字》，收入《史記校補》，花木蘭文化出版社2021年版，第775～779頁。

（6）丈人罔然乃遠至此

　　石光瑛曰：遠，宋本作「達」，嘉靖本作「遂」，皆誤，今從眾本。《策》、《史》文並作「遠」。

　　按：宋本仍作「遠」，不作「達」，石氏失檢。程本、四庫本、武井驥本亦作「遠」。校宋本、龍谿本誤作「遂」。

（7）然得賢士與共國

　　石光瑛曰：然，《史》作「誠」。與，《史》作「以」。

　　按：《史記·燕世家》作「然」下有「誠」字，非「然」作「誠」，石氏失檢。《治要》卷 11、《御覽》卷 402 引《史》與本書同。

（8）先生視可者，得身事之

　　石光瑛曰：齊人呼得曰登。登，即也。

　　按：《史記·燕世家》同。趙仲邑從石說，其說非是。得，猶言須也，宜也，當也。《史記·項羽本紀》：「君為我呼入，我得兄事之。」亦其例。

（9）於是不能期年，千里馬至者二

　　石光瑛曰：「不」下各本奪「能」字，《燕策》有，《選》注引本書亦有，今據補。

　　按：石說是也。《御覽》卷 811 引此文亦作「不能」。不能，猶言不足、不滿。《後漢書·張奐傳》李賢注引作「不出」，義合。

（10）與百姓同甘苦者二十八年

　　按：各本無「者」字，石氏《校釋》本衍之。

（11）閔王逃，僅以身脫

　　按：各本「逃」上有「亡」字，石氏《校釋》本脫之。

（12）盡復收寶器而歸

　　按：各本「寶」上有「燕」字，石氏《校釋》本脫之。

（13）語曰：「仁不輕絕，智不輕怨。」

　　按：《戰國策·燕策三》同。《廣弘明集》卷 10 王明廣《敘請興佛法事》：「智不輕怨，下愚之見得申；仁不輕絕，三寶之田頓立。」

（14）簡棄大功者仇也，輕絕厚利者怨也

　　石光瑛曰：舊本作「簡功棄大」，茲從《策》乙正。仇，《策》作「輟」，其誼未詳。鮑注云「止也」，亦非。此恐誤字，依本書作「仇」為是。

　　按：石氏乙作「簡棄大功」是也，而謂「輟」是「仇」誤則非。二字形聲俱遠，不得致誤。輟，讀為惙。《說文》：「惙，疾悍也。」謂性急兇暴。《廣雅》：「惙，怒也。」《策》下文「輟而棄之，怨而累之」，言怒而棄之也。于鬯引戴文光曰：「輟者情義已斷，不圖後效也。」范祥雍從其說〔註83〕，非是。

（15）余將快心以成而過

　　石光瑛曰：將快，《策》作「且愿」。案：且，將也。「愿」字無誼，當作「愜」。《說文》：「愜，快也。」鮑注云：「待之以不善之心。」是訓愿為惡，以傅會其說，今不取。而，汝也。

　　按：石說是也，然其說實本於金正煒〔註84〕。

（16）此君所制

　　石光瑛曰：《策》作「君之所揣也」，鮑注：「言間量我也。」案鮑說非，「揣」乃「制」之誤，曾本《國策》作「剬」可證，「剬」又「制」之誤。

　　按：石說是也，然其說實本於王念孫〔註85〕。

（17）恐抵斧鉞之罪，以傷先王之明，有害足下之義

　　石光瑛曰：有，讀為又。《策》作「而」。

　　按：《史記·樂毅傳》作「有」，與此文同。《燕策二》作「而又」，非作「而」，石氏失檢。

（18）臣恐侍御者不察先王所以畜幸臣之理

　　石光瑛曰：舊本無「幸」字，今依《策》、《史》補。

　　按：各本「恐」上無「臣」字，「所以」上有「之」字。

〔註83〕范祥雍《戰國策箋證》，上海古籍出版社2006年版，第1782頁。

〔註84〕金正煒《戰國策補釋》，收入《續修四庫全書》第422冊，上海古籍出版社2002年版，第588頁。

〔註85〕參見王念孫《戰國策雜志》，收入《讀書雜志》卷1，中國書店1985年版，本卷第113頁。

（19）臣聞賢聖之君，不以祿私親，功多者授之；不以官隨愛，而當者
　　處之

　　　石光瑛曰：《策》「而」作「能」，即近人曰紐歸泥之說。各本多作「能」，
宋本、嘉靖本、鐵華館本並作「而」。

　　　按：宋本、鐵華館本並作「能」，不作「而」，石氏失校。

（20）王若欲攻之，必與天下圖之

　　　石光瑛曰：《策》「與」作「舉」，古字通用。舉天下而圖之，謂盡天下之
力，合共謀之。

　　　按：《史記・樂毅傳》同此文。當讀舉為與，石說愼矣。《六韜・武韜・文
伐》：「上察而與天下圖之。」「與」亦介詞。

（21）蘇秦相燕，人惡之於燕王

　　　按：各本「人」上有「燕」字，石氏《校釋》本脫之。

（22）白圭顯於中山，中山人惡之於魏文侯，文侯投以夜光之璧

　　　石光瑛曰：《漢書》「投」作「賜」。投、賜誼近，讀如「投我以木瓜」之
投。

　　　按：《史記・鄒陽傳》、《文選》卷39、《類聚》卷58 載鄒陽《獄中上書》
皆作「投」，《御覽》卷806、《事類賦注》卷9引《史記》作「賜」。

（23）兩主二臣，剖心折肝相信

　　　石光瑛曰：折，各本作「析」，與《漢》、《選》同。宋本作「折」，與《史》
同。師古曰：「析，分也。」《說文》：「析，破木也，一曰折也，從木從斤。」
則析、折之通用明矣。宋本及《史》作「折」，用叚字不誤。

　　　按：①石氏《校釋》本有「紹弼案」云：「宋本作『析』，不作『折』，不
知著者何據而云然。」今檢宋本確作「折」，紹弼案語不確。校宋本、龍谿本
亦作「折」，程本、嘉靖本、四庫本作「析」。《文選・詣建平王上書》李善注
引鄒陽《獄中上書》作「析」。古鈔本《治要》卷17引《漢書》作「折」（天
明刊本作『析』）。析、折皆會意字，以斤破木為析，以斤斷草為折。此文當
以「析」為正字。李白《上安州裴長史書》：「敢剖心析肝，論舉身之事。」
《唐文粹》卷89作「折」。是李氏所見本亦作「析」。②《史記》之文，瀧川
資言《考證》本、中華書局新點校本作「坼」，張文虎《札記》：「坼肝：中統、

游本『坼』作『折』。舊刻作『析』，《御覽》卷 475 引同。」〔註86〕水澤利忠《校補》：「坼，景、井、蜀、耿、慶、彭、毛、凌『拆』，殿『折』。」〔註87〕景宋本《御覽》卷 475 引《史記》作「折」，四庫本作「析」，張文虎所據乃俗本。水氏所校亦有遺漏失誤，紹興刊本、乾道本、百衲本作「拆」，淳熙本、慶長本、同文書局石印本作「折」（淳熙本即耿本，水澤氏誤校作『拆』），《記纂淵海》卷 131 引作「析」，又卷 165 引作「折」〔註88〕，《永樂大典》卷 3004 引作「拆」。

（24）豈移於游辭哉

石光瑛曰：《周易·繫辭下》：「誣善之人其辭游。」《正義》曰：「游，謂浮游。」師古曰：「不以浮說而移心。」師古以浮訓游，正合於《易·繫》之誼。

按：石氏《校釋》本有「紹弼案」云：「『游』當從宋本作『浮』。」校宋本、程本、嘉靖本、龍谿本、四庫本、武井驥本皆作「浮」，《文選·詣建平王上書》李善注引鄒陽《獄中上書》同，《史記》、《漢書》、《文選》亦同。《漢書》本就作「浮」，不得謂「師古以浮訓游」。

（25）故女無美惡，入宮見妒；士無賢不肖，入朝見嫉

石光瑛曰：諸書「居」作「入」。《漢紀》作「士無賢愚」，南本《漢書》作「士無賢愚不肖」。「不肖」字淺人妄加，當作「士無愚賢」，「賢」與「疾」為韻，今本誤倒其字，但《史》、《漢》、《選》及本書皆同，承譌已久，姑仍其舊。

按：石氏所謂「諸書」，指《史記·鄒陽傳》、《漢書·鄒陽傳》及《漢紀》、《文選》。石說改作「入宮見妒」、「士無愚賢」，皆非是。《史記·外戚世家》褚先生引《傳》曰：「女無美惡，入室見妒；士無賢不肖，入朝見嫉。」又《扁鵲倉公列傳》太史公曰：「女無美惡，居宮見妒；士無賢不肖，入朝見疑。」

（26）昔司馬喜臏於宋，卒相中山

石光瑛曰：諸書「於」上有「腳」字。臏，《史》作「髕」，是。臏者髕

〔註86〕張文虎《校刊史記集解索隱正義札記》，中華書局 1977 年版，第 559 頁。
〔註87〕水澤利忠《史記會注考證校補》，廣文書局 1972 年版，第 2668 頁。
〔註88〕《記纂淵海》據宋刊本，四庫本分別在卷 73、65。

之俗。

按:《說苑·尊賢》亦作「髕腳」。

(27) 范雎拉脇折齒於魏,卒為應侯

石光瑛曰:《史》、《選》「拉」作「摺」。《漢紀》作「范雎折脅於魏」。《索隱》:「《應侯傳》作『折脅摺齒』,是也。《說文》云:『拉,摧也。』」李善曰:「《史記》曰:『使舍人笞擊范雎,折脇摺齒。』《廣雅》曰:『摺,折也。』」「拉」、「摺」字同。

按:《說苑·尊賢》作「范雎折脅拉齒於魏,而後為應侯」。宋本、校宋本、程本、嘉靖本、龍谿本、四庫本、武井驥本「雎」皆誤從目作「睢」。

(28) 甯戚飯牛車下,而桓公任之以國

石光瑛曰:甯戚,《亢倉子·賢道》作「甯籍」,籍、戚聲之誤也。《淮南子》作「甯越」,《韓非子·外儲說左》作「甯武」,皆「戉」字之譌。古戉與戚通。《呂氏·勿躬》作「甯遬」,高注:「甯遬,甯戚。」畢沅曰:「古戚、遫同音,遬即遫字。」

按:朱起鳳曰:「戚、越音相近。」〔註89〕「戉(越)」、「戚」二字無相通之理,石、朱說非是。《史記·鄒陽傳》、《漢書·鄒陽傳》、《漢紀》卷9、《文選》卷39、《類聚》卷58引鄒陽《獄中上書》皆作「甯戚」。《御覽》卷474引《說苑》:「甯戚叩轅行歌,桓公任之以國。」《淮南子·繆稱篇》:「甯戚擊牛角而歌,桓公舉以大政。」與此文合。《管子·小稱》:「使甯戚毋忘飯牛車下也。」《呂氏春秋·舉難》:「甯戚飯牛居車下。」又《直諫》:「使甯戚毋忘其飯牛而居於車下。」《淮南子·主術篇》:「甯戚商歌車下。」《類聚》卷94引《琴操》:「甯戚飯牛車下。」亦皆作「甯戚」。《淮南子·道應篇》云「甯越飯牛車下」,「越」當作「戉」,「戉」是「戚」形譌。《御覽》卷444、572、870三引《淮南》正作「戚」字,《文選·嘯賦》李善注、《後漢書·蔡邕傳》李賢注、《事類賦注》卷9引同。

(29) 則五伯不足侔,三王易為比也

石光瑛曰:侔,等也,字當作「牟」。《史記》作「稱」,讀為稱配之稱,誼同。不足牟,謂出其上。《史》、《漢》無「比」字。比,並也,次也。

〔註89〕朱起鳳《辭通》卷24,上海古籍出版社1982年版,第2649頁。

按：《文選》同。顏師古曰：「俺，等也。」《說文》：「俺，齊等也。」又「牟，牛鳴也。」然則「俺」是本字，「牟」是借字。石氏改作「牟」〔註90〕，轉未得本字。陳蔚松曰：「俺，齊等也。比，比並也。是『俺』、『比』義近。《史記》『俺』作『稱』恐誤。下句《史記》、《漢書》脫『比』字。」〔註91〕陳說「稱」誤，非是，餘說皆是也。稱讀為再，去聲，《說文》：「再，並舉也。」宋祁校《漢書》曰：「一本『為』字下有『比』字。」《學林》卷2引《史記》，《冊府元龜》卷872用《漢書》，皆有「比」字。《治要》卷17引《漢書》已脫「比」。本書《善謀》：「三王不足四，五伯不足六也。」本於《戰國策·秦策四》，此文意同。裴學海曰：「足，猶難也。不足即不難，與言『易為』同意。」〔註92〕

（30）夫晉文公親其讎，而彊霸諸侯；齊桓公用其仇，而一匡天下

按：張晏、李善、張銑謂晉文公所親之讎指寺人勃鞮，武井驥、石光瑛從其說。《荀子·哀公》引語曰：「桓公用其賊，文公用其盜。」楊倞注亦用張晏、李善說。本書《雜事五》載管仲射小白中其帶鈎、里鳧須竊文公寶貨而逃之事，下亦引《語》曰：「桓公任其賊，而文公用其盜。」則「讎」亦可能指里鳧須，又稱作「頭須」，石光瑛曰：「頭、徒一聲之轉，與『鳧』音近。惠士奇亦謂『鳧』、『頭』古音同。」〔註93〕

（31）至夫秦用商鞅之法，東弱韓、魏，立彊天下

石光瑛曰：立，《史》作「兵」。《漢》、《選》作「立」，與本書同。

按：「立」是「兵」形誤，《治要》卷17引《漢書》已誤。《冊府元龜》卷872用《漢書》，作「兵」。王叔岷曰：「『兵』蓋『立』之誤，或淺人所改。《列子·說符篇》：『此而不報，無以立懂於天下。』（《釋文》：『懂，勇也。』）與此『立』字用法同。」〔註94〕陳茂仁從其說。王說非也，「懂（勇）」可言立，「彊」不可言立。

（32）今世主誠能去驕傲之心

〔註90〕石氏《雜事四校釋》說同，第555頁。
〔註91〕陳蔚松《〈史記〉〈新序〉校勘記》、《華中師院學報》1984年第5期，第71頁。
〔註92〕裴學海《古書虛字集釋》，中華書局1954年版，第645頁。
〔註93〕石光瑛《新序校釋》，中華書局2001年版，第673頁。
〔註94〕王叔岷《史記斠證》，中華書局2007年版，第2498頁。

石光瑛曰：《史》、《選》「傲」作「憿」。

按：《文選》宋淳熙刻本、嘉靖汪諒刊本作「憿」，影宋本、慶長十二年活字印本、奎章閣本仍作「傲」。

（33）終與之窮通，無變於士

石光瑛曰：三書「通」作「達」，「變」作「愛」。此字當依本書作「變」。

按：武井驥引李善曰：「於士所求，無所愛惜也。」徐友蘭曰：「『變』當為『戀』。」〔註95〕王叔岷曰：「《漢書》『愛』字同。李善本《文選》亦作『愛』，注云：『於士所求，無所愛惜也。』與師古注合，則『變』非誤字。《新序》作『變』，疑後人所改。五臣本《文選》亦作『變』，又據《新序》而改耳。」〔註96〕作「無變」義長，與「終」字相應。言困窮或通達都與士相始終，無所變改也。

（34）則桀之狗可使吠堯，跖之客可使刺由

按：武井驥引《戰國策·齊策六》：「跖之狗吠堯，非貴跖而賤堯也，狗固吠非其主也。」考《史記·淮陰侯列傳》：「跖之狗吠堯，堯非不仁，狗固吠非其主。」亦有此語。

（35）然則荊軻沈七族，要離燔妻子，豈足為大王道哉

石光瑛曰：沈，三書作「湛」，此湛沒正字，本書作「沈」，叚借字。應劭曰：「荊軻為燕刺秦始皇，不成而死，其族坐之湛沒也。」劉敞曰：「王充書言秦怨荊柯，並殺其九族，殺即是湛矣，非必沈之水也。」王念孫曰：「劉說是也。《論衡·語增篇》云：『傳語云：町町若荊軻之閭，言荊軻為燕太子丹刺秦王，秦王誅軻九族，其後忿恨不已，復夷軻之一里，一里皆滅，故曰町町，此言增之也。夫秦雖無道，無為盡誅荊軻之里。』」……宋王楙竑《野客叢書》云：「湛之為誼，言隱沒也。軻得罪秦，凡荊軻親屬，皆竄跡隱遯，不見於世，如高漸離變姓名，匿於宋子，非謂滅其七族。」此說牽強無理。

按：《論衡·語增》言秦「誅軻九族」，沈、湛並讀為扰、揕，刺殺也，擊殺也。

〔註95〕徐友蘭《群書拾補識語·新序》，收入《叢書集成續編》第 92 冊，上海書店 1994 年版，第 572 頁。

〔註96〕王叔岷《史記斠證》，中華書局 2007 年版，第 2499 頁。

（36）明月之珠，夜光之璧，以闇投人於道路，眾無不按劍相眄者

石光瑛曰：眄，宋本、嘉靖本、鐵華館本作「眮」，與三書合，眾本作「眄」。盧文弨曰：「『眄』譌。」案《說文》：「眄，恨視也。」正合此句之意。《說文》又曰：「眮，目偏合也，一曰衺視也，秦語。」二誼皆與本文不甚關合。疑三書之「眮」，皆當作「眄」。諸本作「眄」，乃未改之幸存者。盧氏反斥為譌，是以不狂為狂也。《荀紀》作「人莫不按劍為（引者按：『為』當作『而』）怒」。

按：趙仲邑襲取石說，謂當「從崇文書局本作『眄』」。盧說是也，宋人王觀國《學林》卷10有「眄眮眄」三字辨，謂鄒陽書當作「眮」，訓邪視。本書除石氏所舉三本外，程本、龍谿本、四庫本、武井驥本亦作「眮」。《史記》的宋刊本如北宋景祐監本、南宋紹興刊本、南宋黃善夫本、南宋淳熙本、宋乾道本，《漢書》的宋刊本如北宋景祐本、南宋嘉定本、南宋建安本、南宋慶元本，《文選》的宋刊本如影宋本、宋淳熙本，均作「眮」字，《類聚》卷58亦同。景宋本《御覽》卷342、806、《事類賦注》卷9引《史記》作「眮」，《文選·遊仙詩》李善注引鄒陽《上書》同；宋刊《記纂淵海》卷13、142引《史記》作「眄」（卷142二引）。四庫本《淵海》分別在卷56、70，卷56引作「眄」；卷70二引，一作「眄」，一作「眮」。古鈔本《治要》卷17引《漢書》作「眮」，即「眮」俗寫〔註97〕；天明刊本引作「眄」。是各書唐宋版本皆作「眮」字，後人妄改作「眄」或「眄」。「眮」訓邪視，義並無不合。

（37）蟠木根柢，輪囷離奇，而為萬乘器者，以左右先為之容也

石光瑛曰：奇，《史》作「詭」。《集解》張晏曰：「輪囷離詭，委曲槃戾也。」《索隱》孟康曰：「蟠結之木也。」晉灼曰：「槃檀木根也。」師古曰：「蟠木，屈曲之木也。」善曰：「蟠，曲也。」案：依晉灼注，似讀蟠為槃。錢大昭曰：「《說文》：『橎，橎木也，讀若樊。』」〔註98〕即此字。「輪囷」亦作「轔囷」，《文選·西京賦》『垂鼻轔囷』是也。「輪」、「轔」聲轉字。《索隱》：「左右先加彫刻，是為之容飾也。」師古曰：「容，謂彫刻加飾。」善曰：「容謂雕飾。」杜預《左氏傳》注曰：『容，形容也。』」至「先容」之誼，三書注

〔註97〕參見黃征《敦煌俗字典》，上海教育出版社2005年版，第274～275頁。
〔註98〕錢說至此而止，錢大昭《漢書辨疑》卷18，收入《叢書集成初編》第164冊，中華書局1985年影印，第303頁。中華本《新序校釋》第441頁標點全誤，蓋未檢錢說使然。

均以「彫飾」解之，非也。周壽昌曰：「必左右先為之容導也。」周說近是。容之言悅，自動謂之從容，動人謂之慫悅。先容，即先為慫悅，誇其質之美善耳。胡鳴玉《訂譌雜錄》反引小司馬、小顏注，以訂俗誤，可謂無識。

按：①《說文》作「橎，木也」，「橎」字不重，此「橎」是木名，專有名詞，非此文之誼，錢說非是。蟠，讀為般，此盤屈義正字，字亦作盤、槃。程本、嘉靖本「柢」誤作「抵」。②石說「輪困」音轉為「轔困」，是也。字亦作「轔輑」，五臣本《西京賦》作「轔輑」。字亦作「綸棍」，尹灣漢簡《神烏傅（賦）》：「高樹綸棍，支（枝）格相連。」字又作「輪菌」、「輪箘」、「碖硱」、「崘峮」、「輪稇」，倒言亦作「硱碖」〔註99〕。③《漢書》、《漢紀》卷9、《文選》、《類聚》卷58皆作「離奇」。《史》作「離詭」者，奇、詭一音之轉。「奇辭」音轉作「詭辭」，「崎嶇」音轉作「觭䧢」，「攲器」音轉作「觭器」，「奇譎」音轉作「詭譎」，「觭」音轉作「脆」，皆其例〔註100〕。蔡信發、陳茂仁謂「奇、詭義同」，尚隔於古音也。④容讀為誦、頌，頌揚、讚美也。下文「根柢之容」亦然。

（38）以其越攣拘之見，馳域外之議

石光瑛曰：各本「見」作「語」，三書同。宋本作「見」，文誼似勝，今從宋本（嘉靖本作「語」，鐵華作「見」）。攣拘，《文選》作「拘攣」。

按：宋本、武井驥本作「語」，鐵華館本（即校宋本）、龍谿本誤作「見」，石氏失校。武井驥引呂向曰：「拘攣，淺近也。」攣拘，《史》、《漢》同，拘曲之義。字亦作「戀朐」，《鹽鐵論·非鞅》：「此所謂戀朐之智，而愚人之計也。」《文選》作「拘攣」，《後漢書·曹褒傳》李賢注引《漢書》同，倒順同誼。字亦作「拘戀」，《類聚》卷19晉·孫楚《笑賦》：「以得意為至樂，不拘戀乎凡流。」《高僧傳》卷3：「迷遠理者謂至道虛說，滯近教者則拘戀篇章。」《歷代三寶紀》卷10、《貞元新定釋教目錄》卷7作「拘攣」。

（39）今欲使天下寥廓之士，籠於威重之權，脅於勢位之貴，回面汙行，以事諂諛之人，求親近於左右，則士有伏死崛穴巖藪之中耳

石光瑛曰：籠，《選》及《漢紀》作「誘」。案：「籠」乃「嚲」之叚借字。

〔註99〕參見蕭旭《尹灣漢簡〈神烏傅（賦）〉校補》，收入《群書校補（續）》，花木蘭文化出版社2014年版，第195～196頁。
〔註100〕參見蕭旭《荀子校補》，花木蘭文化出版社2016年版，第577～578頁。

《說文》：「詟，失氣言也，一曰言不止也，從言，龖省聲。傅毅讀若慴。」段注云：「此與『慴』音誼同。」「詟」與「脅」對舉，其誼略同。《史》作「攝」，攝亦慴之借字，意不殊也。或謂「籠」謂為所籠絡，非。《索隱》：「杜預云：『回，邪也。』」師古曰：「回，邪也。汙，不絜也。或曰曲也。」王先謙曰：「『邪面』不詞。回，轉也，易也，向也。」王說亦通。但此文「回」與「汙」對，訓邪，即《爾雅》所云「戚施面柔」者。邪面即柔面，未為不詞，王說可備一誼，不可廢舊解也。

按：宋本、程本、嘉靖本、四庫本「詔」誤作「謟」，古鈔本《治要》卷17引《漢書》誤同（天明刊本不誤）。《說文》：「讋，籀文詟不省。」「詟」是「讋」省，字從龖省聲，與「慴」、「慴」同字。《說文》：「慴，失氣也，一曰服也。」《說文》「詟」、「慴」同訓失氣，本是一字之異體耳。《玄應音義》卷9：「慴，古文褺，或作讋、慹二形，同，占涉反。」「籠」從龍聲，當是「詟」誤字，非段借字，石說非是。《漢書》亦誤作「籠」，《治要》卷17引《漢書》已誤。顏師古亦曰：「回，邪也。」其說非是。「回」當從王先謙說訓回轉，《漢紀》卷9作「迴」，《治要》卷17引《漢書》同，「迴」字義同。《文選·劇秦美新》：「海外遐方，信延頸企踵，回面內嚮，喁喁如也。」李周翰注：「回面內向，謂順服於君。」此文「回面」猶言改變操行順服於人。

《雜事篇》第四校補

（1）墾田剏邑

石光瑛曰：剏邑者，剏造荒地，如舜所居二年成邑也。《管子·小匡篇》作「墾草入邑」。《呂氏春秋·勿躬》「剏」作「大」，大亦剏大之意。《韓子·外儲說左下》作「墾草仞邑」，注：「仞，入也。」俞樾云：「『仞』當作『剏』，謂剏造其邑也。」王先慎云：「入，得也。」徐友蘭云：「『仞』為『剏』爛餘，『入』為『創』爛餘。」案：俞說是。《小匡》之「入邑」，謂入他人之邑於己。近人據《韓子》，或有讀仞為牣訓滿者，亦未是。又或以「入」為「大」之爛文，亦非。

按：武井驥引鮑彪曰：「墾，耕。剏，造也。」許維遹曰：「仞，入也。入，得也。」陳奇猷曰：「大，擴充也。剏，剏造也。則作『大』作『剏』均通。『入』乃『大』之誤，『仞』乃『剏』之誤。」〔註101〕施珂曰：「『大』疑

〔註101〕二氏說並見陳奇猷《呂氏春秋新校釋》，上海古籍出版社2002年版，第1097頁。

本作『入』。」蔡信發曰：「仞、入雙聲假借。仞邑，猶入邑，謂入他地以成邑。大，動詞。欲大邑，即須入地，義亦相成。此作『荊邑』以說之，義亦相同。蓋欲荊邑，務須入地。故諸書所作不一，義實無二。俞氏以此非《韓子》，欠確。」陳茂仁從蔡說。諸說皆誤。《戰國策・秦策三》：「墾草荊邑。」姚宏曰：「荊，錢、劉一作『仞』，曾一作『入』。」《史記・蔡澤傳》「荊」作「入」。睡虎地秦簡《為吏之道》：「根（墾）田人邑。」銀雀山漢簡《王法》：「狠（墾）草仁邑。」楊樹達讀仞為牣，滿也〔註102〕。裘錫圭謂「荊」乃「仞」之誤，「入」、「大」為「人」之誤，「仞」、「人」並讀為牣〔註103〕。楊、裘說是也。

（2）則臣不若東郭牙

石光瑛曰：《漢表》無「東郭牙」，蓋偶遺之。《說苑・權謀》作「東郭垂」，《管子・小問》作「東郭郵」。案：「郵」乃「垂」之借字。《金樓子》卷5作「東郭邧」，「邧」又「郵」之爛文。蓋「牙」當作「乑」，形近而誤。「乑，古垂字。

按：俞樾、陶方琦並謂「牙」是「乑（古『垂』字）」之誤〔註104〕，石氏蓋本俞、陶舊說，或偶合耳，黃暉亦同其說〔註105〕。我的意見正相反，「乑（垂）」是「牙」之誤，「郵」、「邧」又「垂」之誤，《書鈔》卷114引《管子》「郵」正作「牙」，《御覽》卷367、《冊府元龜》卷734引《管子》已誤作「郵」字。《管子・小匡》、《管子・桓公問》、《晏子春秋・內篇問上》、《呂氏春秋・勿躬》、《呂氏春秋・重言》、《韓子・外儲說左下》、《韓詩外傳》卷4、《說苑・君道》、《論衡・知實》、《顏氏家訓・音辭》並作「東郭牙」，《史記・平準書》《索隱》引《風俗通》：「東郭牙，齊大夫。」亦作「牙」字。不當諸書作「牙」並誤，獨《說苑》作「垂」不誤。春秋古人名喜以「牙」取名，如「孔牙」、

〔註102〕 楊樹達《積微居讀書記・韓非子（續）》，《北平北海圖書館月刊》第2卷第2號，1929年出版，第124頁。上海古籍出版社2006年版《積微居讀書記》失收此文。

〔註103〕 裘錫圭《考古發現的秦漢文字資料對於校讀古籍的重要性》，收入《裘錫圭學術文集》卷4，復旦大學出版社2012年版，第370～371頁。

〔註104〕 俞樾《讀韓詩外傳》，收入《曲園雜纂》卷17。陶方琦《春秋名字解詁補誼》卷下，收入《漢孳室文鈔》卷1，《叢書集成續編》第15冊，新文豐出版公司1988年印行，第98～99頁。

〔註105〕 黃暉《論衡校釋》，中華書局1990年版，第1096頁。

「呂牙」、「伯牙」、「狄牙」（一作「易牙」）、「鮑叔牙」皆是也〔註106〕。《呂氏春秋・不苟》云「晉使叔虎、齊使東郭蹇如秦。」「東郭蹇」他書未見，或即「東郭牙」，不知何緣致誤。

（3）平原廣國，車不結軌，士不旋踵，鼓之而三軍之士視死若歸，則臣不若王子成甫，請置以為大司馬

石光瑛曰：國，舊本俱作「囿」，《管子》作「牧」，尹知章注：「廣遠可牧之地。」《呂》書作「城」，畢校曰：「城，疑『域』，《新序》作『囿』。」案尹注甚誤，「牧」不當訓為游牧之誼。《爾雅》：「邑外謂之郊，郊外謂之牧，牧外謂之野。」與此「牧」字誼同。本書作「囿」，「囿」非用兵之所。畢本「城」字，必當作「域」無疑。然《御覽》引《呂》已作「城」（引者按：卷273引），則其誤甚久。「域」、「國」古字通。本書「囿」字當作「國」，即「域」。

按：畢沅校《呂氏》「城」作「域」，是也，《文選・答蘇武書》李善注引《呂氏》正作「域」。《文選・白馬篇》李善注引《管子》亦誤作「城」。石氏謂「牧」不當訓為游牧，「囿」非用兵之所，皆甚確，但改「囿」作「國」則非是。楊樹達從畢說，並指出「囿、域一聲之轉」〔註107〕。陳茂仁曰：「囿、域，並通。『城』蓋『域』之形訛也。」陳氏所說「囿、域並通」，是指二字於文義皆通（下文第250頁陳氏云「之、士並通」，亦其例），尚隔於古音。牧、野對舉則異，散文則通，牧亦野也，指外野。《墨子・兼愛下》：「今有平原廣野，於此被甲嬰冑將往戰。」《漢書・鼂錯傳》：「平原廣野，此車騎之地。」囿讀為域，字或省作「有」。《說苑・善說》：「野遊則馳騁弋獵乎？平原廣囿，格猛獸。」亦用借字。

（4）有司請吏於齊桓公

石光瑛曰：《治要》引「吏」作「事」。盧文弨曰：「吏，《呂氏・任數篇》作『事』。」「吏」即古「事」字。

按：古鈔本《治要》卷42引仍作「吏」，天明刊本引作「事」。

〔註106〕古人取名「牙」字之誼，參見蕭旭《「嬰兒」語源考》，收入《群書校補（續）》，花木蘭文化出版社2014年版，第2082頁。

〔註107〕楊樹達《讀呂氏春秋札記》，收入《積微居讀書記》，上海古籍出版社2006年版，第261頁。

（5）湯、文用伊、呂，成王用周、邵，而刑措不用，兵偃而不動，用眾
　　賢也

　　按：「而刑措不用」當乙作「刑措而不用」。

（6）假有賢於子方者

　　按：天明刊本《治要》卷 42 引同今本，古鈔本《治要》引「假」下有「之」
字，《冊府元龜》卷 241 亦有。

（7）隰朋善削縫

　　石光瑛曰：隰朋，《韓》作「賓胥無」，注云：「言損益若女工剪削彌縫。」
《治要》引「縫」作「齊」，蓋涉下「齊和」而誤。

　　按：天明刊本《治要》卷 42 引作「隰朋善削齊」，此石氏所據。古鈔本《治
要》引作「習朋善削齊」，「齊」字旁注「縫」。阜陽漢簡《春秋事語》作「習
崩善削齊」。本書舊本蓋作「隰朋善削齊」，「齊」字不誤，石說非是。作「縫」
者，後人據《韓子・難二》改之。「朋」、「崩」通用。王引之謂削者縫也，劉
嬌謂齊者齊緝，皆是也〔註108〕。朱季海曰：「齊，翦也。」韓自強曰：「齊，
《集韻》：『音翦，同「剪」。』《說文》：『斷也，剪取其齊，故謂齊為剪。』」
〔註109〕其說非是，且《說文》云「劗（剪），齊斷也」，韓氏不出「劗」字，
引文又去「齊」字，易使人誤解「斷也」為「齊」字釋文，又「剪取其齊，故
謂齊為剪」非《說文》語，乃鈔《康熙字典》而不檢《說文》原書之失，以二
手資料校釋古籍，亦云疏矣。「習朋」或作「謵朋」，黃帝臣名，與齊大夫「隰
朋」音近相混。《莊子・徐無鬼》：「張若、謵朋前馬，昆閽、滑稽後車。」《釋
文》：「謵，音習，元嘉本作『謂』，崔同。」作「謂」蓋形譌。《御覽》卷 79 引
《莊子》作「隰明（朋）」。《路史》卷 32《同名氏辨》：「見習朋而疑齊臣。」
羅苹注：「黃帝臣，《洽聞記》作『隰』。」唐人鄭遂（或曰「鄭常」）撰《洽聞
記》，又唐人許蟄亦撰《洽聞記》，不知羅氏所引為何者。

（8）賓胥無善純緣

　　石光瑛曰：純，《治要》引作「補」。隰朋，《韓子》「賓胥無」作「隰朋」，

〔註108〕參見蕭旭《韓非子校補》，花木蘭文化出版社 2015 年版，第 228～229 頁。
〔註109〕韓自強《〈春秋事語〉章題及相關竹簡》，《阜陽漢簡〈詩經〉研究》附錄，上
　　　　海古籍出版社 2004 年版，第 200 頁。

以二人事互易。「純」與「緣」同誼。

按：《治要》引「純」作「補」蓋臆改。阜陽漢簡《春秋事語》同此文，《韓子‧難二》作「隰朋善純緣」。

（9）襄子擊金而退士

石光瑛曰：《外傳》「士」作「之」，形似之誤。

按：石氏似謂「之」為「士」形誤，非是。趙仲邑謂「士」是「之」形誤，《韓詩外傳》卷 6、《淮南子‧道應》、《論衡‧變動》俱作「之」，是也。《墨子‧兼愛中》「越王擊金而退之」，文例正同。《冊府元龜》卷 417 用此文，已誤作「士」。陳茂仁曰：「『士』可訓作士兵。之、士，並通。」非是。

（10）以是見君子重禮而賤利也

石光瑛曰：《公羊》作「是以君子篤於禮而薄於利」，《外傳》作「以是〔見〕君子之重禮而賤財也」。《舊事》與《公羊傳》同，惟「篤」字作「奮」，恐誤耳（篤，厚也，與「薄」為對，中間與「奮」字形似）。

按：石氏所據乃羅氏《吉石盦叢書（續）》所收的鈔本《渚宮舊事》，墨海金壺本、平津館叢書本《舊事》皆作「重」，不作「奮」，「奮」當是「重」形誤。《禮記‧鄉飲酒義》：「此所以貴禮而賤財也。」

（11）趙衰言所以勝鄴者，文公用之，而勝鄴

石光瑛曰：《呂氏》「而」作「果」。

按：各本無「者」字，石氏《校釋》本衍之。徐仁甫曰：「而，猶乃也。乃，猶果也。」徐說近是。而，猶果也〔註110〕。本書《雜事五》：「乃使人理其璞，而得寶焉。」《韓子‧和氏》略同，言果得寶也。《後漢書‧陳元傳》李賢注引《韓子》作「果得寶玉」〔註111〕，《樂府詩集》卷 41 引《琴操》作「果有寶」，《孟子‧盡心下》孫奭疏引《韓詩》作「果得寶」，《淮南子‧覽冥篇》高誘注作「果得美玉」，皆正作「果」字。《韓子‧外儲說左上》：「匠人詘，為之，而屋壞。」下文作「屋果壞」。《漢紀》卷 19：「後歲餘，而誅矣。」《漢書‧酷吏傳》作「果敗」。《家語‧好生》：「孔子聞之曰：『公索氏不及二年將亡。』後一年而亡。」言果亡也。

〔註110〕 參見蕭旭《古書虛詞旁釋》，廣陵書社 2007 年版，第 253 頁。
〔註111〕 《史記‧鄒陽傳》《集解》引應劭說同。

(12)公召郄虎曰:「衰言所以勝鄴,鄴遂勝,將賞之,曰:『蓋聞之子,子當賞。』」

石光瑛曰:遂,《呂》作「既」,誼同。

按:各本「遂勝」上無「鄴」字,石氏《校釋》本衍之。遂,猶既也〔註 112〕。既勝,言勝之後。

(13)公曰:「子無辭!」

石光瑛曰:鐵華館本「公」下衍「子」字。

按:宋本、龍谿本亦衍「子」字。

(14)楚王聞之,惄然愧,以意自閔也

石光瑛曰:《賈子》「惄」作「怨」,「意」作「志」,「閔」作「惛」。「惄」作「怨」無誼,此形近之誤。惄然,思而自失之貌。饑乃惄之本訓,食不足為饑,引申為一切不足之詞,故心歉亦謂之惄也。

按:趙仲邑襲取石說,未得其實也。《賈子》「愧」作「醜」,石氏失校。武井驥曰:「惄,憂也。《通雅》曰:『惄然,即慼然。』」惄之言蹙也,迫促不伸之義,引申為慚愧貌、憂愁嗟歎貌,二義相因,字亦作欶、戚、慼、憾。合音詞作「慼咨」,咨讀為嗞,亦嗟也。《說文》:「嗞,嗟也。」字亦音轉作嘖、歂,《玉篇殘卷》:「歂,《說文》:『歂,歐也。』《蒼頡篇》:『嘎,歂也。』《聲類》:『歂,嗟也。』」「嗟」本字作「𧥺」,《說文》:「𧥺,咨也。」《廣雅》:「慼恣,慙也。」《玉篇》:「慼,慼咨,慙也。」王念孫曰:「慼咨者,《方言》:『忸怩,慙歰也,楚郢江湘之閒謂之忸怩,或謂之慼咨。』『慼咨』各本譌作『慼恣』,《集韻》、《類篇》並引《廣雅》『慼,慙也』,則宋時《廣雅》本已譌。《釋訓篇》:『忸怩,慼咨也。』『慼』字亦譌作『慼』,惟『咨』字不譌。考《方言》、《玉篇》、《廣韻》並作『慼咨』,《離》《釋文》亦云:『慼咨,慙也。』今據以訂正。『忸怩』、『慼咨』皆局縮不伸之貌也。『慼咨』倒言之則曰『資戚』,《太玄·親》云:『其志資戚。』」〔註 113〕王氏所引《方言》見卷 10;所引《離》《釋文》者,《易·離》:「出涕沱若,戚嗟若,吉。」《釋文》:「荀作『戚』,千寂反。《子夏傳》作『嘁』。嘁,子六反。咨慙也。」《釋文》

〔註 112〕參見蕭旭《古書虛詞旁釋》,廣陵書社 2007 年版,第 323 頁。
〔註 113〕王念孫《廣雅疏證》,收入徐復主編《廣雅詁林》,江蘇古籍出版社 1992 年版,第 56 頁。

疑作「喊咨，慼也」，今本脫一「喊」字。「喊」同「唇」。馬王堆帛書本「卒盷」，阜陽漢簡本作「戚差」。敦煌寫卷 P.2530 作「感嗟」〔註114〕。《簡帛集成》注：「『卒』字王弼本作『戚』。前 59 下《萃》：『卒（萃）若盷（嗟）若（兩『若』字王弼本作『如』）。』此『卒盷（嗟）若』應亦即『卒（萃）若盷（嗟）若』，『卒』與『戚』聲韻皆近，或因此而致異。」〔註115〕戚亦嗟也，《厚齋易學》卷 2《易輯注》引李氏曰「蹙額而嗟嘆也」，解作「蹙額」，非是。「感咨」、「唇咨」、「資戚」並同，與「戚嗟」同義，王氏改「感」作「唇」，殊無必要。字亦作「戚咨」，宋·范純仁《祭王中散文》：「善人戚咨，矧其朋游？」《御覽》卷 965 引《廣志》：「大白棗，一名曰感咨。」棗名感咨，蓋取嗟歎為義，言其味甘美可口，故《本草綱目》卷 29 引《別錄》云大棗一名美棗，又名良棗。至於《易·萃》：「萃如嗟如，無攸利，往無咎，小吝。」上博楚簡（三）《周易》卦名「萃」作「啐」（「萃如嗟如」句殘）；馬王堆帛書本卦名「萃」作「卒」，此句作「卒若盷若」。「萃嗟」、「卒盷」當讀為「啐嗟」，舊說萃訓聚，後世學者治《易》多從之〔註116〕，非是。高亨曰：「萃讀為顇，為瘁，病也。」〔註117〕李鏡池曰：「萃，借為悴、瘁，憂也。」〔註118〕二氏說近之。「啐嗟」字亦作「猝嗟」，怒吼聲。《漢書·韓信傳》：「項王意烏猝嗟，千人皆廢。」李奇曰：「猝嗟，猶咄嗟也。」晉灼曰：「意烏，恚怒聲也。猝嗟，形發動也。」顏師古曰：「意烏，晉說是也。猝嗟，暴猝嗟嘆也。」師古解作「暴猝」，亦非是。意烏猝嗟，《御覽》卷 434 引作「意嗚叱吒」，《史記》、《新序·善謀》作「喑噁叱吒」，可知顏說之誤。帛書本「戚嗟」作「卒盷」，蓋涉《易·萃》而誤。

（15）告吏曰：「微搔瓜者，得無有他罪乎？」

石光瑛曰：微，非也。言非搔瓜一事，得毋尚有他端開罪于梁者乎？微，

〔註114〕 《法國國家圖書館藏敦煌西域文獻》第 15 冊，上海古籍出版社 2001 年版，第 178 頁。

〔註115〕 《長沙馬王堆漢墓簡帛集成》第 3 冊，中華書局 2014 年版，第 32 頁。

〔註116〕 《象》曰：「萃，聚也。」朱駿聲、尚秉和、丁四新皆從其說。朱駿聲《六十四卦經解》，中華書局 1958 年版，第 194 頁。尚秉和《周易尚氏學》，中華書局 1980 年版，第 210 頁。丁四新《楚竹簡與漢帛書〈周易〉校注》，上海古籍出版社 2011 年版，第 127、399 頁。

〔註117〕 高亨《周易古經今注》，中華書局 1984 年版，第 290 頁。

〔註118〕 李鏡池《周易通義》，中華書局 1981 年版，第 89 頁。

各本作「徵」，誤，今從《賈子》改。

按：盧文弨曰：「徵，《賈》作『微』。『者』衍，《賈》無。」武井驥曰：「徵，召也。」朱季海曰：「『徵』當為『微』，『者』字衍。微搔瓜，猶言搔瓜而外。微，無也。言雖無搔瓜之罪，豈得無他獲罪于梁之事乎？」蔡信發曰：「《新書》『徵』作『微』，《校釋》：『微，《新序》作徵，當從之。徵，證驗也。』〔註119〕是。」「徵」字不誤，《賈子》當據本書訂正。「者」字非衍文。《冊府元龜》卷885用此文，亦作「徵」。徵，讀為懲，猶言懲治、追問、追究。徐仁甫解作「徵召」，亦非。

（16）是夕也，惠王之後蛭出，故其久病心腹之積皆愈

石光瑛曰：《論衡》作「及久患心腹之積皆愈」。「之後」之誼未詳。俞樾曰：「『故』字衍文。《論衡》無。」按俞說是。本書「故」字，當在下「古天之視聽」句上。久，舊也，字本作肌。積，各本作「疾」，謬，今據《賈子》、《論衡》、《治要》改正。

按：武井驥曰：「《史·倉公傳》：『輒後之。』徐廣曰：『如廁。』」後，指肛門。故，猶及也。「疾」上脫「積」字，當作「積疾」，本書脫「積」字，《賈子》、《論衡》脫「疾」字，各脫一字耳。

（17）金玉是賤，以人為寶

石光瑛曰：各本無「以」字，《初學記》、《寰宇記》引《桓子新論》有，《御覽》引本書亦有，可證今本奪之。《外傳》作「金玉之賤〔註120〕，人民是寶」。趙本據《初學記》引改「之」作「是」。按「之」猶「是」，不改亦可。

按：不當補「以」字，《冊府元龜》卷241用此文，亦作「人為寶」。「之」、「為」均與「是」用法相同〔註121〕。後人不達「為」字用法，故妄補「以」字。《初學記》未引《桓子新論》此文，石氏失記。趙仲邑曰：「『人』應從《韓詩外傳》卷10作『人民』。」〔註122〕可取。張白珩曰：「『人』疑『仁』。」〔註123〕非是。

〔註119〕引者按：蔡氏所引《校釋》，指祁玉章《賈子新書校釋》。
〔註120〕引者按：石氏引「之」誤作「是」，茲據《外傳》徑改。
〔註121〕參見裴學海《古書虛字集釋》，中華書局1954年版，第110頁。
〔註122〕趙仲邑《新序校證》，《中山大學學報》1961年第4期，第86頁。
〔註123〕張白珩《新序校注補正》，四川省立圖書館《圖書集刊》1945年第6期，第102頁。

（18）桓公怫然作色曰

石光瑛曰：「怫然」即「勃然」，盛怒貌。字又作悖，古無輕脣音，讀怫為悖。勃，盛也。此類當以音求其訓，不當泥誼而昧其音。

按：石說是也，但以「勃」為本字，尚未得其字。朱季海曰：「故記『怫』當為『艴』，艴然，齊語。」朱說是也。《說文》：「艴，色艴如也。《論語》曰：『色艴如也。』」今《論語·鄉黨》「艴」作「勃」。俗字又作艳，音轉亦作忽，《管子·輕重甲》：「桓公忽然作色曰。」王念孫曰：「『忽然』非作色之貌。『忽然』當作『忿然』」〔註124〕王氏偶未悟其音借耳。《吳越春秋·闔閭內傳》：「吳王忽然不悅曰。」至唐代猶有此用法，北圖新866號《李陵變文》：「武帝聞之，忽然大怒。」

（19）子得罪於父，可以因姑姊叔父而解之

按：姊，宋本、程本、嘉靖本、武井驥本作「姉」，俗字。

（20）臣得罪於君，可以因便辟左右而謝之

按：便辟，得誼於「般嬖」〔註125〕。石光瑛具引諸說（此從省），而斷之云：「當以『便嬖』之說為長。便嬖即嬖幸。」尚未達其語源。

（21）亡國之虛列，必有數矣

石光瑛曰：《荀》作「亡國之虛，則必有數蓋焉」，《家語》作「亡國之墟，必將有數焉」。「亡國之虛列」句。或從二書以「虛」字絕句，亦非。楊注云：「有數蓋焉，猶言『蓋有數焉』，倒言之耳。」其說牽強已甚。盧文弨曰：「數蓋，猶言數區也。」盧說極是。《荀子》：「言之信者，在乎區蓋之間。」「區蓋」連稱，其誼同也。郝氏懿行云：「此『虛則』即『虛列』之譌。蓋者，苦也。言故虛〔羅〕列其間，必有聚廬而居者〔焉〕。」〔註126〕郝改「則」為「列」，極有識。惟惟郝訓蓋為苦，則不如盧說之當。或反疑本書「列」字當從《荀》改「則」，則更非矣。

按：施珂曰：「『列』蓋『則』之訛。」梁容茂、蔡信發說同。劉文起曰：

〔註124〕王念孫《管子雜志》，收入《讀書雜志》卷8，中國書店1985年版，本卷第74頁。

〔註125〕參見蕭旭《「便辟」正詁》，《中國文字研究》第27輯，上海書店出版社2018年版，第135～139頁。

〔註126〕石氏引脫「羅」、「焉」二字，茲據郝懿行《荀子補注》補，《郝氏遺書》本。

「『蓋』字疑衍。」陳茂仁曰：「『蓋』為屋蓋之謂。劉申叔云：『數蓋猶言數廬也。』是。本文『列必有數矣』，於義完足，非必如諸先生云『列』為『則』之誤也。」施氏等謂本書「列」字當從《荀》改「則」，屬下讀，是也。「則必」與《家語》「必將」同義，皆副詞。此文及《家語》「數」下脫「蓋」字。疑「蓋」指頭蓋骨，俗字作顤、顲，言亡國之墟必將有數個頭蓋骨也。「數蓋」與「區蓋」其誼不同。

（22）夫執國之柄，履民之上，懍乎如以腐索御奔馬

石光瑛曰：《說苑·政理》：「子貢問治民於孔子，子曰：『懍懍乎如以杇索御奔馬。』」〔註127〕偽古文《五子之歌》：「予臨兆民，懍乎若杇索之馭六馬。」

按：武井驥曰：「履、蒞音訛，又疑因下文『履』字而誤。」其說非是。履，居也。《家語·致思》：「子貢問治民於孔子，子曰：『懍懍焉若持腐索之扞馬。』」《淮南子·說林篇》：「君子之居民上，若以腐索御奔馬。」《治要》卷48引杜恕《體論》：「三代之亡，非其法亡也，御法者非其人也，苟得其人，王良、造父能以腐索御奔駟。」《家語》「扞馬」上脫「御」字，扞讀為馯，《說文》：「馯，馬突也。」字亦作駻，乃「悍（忓）」分別字。

（23）寡人雖不敏，請事斯語矣

按：不敏，音轉亦作「不佞」、「不仁」〔註128〕。

（24）對曰：「虢君斷則不能，謀則無與也。」

石光瑛曰：謀，各本作「諫」。「諫」字不可解，且與下文「不能用人」意隔。《治要》引作「謀」，是，今據改。

按：趙仲邑、陳茂仁亦校作「謀」〔註129〕。《資治通鑑外紀》卷5、《冊府元龜》卷242用此文，俱作「諫」字。與，猶取也。「諫」字不誤，諫、謀二字其義相因。諫則無與，言不能聽諫言也，與下文「不能用人」其意不隔。《冊府》作「諫則不聽也」。本書《雜事五》：「諫而見從。」《論衡·定賢》同，《晏子春秋·內篇問上》、《說苑·臣術》、阜陽漢簡《春秋事語》「諫」作「謀」，《御覽》卷621引《晏子》作「諫」。

〔註127〕引者按：《說苑》原文「乎」作「焉」，「杇」作「腐」。
〔註128〕參見蕭旭《韓詩外傳校補》。
〔註129〕趙仲邑《新序校證》，《中山大學學報》1961年第4期，第86頁。

（25）文公以輟田而歸

　　石光瑛曰：「以」、「已」同。《治要》引無「而」字。

　　按：《治要》卷42引無「以」字，石氏誤記。《御覽》卷832引亦無「以」字，《資治通鑑外紀》卷5同。《冊府元龜》卷242用此文，「以」作「乃」。《御覽》引「田」作「畋」。

（26）而《春秋》書曰：「晉趙武之力。」蓋得人也

　　石光瑛曰：蓋，各本作「盡」。此字作「盡」無誼，今以意改正。

　　按：各本無「而」、「書」二字，石氏《校釋》本衍之。趙仲邑謂「盡」當從石氏《校釋》、張國銓《校注》校作「蓋」〔註130〕。《冊府元龜》卷737用此文作「盡」。言盡得人之力也。「盡得人也」當是所引《春秋》之文，當括於引號之內。

（27）葉公沈諸梁問樂王鮒曰

　　石光瑛曰：各本無「沈」字。盧文弨曰：「《書鈔》卷97引有。」今據增。南海孔氏校刊《書鈔》本無「沈」字，非也。「沈」為諸梁之姓，似不可省（今《御覽》卷614引亦無「沈」字，並非）。

　　按：趙仲邑從盧說補「沈」。陳茂仁曰：「『諸』上有『沈』字，於義較明。」不必補「沈」字，《書鈔》孔校本及《御覽》卷614、《困學紀聞》卷10、《類說》卷30引俱無「沈」字。《左傳·定公五年》：「葉公諸梁之弟后臧從其母於吳，不待而歸。」又《哀公四年》：「左司馬眅、申公壽餘、葉公諸梁致蔡於負函。」又《哀公十七年》：「楚子問帥于大師子穀與葉公諸梁。」

（28）江出汶山，其源若甕口，至楚國，其廣十里，無他故，其下流多也

　　石光瑛曰：汶，《御覽》作「岷」，「十」作「千」。

　　按：景宋本《御覽》卷614引仍作「十」，石氏所據乃誤本。阜陽漢簡《春秋事語》作「〔其廣〕十里，無故，其〔下〕流多矣」。《御覽》卷60引《荊州記》：「江出泯山，其源若甕口，可以濫觴，在益州建寧漏江縣潛行地底數里至楚都〔註131〕，遂廣十里。」《初學記》卷6引「泯山」作「岷山」。

〔註130〕趙仲邑《新序校證》，《中山大學學報》1961年第4期，第86頁。
〔註131〕《初學記》卷6引「漏江」誤作「滿江」。《漢書·地理志》牂柯郡有「漏江縣」。

（29）鍾子期夜聞擊磬聲者而悲

石光瑛曰：《呂氏·精通篇》無「聲」字。疑本書作「聲」，校者以《呂》書「者」字旁注，以記異文，傳錄者誤入之，今有「聲」又有「者」，文誼稍重疊矣。

按：陳茂仁曰：「『聲』字不當刪。」石、陳說非是。趙仲邑、施珂、梁容茂謂「聲」當從《呂氏春秋·精通》刪〔註132〕，是也。「聲」是「磬」形誤而衍。徐仁甫乙作「而聲悲」，亦非。

（30）齊有彗星，齊侯使祝禳之

石光瑛曰：《論衡》作「人禳之」。盧文弨曰：「禳，宋本作『穰』，譌。」盧說是。

按：盧文弨語作「禳，宋本作『穰』，乃『攘』之訛」。徐友蘭謂「穰」、「禳」通〔註133〕。施珂曰：「『穰』當作『禳』。」陳茂仁曰：「攘、穰並為禳之借字也。」徐、陳說是，「穰」字不煩改作。《史記·滑稽傳》：「見道傍有禳田者。」水澤利忠《校補》：「禳，景、慶、毛、凌、殿『穰』。」〔註134〕「景、慶」本分別指北宋景祐監本、南宋黃善夫本，南宋紹興本、乾道本、淳熙本、元刻本、慶長本亦作「穰」，《書鈔》卷139、《御覽》卷777引同；《御覽》卷736、《記纂淵海》卷32引作「禳」〔註135〕。《史記》古本亦當作「穰」，今中華書局新點校本改作「禳」〔註136〕，失其舊矣。禳之言攘也，故亦作「攘」字。

（31）晏子曰：「無益也，祇取誣焉。」

石光瑛曰：祇，適也。各本作「祗」，嘉靖本作「祇」不誤。《左傳》、《晏子》、《論衡》皆作「祇」。

按：宋本、校宋本、程本、龍谿本、四庫本皆從示作「祗」。《論衡·變虛》作「祇」，石氏失檢。

〔註132〕趙仲邑《新序校證》，《中山大學學報》1961年第4期，第86頁。
〔註133〕徐友蘭《群書拾補識語·新序》，收入《叢書集成續編》第92冊，上海書店1994年版，第572頁。
〔註134〕水澤利忠《史記會注考證校補》，廣文書局1972年版，第3408頁。
〔註135〕四庫本《記纂淵海》在卷60，引作「穰」。
〔註136〕司馬遷《史記》（修訂本），中華書局2013年9月版，第3858頁。中華書局1959年舊點校本第3198頁改同。

（32）天道不謟，不貳其命

石光瑛曰：《左傳》「謟」作「謟」，杜注：「謟，疑也。」《釋文》：「本又作慆，他刀反。」洪亮吉曰：「前人云：『杜於謟、慆二字，皆以疑為訓，而不考其意。謟、慆雖通，而各有本訓。此言天道不濫，惟德是與。』」按《晏子》亦作「謟」（《左傳·哀十七年》有此語，字亦作「謟」）。《論衡·變虛篇》作「不闇」。《左傳》監本、毛本作「謟」，與本書同。阮氏元《校勘記》云：「依《論衡》，則『闇』與『謟媚』字同韻，或《左傳》古有作『謟』之本。」按下文云「不貳其命」（「貳」當作「貳」），則字當作「慆」訓疑為是，「謟」恐是形近之誤，「闇」亦與疑諿近。《西京賦》李善本作「滔」（五臣作「謟」）。《說文》無「謟」字。《昭二十七年左傳》「天命不慆久矣」，此為正字。俗作「謟」，轉譌為「謟」耳。洪、阮說並非。此「貳」字當從王引之說，以為「貳」字之譌。貳，忒之借字。

按：石氏《校釋》本有紹弼按云：「宋本作『謟』，當據正。」程本、嘉靖本、四庫本作「謟」，校宋本、龍谿本作「謟」。石說當作「慆」是也。《爾雅》：「蠱、謟、貳，疑也。」郭璞注：「蠱惑、有貳心者，皆疑也。《左傳》曰：『天命不謟。』」《釋文》：「謟，字或作慆。」《左傳·哀公十七年》：「天命不謟。」《釋文》：「謟，疑也。謟本又作滔。」《增韻》亦云：「謟，疑也。《左傳·昭二十六年》：『王子朝辭曰：「天道不謟。」』從言從舀，舀音由，與諂諛字不同。」洪亮吉所引「前人云」，指明人傅遜《辨誤》說，陳樹華、李富孫皆從傅氏說，洪亮吉乃鈔自陳樹華《考正》，又沒去「傅遜」之名〔註137〕。

（33）為無頭之冠，以示有勇

石光瑛曰：冠，舊本作「棺」，語不可曉，《賈子》文同。《策》作「無顏之冠」，鮑注：「冠不覆額也。」亦望文生誼。竊疑「顏」字當作「頭」，本書及《賈子》「棺」字乃「冠」之叚借。無頭之冠，謂冠去其頂，示不畏死之意，故下文云「以示勇」也。《御覽》卷684引桓譚《新論》正作「無頭之冠」，《治要》引《賈》亦作「冠」，可證。

〔註137〕 傅遜《春秋左傳注解辨誤》卷下，收入《續修四庫全書》第119冊，上海古籍出版社2002年版，第569頁。陳樹華《春秋經傳集解考正》卷25，李富孫《春秋三傳異文釋》卷9，分別收入《續修四庫全書》第142、144冊，第434、506頁。洪亮吉《詁》多鈔襲陳樹華說，可參看呂東超《〈春秋左傳詁〉抄襲舉證》，《文史》2015年第3輯，第211～248頁。呂氏未舉此例。

按：趙仲邑從石說〔註138〕，陳茂仁說同。《初學記》卷 26、《御覽》卷466、492、《記纂淵海》卷 43 引《戰國策》並作「無頭之冠」。盧文弨曰：「『無頭之棺』似訛，《國策》作『無顏之冠』。」武井驥曰：「棺、冠蓋通訛。」王耕心曰：「無頭之棺示人人皆願喪其元，非誤也。」章太炎曰：「按『無頭之棺』是，《國策》乃誤。」〔註139〕范祥雍曰：「『頭』乃『顏』之形譌，『棺』乃『冠』之音譌。」〔註140〕郭象升曰：「《戰國策》言宋康王『為無顏之冠以示有勇』，賈子《新書》作『無頭之棺』，盧文昭謂《新書》為誤。余謂二說都通也，如《國策》之說則以此冠激其勇；如《新說》之說則以此棺表其勇。此即勇士不忘喪其元之意耳。」〔註141〕諸說不同，竊謂王、章說是。頭，今吳語謂之和頭，即棺題，指棺材兩頭的突出部分。為無頭之棺，言不畏死，乃以示勇。

《雜事篇》第五校補

（1）子夏曰：「不學而能安國保民者，未嘗聞也。」

石光瑛曰：《孟子·梁惠王篇》：「保民而王。」趙岐注：「保，安也。」上言「安」，下言「保」，互文耳。嘗聞，《外傳》作「之有」。

按：下文「不學不明古道而能安國家者，未之有也」，亦作「之有」。之，猶嘗也、曾也〔註142〕。保亦可訓養，《說文》：「保，養也。」《國語·周語上》：「事神保民，莫弗欣喜。」又《周語中》：「夫義所以生利也，祥所以事神也，仁所以保民也。」韋昭注並曰：「保，養也。」《說苑·建本》：「苟有可以安國家利民人者，不避其難，不憚其勞，以成其義。」言利民人，亦所以養之也。

（2）臣聞黃帝學乎大真

石光瑛曰：大真，《荀子·大略篇》注引作「大填」，與《漢書·人表》同。《外傳》作「大墳」，又一本《外傳》作「大撓」，《御覽》卷 404 引《外傳》作「大顛」，《路史·後紀》注謂或作「大莫」。真、填、顛同聲通用字，「墳」

〔註138〕趙仲邑《新序校證》，《中山大學學報》1961 年第 4 期，第 86 頁。

〔註139〕盧文弨、王耕心、章太炎三說並轉引自方向東《賈誼集匯校集解》，河海大學出版社 2000 年版，第 280 頁。

〔註140〕范祥雍《戰國策箋證》，上海古籍出版社 2006 年版，第 1832 頁。

〔註141〕《郭象升藏書題跋》（王開學輯校），山西古籍出版社 2007 年版，第 286 頁。

〔註142〕參見蕭旭《古書虛詞旁釋》，廣陵書社 2007 年版，第 337 頁。

乃「債」之譌，債有顛義。莫、真形近而誤。

按：《御覽》卷 404 引《外傳》作「太顛」，石氏失檢。石氏說「墳乃債之譌，債有顛義」，非是。趙仲邑、梁容茂、陳茂仁謂「墳」是「填」形譌，是也。《儀禮經傳通解》卷 18 引作「大真」，注：「真，一作墳。」《錦繡萬花谷》續集卷 2 引作「大填」。《漢書·古今人表》：「大填，黃帝師。」列作上中仁人。「大顛」是文王臣，《漢書·古今人表》亦列作上中仁人。《漢書·董仲舒傳》仲舒對曰：「文王順天理物，師用賢聖，是以閎夭、大顛、散宜生等亦聚於朝廷。」顏師古注引臣瓚曰：「閎夭、大顛、散宜生，皆文王賢臣。」《後漢書·班彪傳》：「昔成王之為孺子，出則周公、邵公、太公史佚，入則大顛、閎夭、南宮括、散宜生，左右前後，禮無違者。」是「大填」、「大顛」乃二人，《御覽》引作「太顛」者，形聲相近而誤。

（3）周公學乎太公

石光瑛曰：《潛夫論》云「周公師庶秀」，未詳。

按：《潛夫論》見《讚學篇》，《治要》卷 44 引同，《御覽》卷 404 引作「庶季」。「季」乃形譌。

（4）呂子曰：「神農學悉者。」

石光瑛曰：者，各本作「老」，《呂》作「諸」，高注：「悉，姓。諸，名也。」古文「諸」字，多省作「者」。今改正作「者」，以復本書之真。

按：李慈銘曰：「者、諸字通。此因『者』誤為『老』耳。」蔣維喬、陳奇猷從李說〔註143〕。李、石二氏改字非是，《小學紺珠》卷 5、《姓氏急就篇》卷上、《儀禮經傳通解》卷 18 引俱作「悉老」。《漢書·古今人表》：「悉諸，炎帝師。」《路史》卷 12：「（炎帝神農氏）於是師於悉諸九靈，學于老龍吉。」羅苹注：「悉諸，《新序》作『悉老』。鄧《姓辨》作『悉清』，非。」又卷 17：「神農師濃陰之老，黃帝拜空桐之叟，濃翁桐叟，豈聖者邪？」濃陰指濃水之南。「悉老」指悉姓之老者，如今張老李老之謂也。《冊府元龜》卷 38 誤作「悉謂」〔註144〕。

〔註143〕諸說見陳奇猷《呂氏春秋新校釋》，上海古籍出版社 2002 年版，第 209 頁。
〔註144〕周勳初等《冊府元龜》校訂本失校，鳳凰出版社 2006 年版，第 401 頁。此書失校之處極多，甚是粗疏。

（5）掘地得死人之骨

石光瑛曰：《呂氏·異用篇》作「周文王使人抇池，得死人之骸」〔註145〕。《說文》：「掘，搰也。」又「搰，掘也。」是二字同訓，又相通叚。「抇」後起俗書。死人埋骨於地，不應在池，宜據本書改正。《御覽》卷534引本書無「地」、「之」二字。

按：抇、掘、搰並一聲之轉。《三輔黃圖》卷5引無「地」字，《資治通鑑外紀》卷2同。天明刊本《治要》卷42引作「堀地」，形之誤也，古鈔本《治要》不誤。《後漢書·張奐傳》李賢注引亦無「地」、「之」二字，《類說》卷30引「之」作「一」。《金樓子·立言篇上》有「地」無「之」字。楊明照、徐仁甫亦指出《呂氏》「池」是「地」形譌，說同石氏〔註146〕。《呂氏》之「抇池」，《意林》卷2引作「相（抇）地」，《御覽》卷84引作「扣（抇）地」，《後漢書·質帝紀》李賢注引作「掘地」，似皆為石氏改「池」作「地」之證。考定州漢簡《儒家者言》簡603作「治池得人（下殘）」〔註147〕，則「池」字不誤，本書及《金樓子》「地」字轉當據《呂氏》、漢簡訂作「池」。陳茂仁謂「死」字衍文〔註148〕，未必然也。

（6）遂令吏以衣冠更葬之

石光瑛曰：冠，各本作「棺」，《呂子》同，《治要》引本書亦同。《繹史》引本書作「冠」，文義為長。但棺、冠音近，古本通用，「棺」乃叚借字，非誤字。

按：《三輔黃圖》卷5引作「衣棺」，《資治通鑑外紀》卷2同；《冊府元龜》卷42作「衣冠」。「棺」非借字，衣棺謂衣衾及棺材也。《御覽》卷710引《拾遺錄》：「今以青盧杖一枚，長九尺，報君衣棺之惠。」倒言則曰「棺衣」，《漢書·董賢傳》：「賢所厚吏沛朱詡自劾去大司馬府，買棺衣收賢尸葬之。」

（7）謂咎須曰：「若猶有以面目而復見我乎？」

石光瑛曰：《外傳》作「文公使人應之曰：『子尚何面目來見寡人？』」

〔註145〕 石氏「抇」誤作「扣」，徑正。

〔註146〕 楊明照《呂氏春秋校證》，《燕京學報》第23期，1938年版，第250頁。徐仁甫《呂氏春秋辨正》，收入《諸子辨正》，成都出版社1993年版，第202頁。

〔註147〕 定州漢簡《〈儒家者言〉釋文》，《文物》1981年第8期，第18頁。

〔註148〕 陳茂仁《定縣漢簡〈儒家者言〉校〈新序〉四則》，《書目季刊》第35卷第2期，2001年版，第22頁。

按：有以，猶言有何也。武井驥引太田周曰：「『以』恐『何』字，蓋自草體誤。」張白珩引同〔註149〕。趙仲邑曰：「以，有。有以：合成詞。」朱季海曰：「『以』字未詳。下云『我謂汝猶有面目而見我耶』，則『以』字衍。」皆非是。

（8）君謂赦鼀須，顯出以為右，如鼀須之罪重也，君猶赦之，況有輕於鼀須者乎

石光瑛曰：「謂」讀為「為」。

按：石說非也。吳昌瑩、裴學海、趙仲邑並訓「謂」為「如」，表假設語氣〔註150〕，是也。《韓詩外傳》卷10作「君誠赦之罪」，誠亦如也、若也。

（9）語曰：「桓公任其賊，而文公任其盜。」

按：下「任」字，各本作「用」，石氏《校釋》本誤。《荀子·哀公》引語曰：「桓公用其賊，文公用其盜。」

（10）故曰：「明主任計不任怒，闇主任怒不任計。」

按：《荀子·哀公》：「故明主任計不信怒，闇主信怒不任計。」楊倞注：「信亦任也。」

（11）窮困無以自進

石光瑛曰：《淮南》「進」作「達」，《文選·嘯賦》注引同。《御覽》卷444引《淮南》仍作「進」，卷486引本書同。《呂氏·舉難篇》亦作「進」。「進」、「達」形義俱近。

按：景宋本《御覽》卷444引《淮南》作「達」，又卷572、870引同，不作「進」，石氏所據乃誤本。

（12）執火甚盛

石光瑛曰：盧文弨曰：「《淮南》作『爝火甚盛』。」《呂氏》與《淮南》文同，《淮南》注云：「爝，炬火也。」此作「執」，義別，言從人執火隨君迎客者。

〔註149〕張白珩《新序校注補正》，四川省立圖書館《圖書集刊》1945年第6期，第103頁。

〔註150〕吳昌瑩《經詞衍釋》，中華書局1956年版，第42頁。裴學海《古書虛字集釋》，中華書局1954年版，第132頁。

按：余舊說從石氏〔註151〕，非是。趙仲邑曰：「執火，火把，即『爇火』。」陳茂仁曰：「執火、爇火，義通。」趙、陳說是，而尚未明其所以然。「執」非執持義，當作「埶」，形近而譌。「埶」同「蓺」，讀為爇，字亦作焫。《說文》：「爇，燒也，從火，蓺聲。」《玄應音義》卷 7：「燒焫：又作爇，同。《蒼頡篇》：『爇，燒然也。』」《慧琳音義》卷 83：「爇火，杜注《左傳》：『爇，燒焫也。』《蒼頡篇》：『爇，然也。』」「執火」即「爇火」，指束葦草燃之，即火把。《說文》：「苣，束葦燒。」《慧琳音義》卷 74 引作「苣，束草爇火以照之也」。「苣」俗作「炬」，亦指火把。《魏書·崔巨倫傳》：「賊不信，共爇火觀敕。」爝，讀為燋。《說文》：「燋，所以然持火也。」《玉篇》：「燋，炬火也，所以然也。」字亦省作焦，《莊子·逍遙遊》：「日月出矣，而爝火不息。」《釋文》：「爝，本亦作燋，司馬云：『然也。』《字林》云：『爝，炬火也。』」《呂氏春秋·求人》作「焦火」。字亦作蕉，《呂氏春秋·不屈》：「豎子操蕉火而鉅。」「蕉」者借字〔註152〕。

（13）桓公聞之，撫其僕之手曰

石光瑛曰：撫，止之也，與《曲禮》「君撫僕之手」，其義不同。盧文弨曰：「宋本作『撫』，《淮南子》及《呂氏·舉難篇》同，何本作『執』，非。」盧說是，今從宋本。

按：校宋本、嘉靖本、龍谿本作「撫」，程本、四庫本、武井驥本作「執」。陳茂仁曰：「『撫』、『執』並通，作『執』非必誤也。」盧說是，撫，讀為拊，猶言拊拍、撫摸，石說非是。《說文》：「拊，揗也。」《晏子·雜上》：「晏子撫其手曰。」《韓詩外傳》卷 2 同，《新序·義勇》「撫」作「拊」。《論衡·非韓》：「（子產）撫其僕之手而聽之。」

（14）桓公曰：「賜之衣冠，將見之。」

石光瑛曰：將，領也，傳也。《淮南》作「桓公贛之衣冠而見之」。

按：石說非是。當「賜之衣冠將見之」七字為句，武井驥亦誤斷其句。將，猶而也〔註153〕。趙仲邑以「將見之」括於引號外，作敘事語，非是。牛和林

〔註151〕 蕭旭《呂氏春秋校補》，花木蘭文化出版社 2016 年版，第 367 頁。
〔註152〕 參見俞樾《呂氏春秋平議》，收入《諸子平議》卷 24，上海書店 1988 年版，第 486 頁。
〔註153〕 參見吳昌瑩《經詞衍釋》，中華書局 1956 年版，第 147 頁。裴學海《古書虛

曰：「『將』當訓今，猶言現在、這就。」〔註154〕亦誤。

（15）甯戚見，說桓公以合境內；明日復見，說桓公以為天下

石光瑛曰：合，《呂》作「治」，《治要》引作「全」，形近而誤。

按：「合」是「治」脫誤。「治境內」、「為天下」對舉，高誘注：「為，治。」

（16）當此舉也，桓公得之矣，所以成霸也

石光瑛曰：當此舉，猶處斷此事也。當，謂處斷也。「成」字各本俱奪，《治要》引有，今據補。

按：石說非是。當，介詞，猶言在。舉，動詞，舉動。謂在此舉動上，桓公是對的。「成」字亦不必據《治要》補。

（17）從者曰：「萬乘之主見布衣之士，一日三至而不得見，亦可以止矣」

石光瑛曰：上「見」字各本奪，盧文弨據《呂氏》補。《治要》引有「見」字，無下「之」字。盧云：「何本有『而』字，兩本俱無。」案：宋本亦無「而」字，《呂子》、《外傳》俱有，今從何本。

按：古鈔本《治要》卷42引有下「之」字，石氏所見乃天明刊本。宋本、程本、四庫本有「而」字，石氏失檢。校宋本、嘉靖本、龍谿本脫之。《治要》引亦有「而」字。

（18）段干木光乎德，寡人光乎地；段干木富乎義，寡人富乎財

石光瑛曰：合肥劉氏校《呂子》，謂兩「光」字與「廣」通，其說亦通，然以本字讀之，亦無隔閡。

按：《呂氏春秋・期賢》：「段干木光乎德，寡人光乎地。」《新序・雜事五》同。《淮南子・修務》：「段干木光於德，寡人光於勢。」皇甫謐《高士傳》卷中：「干木先乎德，寡人先乎勢。」S.2072《珋玉集》引《同賢記》：「寡人光於世（勢），干木光於德。」石氏所謂合肥劉氏校《呂子》，指劉文典《呂氏春秋斠補》〔註155〕。趙仲邑曰：「光，充足。」趙說是，劉說未能探本，

字集釋》，中華書局 1954 年版，第 625～626 頁。

〔註154〕牛和林《〈新序〉校詁商補》，曲阜師範大學 2009 年碩士論文，第 5 頁。

〔註155〕劉文典《呂氏春秋斠補》，收入《三餘札記》卷2，《劉文典全集（3）》，北京

石說非也。光，讀作柷，字亦作橫、廣，猶言充滿、充盈。《爾雅》：「柷，充也。」郭璞注：「充盛也。」郝懿行曰：「柷者，《說文》云：『充也。』通作『光』。《釋文》：『柷，孫作光。』《書》『光被四表』，傳云『光，充』，本《爾雅》為訓也。《淮南·修務篇》云云，亦以光為充也。光之為言廣也。廣、光聲同，廣、充義近。」〔註156〕桂馥亦引《淮南子》以證《說文》〔註157〕。《禮記·樂記》鄭玄注：「橫，充也。」《鹽鐵論·貧富》：「魏文侯軾段干木之閭，非以其有勢也；晉文公見韓慶下車而趨，非〔以〕其多財〔也〕。以其富於仁充於德也。」正作「充」字。馬敘倫、馮振、劉文典謂《呂氏》兩「光」字與「廣」通〔註158〕，未能探本。《高士傳》二「先」字是「光」形譌，《史記·魏世家》《正義》引已誤。《淮南子》、《高士傳》作「勢」字是，「勢」音誤作「世」，「世」形誤作「也」，「也」字不通，因又改作「地」字。《文選·魏都賦》劉淵林注引《呂氏》正作「勢」，其字不誤。《書鈔》卷 34、《治要》卷 42、《御覽》卷 474 引《新序》同今本作「地」，蓋唐代已誤矣。

（19）司馬唐諫秦君曰

石光瑛曰：舊本作「司馬唐且」，《淮南》「唐」作「庾」。盧文弨曰：「《呂氏》無『且』字。《淮南·脩務篇》作『庾』，注云：『庾，秦大夫也，或作唐。』然則『且』字後人誤加也。唐且是魏人，此在秦者，非其人也。《古今人表》有『司馬庾』。」案：唐且不但未嘗為秦司馬，且在戰國末年，時代不相接，此「且」字必誤。《治要》引已有，則承譌已久矣。

按：古鈔本《治要》卷 42 引無「且」字，石氏所見乃天明刊本。《後漢書·郭太傳》李賢注引本書無「且」字，是唐人所見，並作「司馬唐」也。《淮南子》作「司馬庾」，亦無「且」字。《冊府元龜》卷 241 衍「且」字。

（20）秦君以為然，乃案兵而輟不攻魏

石光瑛曰：《呂》作「乃案兵輟不敢攻之」，《淮南》作「於是秦乃偃兵輟不攻魏」。偃，息也，與「案」義近。

師範大學出版集團、安徽大學出版社 2013 年版，第 476 頁。
〔註156〕 郝懿行《爾雅義疏》，上海古籍出版社 1983 年版，第 379～380 頁。
〔註157〕 桂馥《說文解字義證》，齊魯書社 1987 年版，第 515 頁。
〔註158〕 三說皆轉引自陳奇猷《呂氏春秋新校釋》，上海古籍出版社 2002 年版，第 1460頁。

按：《呂氏春秋‧期賢》作「按」，不作「案」。按（案）、偃一聲之轉，石氏猶隔於古音。陳茂仁曰：「『案』、『偃』並『按』之借字也。」其說是也，《戰國策‧魏策一》：「惠施欲以魏合於齊楚以案兵。」《韓子‧內儲說上》「案」作「偃」。《趙策二》：「寡人案兵息民。」《史記‧楚世家》：「以案兵息民。」《漢書‧高帝紀》、《風俗通義‧十反》並有「偃兵息民」語。皆其例。

（21）扶傷舉死

石光瑛曰：《呂子》「舉」作「輿」。畢校云：「『死』與『尸』同。」盧文弨亦謂當從《呂》作「輿」，「死」即「尸」字。案《書鈔》、《治要》引亦作「舉」。舉，猶援也，見《淮南‧脩務》注。《說文》：「振，舉救之也。」「振」與「舉」皆有救義。「輿」乃「與」之誤，古「舉」、「與」通。

按：梁容茂、蔡信發從盧說。武井驥曰：「『舉』當作『輿』。」施珂從其說。徐友蘭曰：「『死』、『傷』偶文，無庸讀為尸。」〔註159〕趙仲邑曰：「舉，通『輿』，載。《呂氏春秋‧期賢》作『輿』。輿死，用車子載死人。」陳茂仁曰：「『輿』有舉意，蓋謂傷者則扶之，死者則舉之。作『舉』為正字，『輿』為借字。」徐、趙說是。舉，讀作輿，俗字作轝，載棺之車。「死」讀如字，謂死者、死人。《晏子春秋‧內篇諫下》：「有輿死人以出者。」此「死」讀如字之確證。《管子‧輕重甲》、《淮南子‧兵略篇》、《文子‧上義》並有「輿死扶傷」語。

（22）人主用之，則進在本朝而宜；不用，則退編百姓而愨，必為順下矣

石光瑛曰：舊本奪「而宜」二字，《荀》作「則勢在本朝而宜」，今據補。舊本作「置而不用，則退編百姓，而敵必為順下矣」，文勢謬舛不可讀。蓋「置」字上半似「而」，下半似「宜」，因「愨」字誤「敵」，淺人遂臆改「而宜」為「置」，更臆加「而」字連下為句。「愨」字上半與「敵」形近致謬，遂亦屬下連讀。愨，謹也。今悉依《荀子》原文校正。

按：《冊府元龜》卷833同宋本。《四庫全書考證》卷61：「刊本『而宜』二字訛『置』字，『而愨』二字訛『敵』字，並據《荀子》改。」〔註160〕當

〔註159〕徐友蘭《群書拾補識語‧新序》，收入《叢書集成續編》第92冊，上海書店1994年版，第572頁。
〔註160〕《四庫全書考證》卷61，收入景印文淵閣《四庫全書》第1499冊，臺灣商

云「『愨』字訛『敵』字」。石氏說略同《考證》。武井驥曰：「『敵』字未穩。」張白珩從其說〔註161〕。蔡信發曰：「敵，『愨』之誤刻。」劉文起說同，陳茂仁從劉說。「敵」、「愨」形聲不近，無緣致譌。趙仲邑曰：「敵，適也，與『宜』為互文。」〔註162〕其說亦非。敵，讀為惕。字亦作適，《莊子·秋水》：「適適然驚，規規然自失也。」《釋文》：「適適、規規，皆驚視自失貌。」成玄英疏：「適適，驚怖之容。」《集韻》：「適，適適然，驚兒。」方以智曰：「適適，猶怵怵也。《莊子》云云，《顏氏家訓》曰：『卜得惡卦，反令怵怵。』音適，惕也。此字別無所見，須知即《莊子》之『適適』，借聲用之。」〔註163〕馬敘倫曰：「適，借為惕。」〔註164〕王叔岷、郭錫良說同馬氏〔註165〕。孟蓬生曰：「『怵』與『適』音略遠。『適』當為『惕』字之借。《說文》：『惕，敬也。悐，或從狄。』《詩·斯干》：『載衣之裼。』《釋文》：『裼，《韓詩》作褅。』《說文》『禘』字條引《詩》作『褅』。《左傳·昭公四年》：『敵亦喪之。』《新序·善謀》作『狄亦喪之』。適之於惕（悐），猶褅（禘）之於裼，敵之於狄也。」〔註166〕「惕」為敬慎、驚懼之義，與「愨」訓謹義近，與下文「順」字相應。

（23）雖窮困凍餧，必不以邪道為食

石光瑛曰：餧，各本作「餒」，今從宋本。《荀子》亦作「餧」，《治要》引作「餒」。

務印書館 1986 年初版，第 364 頁。

〔註161〕 張白珩《新序校注補正》，四川省立圖書館《圖書集刊》1945 年第 6 期，第 103 頁。

〔註162〕 趙仲邑《新序校證》，《中山大學學報》1961 年第 4 期，第 87 頁。趙氏《新序詳注》云：「敵，通『適』，合適。」中華書局 1997 年版，第 155 頁。

〔註163〕 方以智《通雅》卷 10，收入《方以智全書》第 1 冊，上海古籍出版社 1988 年版，第 404 頁。

〔註164〕 馬敘倫《莊子義證》卷 17，收入《民國叢書》第 5 編，（上海）商務印書館 1930 年版，本卷第 13 頁。

〔註165〕 王叔岷《莊子校詮》，臺灣中央研究院歷史語言研究所專刊之八十八，1988 年版，第 627 頁。郭錫良說見《王力古漢語字典》「適」字條，中華書局 2000 年版，第 1453 頁，據《後記》，此條由郭錫良編寫。鍾泰云「適適猶切切也」，朱季海云「適適猶靚靚矣」，皆未得其字。鍾泰《莊子發微》，上海古籍出版社 2002 年版，第 389 頁。朱季海《莊子故言》，中華書局 1987 年版，第 83 頁。

〔註166〕 孟蓬生《經籍假借字間詁》，《中國語文》2006 年第 3 期，第 246 頁。

按：程本、嘉靖本、龍谿本、四庫本作「餧」，《冊府元龜》卷 833 同。古鈔本《治要》卷 38 引《荀子》作「餒」，石氏謂作「餧」，所據乃天明刊本。

（24）意者為其義耶

石光瑛曰：義，名義，與下「實」對。

按：石氏解「義」為名義，是也。張國銓曰：「下文云『其名尤甚不榮』，則此『義』字當讀為『儀』。儀謂表也。」趙仲邑從張說，非是。

（25）折人之首

石光瑛曰：折，眾本作「析」，今從宋本。《易·離卦》：「有嘉折首。」周《師寰鼎》亦有「折首」字。「折」與「析」通。析，分也，猶今人言身首異處也。《呂》書此句作「刘人之頸」。

按：「師寰鼎」當作「《師袁簋》」，銘文作「折首執訊無諆」。宋本、校宋本、龍谿本作「折」，程本、嘉靖本、四庫本、武井驥本作「析」，祕書本作「柝」。陳茂仁曰：「《說文》：『柝，判也。』是『柝』與『析』、『折』義同也。」「折」字是，石、陳說非是。折，猶斷也。《易·離》孔穎達疏：「折斷罪人之首。」考《韓子·五蠹》：「折頸而死。」《史記·春申君傳》：「刳腹絕腸，折頸摺頤。」皆其證。字亦作絜，即「折」增旁俗字。《賈子·耳痺》：「大夫種絜領謝室。」音轉亦作契、挈，《晏子春秋·內篇諫下》：「挈領而死。」《後漢書·馬融傳》李賢注、《御覽》卷 967、《事類賦注》卷 26、《記纂淵海》卷 92 引作「契領」，《類聚》卷 86 引作「刎頸」。《戰國策·秦策三》：「臣請挈領。」《說苑·立節》：「契領於庭。」〔註 167〕

（26）顏淵曰：「善則善矣，雖然，其馬將失。」

石光瑛曰：《外傳》、《家語》「失」作「佚」，《莊》、《呂》作「敗」，義同。此與《荀子》文同，《荀》注：「失讀為逸，奔也。」案：「失」古「佚」字，「佚」、「逸」音義皆同。

按：盧文弨曰：「『失』、『佚』同。」施珂、梁容茂從其說。《治要》卷 10 引《家語》作「逸」，《御覽》卷 746 引《荀子》作「佚」。佚、失、逸，並讀

〔註 167〕 參見蕭旭《賈子校補》，收入《群書校補（續）》，花木蘭文化出版社 2014 年版，第 689～690 頁。

為軼，馬相出也，越駕而走也，取突出為義，謂失其行序也〔註168〕，故下文曰「馬敗聞矣」。

（27）定公不悅，以告左右曰：「吾聞之，君子不讒人，君子亦讒人乎？」

石光瑛曰：《外傳》「讒」作「譖」，義同，一聲之轉也。《家語》作「誣」，失其義，此王肅之謬。

按：石氏謂「讒」、「譖」一聲之轉，是也〔註169〕。《荀子·哀公》作「讒」，《御覽》卷746引《荀子》亦作「誣」。《公羊傳·莊公元年》何休注：「加誣曰譖。」「誣」字義亦近，非王肅之謬也。

（28）顏淵不悅，歷階而去

石光瑛曰：歷，經也。

按：歷，踐也，俗字亦作踜、趚、躒。履下曰扆（指鞋底），車所踐曰轣、轢，語源皆同。音轉亦作麗，《呂氏春秋·安死》：「歷級而上。」《穀梁傳·定公十年》、《新語·辨惑》、《家語·相魯》同，《史記·孔子世家》作「歷階而登」，《論衡·薄葬》、《對作》並作「麗級」。

（29）故好戰窮兵，未有不亡者也

石光瑛曰：《書鈔》卷123引「兵」作「武」。

按：《書鈔》引見卷113，石氏誤記卷號。《文選·檄蜀文》：「窮武極戰。」李善注引亦作「武」，《通典》卷148、《孫子·作戰》杜佑注引同，《冊府元龜》卷743同。作「武」是其舊本，《史記·主父列傳》：「夫務戰勝、窮武事者，未有不悔者也。」「窮武」是二漢人成語。

（30）吳君忝而不忍

石光瑛曰：盧文弨曰：「忝，『吝』之俗體，《御覽》卷620引作『悋』，亦俗字。」案：《御覽》卷633引《說苑》亦作「悋」，「不」下有「能」字。

按：景宋本《御覽》卷633引《說苑》作「君悋而能忍」，非「不」下有「能」字，石氏所據乃俗本。下文「不忍則不能罰姦」，《御覽》引《說苑》作

〔註168〕 參見蕭旭《〈說文〉「脩，昳也」音義考》，收入《群書校補（續）》，花木蘭文化出版社2014年版，第1875頁。

〔註169〕 相轉之例參見張儒、劉毓慶《漢字通用聲素研究》，山西古籍出版社2002年版，第1050頁。

「忍則不能罰罪」，脱一「不」字。

（31）（叔向）對曰：「大臣重祿而不極諫，近臣畏罪而不敢言。」

石光瑛曰：罪，舊本皆作「罰」。盧文弨曰：「當依《說苑》作『罪』。」
案：《治要》引本書作「罪」，盧說是，今據改。

按：《後漢書‧陳忠傳》、《長短經‧理亂》引叔向語亦作「罪」，未標出處，
引下文「下情不上通」與本書同，《說苑‧善說》則作「左右顧寵於小官，而
君不知」，知所引出自本書也。《類說》卷30引已誤作「罰」字。

（32）莊王見而問其情

石光瑛曰：其，嘉靖本作「於」，誤，今從眾本。

按：宋本、校宋本、程本、龍谿本、四庫本、武井驥本並作「於」。於，
猶其也，字亦作「于」〔註170〕。

（33）其交皆孝悌篤謹畏令

石光瑛曰：交，《呂》、《韓》、《舊事》作「友」。《呂子》「篤」作「純」。
「篤」當作「管」，信厚也。

按：「交」是「友」形譌。篤，《韓詩外傳》卷9同，《渚宮舊事》卷1亦
作「純」。《墨子‧所染》：「其友皆好仁義淳謹畏令。」《廣韻》：「純，篤也。」
純、淳，並讀為惇，亦厚也。字或作醇，《史記‧萬石君傳》：「丞相醇謹而
已。」《漢書》同，顏師古曰：「醇，專厚也，音純。」「淳謹」又作「敦謹」，
《後漢書‧張純傳》：「純以敦謹守約，保全前封。」也倒言作「謹頓」，《潛
夫論‧實邊》「邊民謹頓」，頓亦讀作惇。汪繼培曰：「頓，讀為鈍。」〔註171〕
非是。

（34）事君日益，官職日進

石光瑛曰：進，各本作「益」，兩「益」字複，必誤。宋本作「進」，與
《呂子》、《外傳》合，今從之。盧氏亦云：「當作『進』。」

按：校宋本、嘉靖本、龍谿本皆作「進」，程本、四庫本、武井驥本誤作
「益」。

〔註170〕參見裴學海《古書虛字集釋》，中華書局1954年版，第55～57、47～48頁。
〔註171〕汪繼培、彭鐸《潛夫論箋校正》，中華書局1985年版，第282頁。

（35）寡人自去國而居衛也，帶三益矣

石光瑛曰：《呂子》作「帶益三副矣」，高注：「『副』或作『倍』。」據高注，則讀副如倍。

按：益，增益。副，讀為幅、福，布帛廣二尺二寸為幅〔註172〕。

（36）君實賢，唯群臣不肖，共害賢

石光瑛曰：謂忮害其賢也。

按：害，讀為妎，俗作嫉，妒忌也〔註173〕。

（37）宋昭公出亡，至於鄙

石光瑛曰：各本作「宋昭王」，宋本亦然，惟嘉靖覆宋本作「公」，《賈子·先醒篇》、《韓詩外傳》亦同。作「王」字誤，今從嘉靖本〔註174〕。

按：宋本、校宋本、嘉靖本、龍谿本作「公」，《類說》卷30引同，《賈子·先醒》、《韓詩外傳》卷6、《冊府元龜》卷244、《資治通鑑外紀》卷10亦同，不作「王」；程本、四庫本、武井驥本作「王」，石氏失檢。

（38）昔者齊有良兔曰東郭㕙

石光瑛曰：《外傳》作「昔者齊有狡兔」，《舊事》作「昔齊有良兔東郭狻」。《說文》無「㕙」字，《新附》始收之，云：「狡兔也。」案《齊策》云：「東郭逡者，海內之狡兔也。」又云：「世無東郭俊盧氏之狗。」其字作「俊」，則狡兔之本字。俊，輕俊也，狡兔以善走得此名，「逡」叚借字，俗改從兔，失之。若《舊事》作「狻」，疑亦「俊」之誤文。

按：古鈔本《渚宮舊事》卷3作「㕙」，石氏所引作「狻」，乃據墨海金壺本或平津館叢書孫星衍校本。趙仲邑曰：「㕙，《戰國策·齊策三》作『逡』，《襄陽耆舊記》卷1作『狻』。」《說文》：「夋，行夋夋也。」又「趚，行趚趚〔趚〕也。」（《繫傳》作「行速趚趚」）。二字音義並同，皆行速奔走義。狡兔之分別字則作「㕙」或「狻」，初非誤字。人曰俊，兔曰㕙，馬曰駿，鼠曰鮻，

〔註172〕 參見蕭旭《呂氏春秋校補》，花木蘭文化出版社2016年版，第436頁。

〔註173〕 參見蕭旭《〈慧琳音義〉「諓譳」正詁》，《中國語學研究·開篇》第35卷，2017年5月日本好文出版，第289～296頁。

〔註174〕 《賈子·先醒》、《韓詩外傳》卷6作「公」，《新序校釋》點校本第738～739頁誤點作「惟嘉靖覆宋本作『公』。《賈子·先醒篇》、《韓詩外傳》亦同作『王』。字誤，今從嘉靖本」。

鳥曰駿，其義一也。

（39）若躡迹而縱緤，則雖東郭巉亦不能離

石光瑛曰：《外傳》作「攝纚而縱絏之」，《舊事》「緤」作「之」。

按：古鈔本《渚宮舊事》卷3作「蹤之」，墨海金壺本作「縱之」。本書當作「縱緤之」，脫「之」字。《舊事》脫「緤」字。非《舊事》「緤」作「之」也。《襄陽耆舊記》卷1作「若躡迹而放，雖東郭狻必不能免也」。

（40）當其居桂林之中、峻葉之上

石光瑛曰：峻葉，《舊事》作「芳華」。

按：《渚宮舊事》卷3脫「居」字。

（41）從容游戲，超騰往來

石光瑛曰：從容，猶竦踊也。下文言「超騰」，即「竦踊」之義。或以暇豫解之，非是。

按：「從容」正暇豫之義，謂悠閒舒緩也。

（42）恐懼而悼慄

石光瑛曰：宋本如此，各本「悼慄」作「掉慄」，形近之譌。嘉靖本作「掉慄」，「掉」字譌。《莊子·山木篇》記莊子遇魏王事，所言與此略同，正作「悼慄」。《舊事》亦作「悼慄」。

按：校宋本、龍谿本、武井驥本作「悼慄」，程本、四庫本作「掉慄」。「掉」者借字，施珂、蒙傳銘、陳茂仁並指為誤字，非也。纂圖互注本、世德堂本《莊子》亦誤作「悼慄」。

（43）危視而蹟行

石光瑛曰：「蹟行」義不可曉。孫詒讓云：「『蹟』當作『蹐』。《說文》：『蹐，小步也。』」案：孫說亦未必確，疑「蹟」乃「側」之誤，蹟、側雙聲，音近易亂。《莊子·山木》作「危行側視」，此倒用其語耳。

按：武井驥曰：「『蹟』與『迹』同。」孫說近是，趙仲邑、陳茂仁從其說，但當視作借字，而非誤字。朱季海亦曰：「蹟，猶蹐也。」字亦作趚。《說文》：「趚，側行也。《詩》：『不敢不趚。』」今《詩·正月》作「蹐」。《玉篇》：「趚，小行貌。」此文「蹟」當是「趚」異體字。

（44）屋室雕文以寫龍

　　石光瑛曰：《御覽》卷 389、475、929 引《莊子》皆作「室屋彫文，盡以寫龍」，《紀聞》亦同，《選》注引本書文亦如此，《治要》引與今本同。

　　按：武井驥曰：「《御覽》卷 750 引作『門亭軒牖，皆畫龍形』，一本作『室彫文，畫寫似龍』。《論衡・亂龍篇》作『牆壁盂樽，皆畫龍象』。」景宋本《御覽》卷 929、《事類賦注》卷 28 引《莊子》作「室屋彫文，盡以寫龍」，《御覽》卷 389、《記纂淵海》卷 99 引作「室中彫文，盡以為（寫）龍」，《御覽》卷 475、《困學紀聞》卷 10 引作「室〔屋〕彫文，盡寫以龍」，《類聚》卷 96 引作「雕文畫之」，《錦繡萬花谷》續集卷 38 引作「屋宇雕文以寫龍」，石氏失檢。趙仲邑、陳茂仁據校作「盡以寫龍」。當作「畫以寫龍」，今本脫「畫」字。畫，圖畫。寫，摹寫也。「盡」乃「畫」形譌。

（45）窺頭於牖，拖尾於堂

　　石光瑛曰：「拖」俗字，當作「扡」。《紀聞》引《莊子》作「施」，《御覽》引仍作「拖」，則「施」乃誤字。《治要》、《選》注、《後漢》注引皆作「拖」，惟《御覽》卷 750 引本書作「掉」，此「掉」字亦以意改之，未必本書之異文。

　　按：《御覽》引《莊子》見卷 389、475、929，凡三引。元刊本《紀聞》卷 10 引仍作「拖」，不誤。《事類賦注》卷 28、《記纂淵海》卷 99 引《莊子》亦作「拖」。景宋本《御覽》卷 750 引本書作「垂頭於窗，棹尾於戶」，《冊府元龜》卷 928 作「垂頭於窗，掉尾於戶」。「棹」當作「掉」，搖也。《類聚》卷 96 引《莊子》作「拖」。拖尾，垂尾也。陳茂仁曰：「《說文》段注：『施即延之假借。』作『施』於義較長。」其說非是。

（46）昔者楚丘先生，行年七十，披裘帶索，往見孟嘗君

　　石光瑛曰：裘，《外傳》作「蓑」，似優。「蓑」與「索」為類，形其老而貧也。本書作「裘」，恐形近之譌，既披裘，則不宜帶索矣。《意林》引亦作「裘」，無「帶索」二字。

　　按：石說非是，「蓑」是誤字。《家語・六本》：「孔子遊於泰山，見榮聲（啟）期，行乎郕之野，鹿裘帶索，瑟瑟而歌。」《列子・天瑞》、皇甫謐《高士傳》卷上略同。《御覽》卷 509 引嵇康《高士傳》作「披裘帶索」。陸雲《榮啟期讚》用榮啟期典，亦云「被裘帶索，行吟於路」。《類聚》卷 37 南朝・宋・謝惠連《為學生余周居士文》：「窮歡極樂，帶索披裘。」本書《節士》：「晏

子之晉，見披裘負芻息於途者，以為君子也。」皆「裘」字不誤之證。「鹿裘」
是貧者所服以禦寒者，亦稱作「麛裘」、「麑裘」。《六韜·文韜·盈虛》說堯
之儉云：「鹿裘禦寒，布衣掩形。」《淮南子·精神篇》同。《晏子春秋·外篇》：
「晏子相景公，布衣鹿裘已朝，公曰：『夫子之家，若此其貧也？是奚衣之惡
也？』」《鹽鐵論·散不足》：「古者鹿裘皮冒，蹄足不去；及其後大夫士狐貉
縫腋、羔麑豹袪，庶人則毛絝衳彤、樸羝皮傅。」

（47）楚丘先生曰：「噫將我而老乎？噫將使我追車而赴馬乎？投石而
　　　超距乎？逐麋鹿而搏豹虎乎？……噫將使我出正辭而當諸侯乎？
　　　決嫌疑而定猶豫乎？」

石光瑛曰：「噫，將我而老乎」，《外傳》作「惡君謂我老，惡君謂我老」，
連疊二句。此「噫」是不平聲，與下不同，即《外傳》「惡」字之轉聲也。「而」
讀為「乃」。下「噫」、「意」字通，與上「噫」字義別。追車而赴馬，《意林》
作「追車而趁馬」，「赴」又誤「趁」。《說文》：「赴，趨也。」投石，以石投人。

按：元刻本作「《外傳》作：「惡，將使我老？惡，將使我老？」趙仲邑曰：
「將，以。而，為。下『噫』疑衍。《韓詩外傳》作『意者』。」「將」是副詞，
非連詞。陳茂仁謂下「噫」字衍文，亦非。三「噫」字用法相同。王引之曰：
「《外傳》『噫』作『意』，字並與『抑』同。」〔註175〕王說是也，「意」、「意
者」是選擇之詞，猶今言「或者」。《墨子·非攻篇》曰：「意將以為利天乎？……
意將以為利鬼乎？……意將以為利人乎？」又《耕柱》：「子之義將匿耶？意將
以告人乎？」亦其例。道藏本《意林》卷3引「赴」作「趁」（別本作「趁」），
「赴」是「趁（趁）」形誤，《外傳》卷10誤同，趁亦追也。《風俗通·怪神》
「忽出往赴叔高」，《御覽》卷952引同，《搜神記》卷18亦同，宋本《法苑珠
林》卷42引《搜神記》「赴」作「趁」。投石，猶言投擿，擿亦投也；超距，
《外傳》同，猶言跳躍〔註176〕。「超距」亦作「拔距」，《類聚》卷18、《白氏
六帖事類集》卷17引《外傳》作「拔距」〔註177〕，《記纂淵海》卷68引《外

〔註175〕王引之《經義述聞》卷2，江蘇古籍出版社1985年版，第60頁。又參見王
　　　引之《經傳釋詞》卷3，嶽麓書社1984年版，第67～69頁。又參見王念孫
　　　《讀書雜志》卷16《餘篇下》，中國書店1985年版，本卷第90～91頁。
〔註176〕參見王念孫《漢書雜志》，收入《讀書雜志》卷6，中國書店1985年版，本
　　　卷第28～29頁。
〔註177〕《白帖》在卷60，下同。

傳》作「斥距」〔註178〕。拔之言踄，跳也。「斥」是「赿」省借，《說文》:「赿，距也。《漢令》曰:『赿張百人。』」赿訓距者，跳躍義〔註179〕。

（48）吾已死矣，何暇老哉

石光瑛曰:《意林》「已」作「即」，《外傳》作「則」。「則」、「即」一聲之轉。何暇老，無復優遊養老之歲月也。

按:裴學海曰:「假，猶但也，字或作『暇』。」又「則，猶已也。『暇』與『假』同，但也。」〔註180〕

（49）言老夫欲盡其謀，而少者驕而不受也

按:盡，讀為進。本卷上文「能盡善與君」，石氏云:「『盡』、『進』同。」〔註181〕

（50）齊有閭丘卬

石光瑛曰:各本「卬」作「邛」，宋本作「印」，與《漢表》同。

按:宋本、校宋本、程本、嘉靖本、龍谿本、四庫本、武井驥本並作「卬」，不作「印」。「卬」即「邛」之譌。盧文弨曰:「『卬』訛。」盧文弨曰:「『卬』訛。」《後漢書‧陳蕃傳》李賢注引作「卬」，《後漢書‧蔡邕傳》李賢注、《類說》卷30、《路史》卷17羅苹注引作「印」。《元和姓纂》卷2言齊宣王時有閭邱印，字亦作「印」。《海錄碎事》卷8、《冊府元龜》卷773引又誤作「印」〔註182〕。

（51）夫士亦華髮墮顛而後可用耳

石光瑛曰:《墨子‧修身篇》:「華髮隳顛。」畢沅曰:「『隳』字當為『墮』。」孫詒讓曰:「《說文》云:『鬌，髮墮也。顛，頂也。』『墮』與『鬌』通，墮顛即禿頂。」後引本書為證。案:孫說非是。華髮墮顛，謂白髮垂於顛耳，不待破字為「鬌」也。

按:孫說是，趙仲邑亦襲取其說。「鬌」是髮墮義的專字，古書多以「墮」

〔註178〕四庫本《記纂淵海》在卷49，下同。
〔註179〕參見蕭旭《上博簡（二）〈容成氏〉「酥庉」臆解》。
〔註180〕裴學海《古書虛字集釋》，中華書局1954年版，第332、599頁。
〔註181〕石光瑛《新序校釋》，中華書局2001年版，第746頁。
〔註182〕周勳初等校訂《冊府元龜》失校，鳳凰出版社2006年版，第8952頁。

字為之。《素問‧上古天真論篇》：「五七陽明脈衰，面始焦，髮始墮。」《漢書‧宣帝紀》：「朕惟耆老之人，髮齒墮落，血氣衰微。」《列仙傳》卷下：「齒落更生，髮墮再出。」《外臺祕要方》卷 16：「血焦髮墮。」

（52）華騮綠驥，天下之俊馬也，使之與貍鼪試於釜竈之間，其疾未必能過貍鼪也

按：《類說》卷 30 引「俊」作「駿」，脫「釜」字。明本《冊府元龜》卷773「釜」誤作「塗」〔註183〕。「釜竈」是秦漢人成語，字亦作「鬴竈」。

（53）夫雞豚讙噭，即奪鐘鼓之音；雲霞充咽，則奪日月之明

石光瑛曰：「咽」與「益」、「溢」同，滿也。

按：蔡信發曰：「咽，『烟』之形譌，火氣也。」陳茂仁從其說。蔡說非是。《中華大字典》引此例云：「咽，塞也。」《王力古漢語字典》謂「咽」由「聲塞」義引申為「充塞」〔註184〕。《漢語大詞典》：「充咽，塞滯。」諸說皆是，語源是「㘝」。《說文》：「㘝，塞也。」字亦作堙、陻、闉、湮。「噎」亦同源。章太炎曰：「『咽』與『噎』聲義同。」〔註185〕朱季海曰：「『咽』讀與『壹』同。充咽，猶充壹也。」其說亦是也。《廣韻》：「噎，食塞，又作咽。」S.5957「惟增哽咽」，P.3765 作「哽噎」。《拾遺記》卷 7「車徒咽路」，《太平廣記》卷 272 引「咽」作「噎」。「壹壹」、「壹鬱」音轉作「絪縕」、「氤氳」，「噎塞」音轉作「咽塞」，「填噎」、「填闉」、「闐闉」音轉作「填咽」，都是其例也。

（54）乃使人理其璞，而得寶焉

按：石光瑛、趙仲邑、陳茂仁皆以「乃使人理其璞而得寶焉」十字作一句讀，非是。而，猶果也，另詳本書《雜事四》校補。

（55）故曰：珠玉者，人主之所急也

石光瑛曰：《韓》作「夫珠玉，人主之所急也」。

〔註183〕四庫本誤同，宋本不誤，周勳初等校訂《冊府元龜》已據宋本訂正，鳳凰出版社 2006 年版，第 8958 頁。

〔註184〕《中華大字典》，中華書局 1978 年版，第 229 頁。《王力古漢語字典》，中華書局 2000 年版，第 115 頁。

〔註185〕章太炎《膏蘭室札記》，收入《章太炎全集》，上海人民出版社 2014 年版，第 99 頁。

按：急，宋本、校宋本、程本、嘉靖本、龍谿本、四庫本、武井驥本皆作「貴」，《喻林》卷 75 引同。

《刺奢篇》第六校補

（1）舟楫敗兮

石光瑛曰：楫，宋本作「檝」，《通鑑前編》引同。《說文》：「楫，舟櫂也，從木，咠聲。檝，弋也，從木，戢聲。」二字義別，當作「楫」為正。凡戢聲咠聲字多通用，今從眾本。

按：宋本、校宋本、龍谿本作「檝」，《通鑑前編》卷 3、《資治通鑑外紀》卷 2、《通志》卷 3 引同，石氏失校。「檝」是「楫」俗字。石氏又謂「凡戢聲咠聲字多通」，尤臆說無據。

（2）（伊尹）舉觴而告桀曰

石光瑛曰：告，《外傳》作「造」，二字古通用。造者至也，就也。本書作「告」，與《大傳》同。

按：《類聚》卷 12、《御覽》卷 83 引《尚書大傳》作「伊尹入告於桀曰」，《御覽》卷 82 引《帝王世紀》作「伊尹舉觴造桀諫曰」。當以「告」為本字，「造」為借字。告，告語也。

（3）桀拍然而作，啞然而笑曰

石光瑛曰：拍然而作，《大傳》作「憪然歎」，《外傳》作「拍然而抃」，俗本「拍」又譌「相」。「抃」亦形近之誤。一說「憪」、「撊」字通。撊然，勁忿貌。啞，《外傳》作「嗑」，俗本作「盍」，亦形近之誤。嗑，多言也，與笑義無涉。

按：《外傳》別本作「相然而抃」。《御覽》卷 83 引《大傳》作「桀啞然笑曰」〔註186〕，《路史》卷 23 羅苹注引《大傳》作「王憪然嘆，啞然笑」，《御覽》卷 82 引《帝王世紀》作「桀聞折（抃）然，啞然歎」。石氏誤記「憪」作「憪」。武井驥曰：「『作』當作『抃』。王逸曰：『擊手曰抃。』」張白珩從其說〔註187〕，

〔註186〕《類聚》卷 12 引脫「然」字。
〔註187〕張白珩《新序校注補正》，四川省立圖書館《圖書集刊》1945 年第 6 期，第104 頁。

屈守元說同〔註188〕。陳茂仁曰：「啞笑、拍抃，亦相對言，知『作』為『抃』之誤，武井驥之說是也。」校「作」作「抃」，是也。「相」、「拍」皆「拍」形誤。拍音窟。拍然，象聲詞，狀用力擊手之聲。《資治通鑑外紀》卷2作「闟然抃，啞然笑」，「闟然」亦狀抃聲。此文及《大傳》自作「啞然」，《外傳》「嗑然」不誤，《莊子·天地篇》「嗑然而笑」，亦同〔註189〕。

（4）日有亡乎

石光瑛曰：四字各本皆奪，據《通鑑前編》引補。《大傳》「乎」作「哉」。《外傳》亦有此四字。

按：宋本、校宋本、嘉靖本、程本、龍谿本、四庫本、武井驥本皆有「日有亡乎」四字，非「四字各本皆奪」也。

（5）於是〔伊尹〕接履而趣，遂適湯

石光瑛曰：接讀為戢，斂也。謂急於去，不及內履也。《節士篇》：「蒙袂接履。」《檀弓》作「輯履」，《呂子·介立》注引作「戢其履」。「戢」正字，「輯」、「接」皆聲近段借字。一曰：接履謂前後步履相接，諭行之速，非是。

按：接、輯、戢，並讀為跊。跊履，狀其行之速〔註190〕。

（6）相故伊尹去官入殷，殷王而夏亡

石光瑛曰：夏，宋本作「官」。盧文弨曰：「《大傳》作『夏』。」案《通鑑前編》引《新序》亦作「夏」，是舊本如此，作「官」者誤。子政《進荀子表》引亦作「夏」，今從眾本。

按：校宋本、嘉靖本、程本、龍谿本、四庫本、武井驥本皆作「去官」，非獨宋本然也。武井驥曰：「『官』恐『夏』字。《風俗通》曰：『客或謂春申君曰：伊尹去夏入殷，殷王而夏衰。』又《韓詩》曰：『伊尹去夏之殷，殷王而夏亡。』文勢同。」武井所引《風俗通》見《窮通篇》，所引《韓詩》見《韓詩外傳》卷4。《戰國策·楚策四》：「昔伊尹去夏入殷，殷王而夏亡。」《長短經·是非》引《春秋後語》同。《韓詩外傳》卷2亦有「伊尹去夏入殷」之語。嘉靖本「王」誤作「正」。

〔註188〕屈守元《韓詩外傳箋疏》，巴蜀書社1996年版，第191頁。
〔註189〕參見蕭旭《韓詩外傳校補》。
〔註190〕參見蕭旭《韓詩外傳校補》。

（7）許綰負虆操錥入曰

石光瑛曰：虆，土籠也。錥，起上（土）之具。《類聚》作「許綰負插而入曰」，《御覽》卷 456 作「綰乃負畚操捶而入曰」，《意林》作「許綰負虆操畚入曰」。各本無「虆」字，盧氏從《意林》引補，今從之，「錥」字則仍其故。

按：武井驥曰：「『負』下恐脫『虆』字。」此石說所本。負操錥，景宋本《御覽》卷 456 引《周書》作「負操捶」，《冊府元龜》卷 743 作「負畚操錥」，敦煌寫卷 P.2569《春秋後語》作「負纍操插」，S.1439《春秋後語釋文》：「纍，力追反，盛土籠。操捔（插），楚洽（洽）反，銀。」「銀」字蓋誤書。趙仲邑曰：「《御覽》『捶』當為『插』之誤，『插』亦即『錥』。」纍、纍，當讀為虆，字或作樏、虆、藟、蔂，字亦省作累，《老子》第 64 章：「九層之臺，起於累土。」高亨曰：「累當讀為虆。」〔註191〕馬王堆帛書乙本作「虆」，可為高說佐證。「插」俗字作「捔」，故《御覽》形誤為「捶」也。《荊楚歲時記》引周處《風土記》「棟葉插〔頭〕」，《玉燭寶典》卷 5 引「插」誤作「捶」。景宋本《淮南子·要略》：「禹身執虆臿，以為民先。」道藏本「臿」誤作「垂」。《御覽》卷 82、764、765 引「虆臿」作「畚錥」。《說苑·指武》「立則杖臿」，《御覽》卷 318 引「臿」誤作「箑」。《世說新語·排調》劉孝標注引《張敏集》載《頭責子羽文》「插牙齒」，《類聚》卷 17 引「插」誤作「捶」。又《汏侈》劉孝標注引《甯戚經》「捶頭欲得高」，袁本「捶」作「捶」，《初學記》卷 29 引同，《齊民要術》、《會稽志》卷 17 引誤作「插」。《漢書·王莽傳》：「父子兄弟負籠倚錥。」顏師古注：「籠，所以盛土也。錥，鍫也。」敦煌寫卷「纍插」即「虆臿」、「籠錥」也。朱季海曰：「《方言》第五：『江淮南楚之間謂之臿，趙魏之間謂之喿（郭注：『字亦作鍫也。』）。』操讀與喿同。《意林》引作『許綰負蔂操畚入』。《說文》：『柤，臿也。一曰徙土輂，齊人語也。桵，或從里。』『柤』、『桵』在之部，『虆』在脂部，聲之轉也。『虆』正謂徙土輂。疑『畚』當為『臿』。」其說皆誤。「操」是動詞，當讀如字。「虆」、「畚」亦讀如字。

（8）材木之積

石光瑛曰：材，各本作「林」。盧文弨曰：「『材』字之譌。」案：《御覽》卷 177 引作「材」，卷 456 引作「林」，《意林》作「材」。依文義作「材」為長。宋本亦作「材」，今從宋本。

〔註191〕高亨《老子正詁》，中國書店 1988 年版，第 133 頁。

按：武井驥曰：「舊本『材』作『林』，今從吳本、《御覽》改。」校宋本、龍谿本、四庫本作「材」，《冊府元龜》卷 743 同；嘉靖本、程本作「林」，敦煌寫卷 P.2569《春秋後語》、《御覽》卷 456 引《周書》同。

（9）倉廩之儲

石光瑛曰：儲，《御覽》兩引俱作「輸」，音近誤。

按：敦煌寫卷 P.2589《春秋後語》作「倉廩之輸」（同《御覽》），P.2569《春秋後語》作「倉廩轉輸」。「儲」既誤為「輸」，因改「之」作「轉」以求通。

（10）今民衣弊不補，履決不苴

石光瑛曰：苴，藉也。《呂氏・分職》作「組」，通字。

按：盧文弨曰：「苴亦補也。賈誼云：『冠雖弊，不以苴履。』《呂氏・分職篇》作『組』。」武井驥曰：「《廣韻》：『苴，履中草。』」《呂氏》之「組」字，《治要》卷 39、《書鈔》卷 156 引同今本，《類聚》卷 5、《白氏六帖事類集》卷 1〔註192〕、《御覽》卷 34、《事類備要》前集卷 11、宋人方崧卿《韓集舉正》卷 4、《事文類聚》前集卷 12 引作「苴」。李賡芸、楊樹達謂「組」借為「苴」，許維遹、陳茂仁謂「苴」借為「組」。當以「苴」為正字，武井驥、石氏等說是也。

（11）齊宣王為大室，大蓋百畝

石光瑛曰：蓋，覆也，一曰辭也。《呂氏春秋》「蓋」作「益」，此形近之誤。

按：《御覽》卷 174 引《呂氏》作「蓋」。

（12）齊景公飲酒而樂，釋衣冠，自鼓缶

石光瑛曰：《晏子・外篇》作「景公飲酒數日而樂，釋衣冠，自鼓缶」，《韓詩外傳》卷 9 作「齊景公縱酒，醉而解衣冠，鼓琴以自樂」。《治要》、《書鈔・衣冠部三》、《御覽・人事部一百九》、《服章部十三》引《晏子》，並作「去冠破裳，自鼓盆甕」，《御覽・器物部三》又引「自鼓盆甕」。王念孫謂今本乃後人依《新序》改之，是也。

按：《治要》卷 33、《書鈔》卷 129 引《晏子》作「去冠被裳，自鼓盆甕」，景宋本《御覽》卷 468 引作「去冠破裳，自鼓盆」（即《人事部一百九》），又卷

〔註192〕《白帖》卷 4 引作「衣穿不補，履缺不苴」。

696 引作「去冠披裳，自鼓盆甕」（即《服章部十三》），「被」同「披」，「破」乃形誤字。《御覽·器物部三》乃卷 758。《演繁露》卷 10 引作「去冠被裳自鼓盆甕」。《樂書》卷 137：「昔齊景公飲酒，去冠被裳而鼓盆。」亦據《晏子》也。

（13）夫麋鹿唯無禮，故父子同麀

石光瑛曰：唯，《晏子》作「維」，古字通用。《禮記·曲禮》：「夫唯禽獸無禮，故父子聚麀。」

按：「夫唯（維、惟）」與「故」是關聯詞，已詳《雜事一》校補。此文及《晏子》「唯（維）」用在名詞下，蓋變式。唯、維、惟，猶以也。

（14）公曰：「寡人無良左右，淫湎寡人，以至於此，請殺之！」

石光瑛曰：良，善也。言左右無善人也。「寡人」下《晏子》有「不敏」二字，《外傳》作「不仁」。

按：「寡人」下當補「不敏」或「不仁」二字，讀作「寡人不仁，無良左右淫湎寡人以至於此」。仁，讀為佞，音轉作敏〔註193〕。無良，猶言不令。無良左右，不善良的侍從。《韓詩外傳》卷 6：「寡人無良邊陲之臣以干大禍（天禍），使大國之君沛焉遠辱至此。」「無良」亦同。石說非是。武井驥、陳茂仁讀作「寡人無良，左右淫湎寡人」，亦非。

（15）其牆壞而不築

石光瑛曰：《御覽》卷 979「築」作「治」。

按：《御覽》卷 457 引仍作「築」，《說苑·建本》同。作「治」蓋臆改。

（16）其牆枉而不端，問曰：「何不端？」曰：「固然。」

石光瑛曰：「固」、「故」同。言故日如此。

按：「固」讀如字。固然，猶言本來如此。《御覽》卷 457 引下文「固然」誤作「地然」。

（17）其牆壞不築，云待時者，教我無奪農時也

石光瑛曰：《御覽》卷 979 引作「教我無奪民農功」。

按：《御覽》卷 457 引作「是教我不奪農功」。今本「教」上奪「是」字。

〔註193〕 參見蕭旭《韓詩外傳校補》。

（18）教我無侵封疆也……教我下無侵上也

　　石光瑛曰：《御覽》卷 967、《事類賦》卷 26 引「侵」作「犯」，義同。

　　按：《御覽》卷 457、967、《事類賦注》卷 26、《記纂淵海》卷 92、《冊府元龜》卷 743 引作「是教我下無犯上也」。宋本、校宋本、程本、嘉靖本、龍谿本、四庫本、武井驥本二句「教」上皆有「是」字。

（19）教我無多斂於百姓，以省飲食之費也

　　按：「教」上亦奪「是」字，各本皆然，《御覽》卷 457、861、979、《冊府元龜》卷 743 引亦脫。費，各本作「養」，《御覽》卷 457、861、《冊府》引同。

（20）工尹池為荊使於宋

　　石光瑛曰：工，各本俱作「士」，《御覽》卷 419 引《呂氏春秋》作「工尹他」，今《呂氏·召類篇》仍作「士尹池」。「工尹」是官名。「池」、「他」形聲俱近。

　　按：松皋圓校《呂氏》亦校作「工尹池」，蔣維喬、陳奇猷從其說〔註 194〕。張白珩曰：「倭本『士』作『工』。注曰：『《呂覽·召類篇》畢校云：「《御覽》引作工尹他。」舊本「工」作「士」，非。』」〔註 195〕倭本即指武井驥本。蔡信發曰：「『工尹他』當『士尹池』之形誤。」《冊府元龜》卷 735、737、《孔子集語》卷下引皆作「士尹池」，《文選·雜詩》李善注引《呂氏》作「士尹陁」。王應麟《姓氏急就篇》卷下》則以「士尹」為複姓。秦漢人名多有作「他人」、「佗人」、「它人」、「沱人」、「駝人」，亦有單稱「他」、「佗」、「它」者，本書《義勇》人名「石他人」，《韓詩外傳》卷 6 作「石他」〔註 196〕。《御覽》卷 305 引《呂氏》作「箴尹」，「箴尹」又作「鍼尹」，亦楚諫官名。《呂氏春秋·勿躬》高誘注：「楚有箴尹之官，亦諫臣。」

（21）南家之墻，擁於前而不直

　　石光瑛曰：擁，《呂》書作「犫」，高誘注云：「犫，猶出。曲出子罕堂前

〔註 194〕 參見陳奇猷《呂氏春秋新校釋》，上海古籍出版社 2002 年版，第 1375 頁。
〔註 195〕 張白珩《新序校注補正》，四川省立圖書館《圖書集刊》1945 年第 6 期，第 104 頁。
〔註 196〕 參見張傳官《〈急就篇〉人名「慈仁他」校正》，《中國典籍與文化》2012 年第 2 期，第 103～105 頁。

也。」徐友蘭曰：「『犨』無出義，實『揄』叚〔音〕〔註197〕。揄故（詁）引，引申為出。字亦為抽。《新序》作『擁』，蓋『揄』之譌。」案：徐說頗覺傅會，《呂》作「犨」，蓋「讐」之借字，讐俗作售，售有出義，展轉相通。本書作「擁」，又別一義，不當以為「揄」誤也。揄、擁音遠，何緣致譌？但當云遮擁之在己室前耳。

按：「售」是賣出義，石氏謂展轉相通，無此相通之法。《文選·雜詩》李善注引《呂氏》作「犨」，引注作「犨，出也」。《玉篇》：「犨，出也。犫，同上。」則「犨」決非誤字，朱駿聲曰：「犨，叚借為擂。」〔註198〕徐友蘭說同，是也。「擂（揄）」同「抽」，猶言拔出〔註199〕。「擁」蓋「犨」形譌。武井驥曰：「擁，抱也。謂南家之墻，抱子罕之地也。」非是。

（22）吾恃為鞈，已食三世矣

石光瑛曰：已，《呂》作「以」，字通用。

按：己，宋本、校宋本、程本作「巳」，嘉靖本、龍谿本、四庫本作「已」，「巳」是「已」形譌。當讀作「吾恃為鞈已食，三世矣」，「已」同「以」，高誘注：「作鞈以共食。」宋本及武井驥、石光瑛以「已食」屬下讀，非是。

（23）魯孟獻子聘於晉，韓宣子止而觴之，三徙，鍾石之懸，不移而具

石光瑛曰：各本無「韓」字及「止而」二字，盧文弨據《文選·西京賦》注及《御覽》卷472引補此三字。案：盧補極是，但鮑刻本《御覽》卷472引亦無「止而」二字，與盧氏所據本異。三徙，句首《御覽》引有「飲」字，《選》注同。

按：景宋本《御覽》引亦無「止而」二字，又「三徙」誤作「三徒」（美國國會圖書館藏《御覽》不誤）。盧氏誤記耳，非有別本。《冊府元龜》卷733同今本作「宣子觴之」；又卷812作「韓宣子觴之」，亦有「飲」字。「止而」二字不必補，本篇上文「司城子罕止而觴之」，《呂氏·召類》亦無「止而」二字。《莊子·徐無鬼》：「仲尼之楚，楚王觴之。」《晏子春秋·內篇襍上》：「晉平公欲伐齊，使范昭往觀焉，景公觴之。」《韓子·十過》：「晉平公觴之于施夷之台。」

〔註197〕「音」字據徐氏原文補，又原文無「《新序》作」三字。
〔註198〕 朱駿聲《說文通訓定聲》，武漢市古籍書店 1983 年版，第 250 頁。
〔註199〕 參見蕭旭《呂氏春秋校補》，花木蘭文化出版社 2016 年版，第 376 頁。

（24）鄒穆公有令，食鳧鴈必以粃，無得以粟

　　石光瑛曰：粃，《說文》作「秕」，《賈子新書・春秋篇》「得」字作「敢」。

　　按：陳茂仁曰：「『無得』義較長。」敢，猶得也。毋敢，猶口語曰「不准」、「不可」〔註200〕。武井驥本「粃」作「秕」，《類聚》卷85、《御覽》卷823、840、917引《賈子》同。

（25）二石粟而得一石粃

　　石光瑛曰：得，《賈子》作「易」，《秘府略》引《賈子》仍作「得」。

　　按：《秘府略》見卷864。《賈子》明正德本、四庫本、《子彙》本作「得」，《類聚》卷85、《御覽》卷840引同。

（26）夫百姓飽牛而耕，暴背而耘

　　石光瑛曰：飽，《賈子》作「煦」。汪中曰：「『煦』作『飽』，於義為長。」

　　按：趙仲邑曰：「飽牛，應從《新書・春秋》作『煦牛』。煦，熱。煦牛，使牛感到炎熱。」《賈子》之「煦」，《類聚》卷85引作「餉」，《御覽》卷823引作「呴」，又卷840引作「胸」，王應麟《困學紀聞》卷4、《玉海》卷178、《漢制攷》卷1引作「飽」。《秘府略》卷864引作「胸」，旁注「飽」、「煦」二字。「飽」字是。

（27）此之謂知富邦

　　石光瑛曰：邦，《治要》作「國」。案：「邦」漢高帝諱，似當作「國」為是。

　　按：《新序》不諱「邦」字，《冊府元龜》卷243用此文仍作「邦」。本篇上文「敢問荊邦為有主乎……敢問荊邦為有臣乎」，又「我誠邦士也」，又「是宋邦之求鞶者」，又「使吾邦家安平」，皆是其例。

《節士篇》第七校補

（1）德自此衰，刑自此繁矣

　　石光瑛曰：《莊》作「德自此衰，刑自此立」，《呂》文同《莊子》，惟「刑」作「利」，「立」作「作」。案：「德刑」承上文「賞罰」言，「利」字乃「刑」字形近之誤。

　　按：《類聚》卷36引魏嵇《高士傳》、《御覽》卷509引嵇康《高士傳》並

〔註200〕　參見蕭旭《古書虛詞旁釋》，廣陵書社2007年版，第132～133頁。

作「德自此衰，刑自此作」。作，起也，興也。繁，多也。「刑繁」是「刑省」反義。《六韜‧武韜‧文啟》：「上勞則刑繁，刑繁則民憂。」《商子‧說民》：「法詳則刑繁，法繁則刑省。」《荀子‧富國》：「故不教而誅，則刑繁而邪不勝。」並其例。字亦作煩，《管子‧禁藏》：「以無刑至有刑者，其刑煩而姦多。」《商子‧算地》：「小人不避其禁，故刑煩；君子不設其令，則罰行。刑煩而罰行者國多姦。」陳茂仁曰：「繁、作，皆有蕃息意，義通。」陳氏未達訓詁，妄說耳。

（2）君行矣，無留吾事

石光瑛曰：《莊》作「夫子闔行邪？無落吾事」，《呂》作「夫子盍行乎？無慮吾農事」。高誘注：「盍，何不也。行，去也。慮，猶亂也。」畢沅校云：「慮、落聲相近。」章氏《莊子解故》云：「王念孫曰：『露，敗也。露、路、潞並通。』無落吾事，謂無敗吾事也。落、露聲近義同。」案：「闔」、「盍」通用字。《莊子釋文》：「本亦作盍。」又曰：「落，猶廢也。」落、慮、留均一聲之轉，亂、露亦一聲之轉。

按：蔡信發與石說同，亦謂「落、慮、亂、留一聲之轉」。陳劍讀慮為露、路、落，訓敗、廢〔註201〕，與章太炎說同。顏世鉉讀慮為癘，訓損傷、妨害〔註202〕。《類聚》卷36引魏隸《高士傳》作「夫子盍行乎？無落吾事」，《御覽》卷509引嵇康《高士傳》作「夫子盍行？無留吾事」。《後漢書‧馮衍傳》、《李固傳》李賢注引《莊子》「闔」作「盍」，「落」作「留」。《說苑‧談叢》：「毒智者莫甚於酒，留事者莫甚於樂。」「留」亦同義。《莊子‧天地》下文：「子往矣，無乏吾事。」《釋文》：「乏，廢也。」乏讀為罗，義亦合。

（3）耕而不顧

石光瑛曰：《呂》作「協而耰，遂不顧」，高注：「協，和說也。耰，覆種也。顧，視也。」《莊子》句首有「悒悒乎」三字，《釋文》引《字林》：「悒悒，勇壯貌。」成疏云：「悒悒，耕地之貌。」《說文》：「伿，勇壯也。」《書‧秦誓》：「仡仡勇夫。」偽孔曰：「仡仡，壯勇之夫。」「仡」、「悒」音近義同，成疏釋為耕地，望文生義，非也。

〔註201〕 陳劍《上博（五）零札二則》，收入《戰國竹書論集》，上海古籍出版社2013年版，第190頁。
〔註202〕 顏世鉉《簡帛字詞釋讀三則》，《新出土戰國秦漢簡牘研究論文集》，武漢大學2017年10月9～12日，第172～173頁。

按：《類聚》卷 36 引魏隸《高士傳》同《莊子》，《御覽》卷 509 引嵇康《高士傳》作「侶侶然遂復耕而不顧」。石說是也，而成疏釋為耕地之貌，亦不誤，指用力耕地之貌。「侶侶」、「仡仡」音轉亦作「矻矻」、「傑傑」、「偈偈」、「朅朅」、「勘勘」等〔註203〕。「偊偊」乃「侶侶」形之誤也。《集韻》：「侶，耕人行皃，《莊子》：『侶侶乎耕而不顧。』」

（4）桀為酒池，足以運舟；糟丘，足以望七里

石光瑛曰：二「足」字，《韓詩外傳》卷 4 作「可」。

按：《外傳》上「足」字作「可」，下字仍作「足」，武井驥校語不誤，石氏誤記。

（5）君子聞之曰：「末之命矣夫！」

石光瑛曰：末，鐵華館本作「未」，「命」作「念」，並誤。今從宋本作「末」作「命」。鐵華館本稱出自宋本，然宋本「末」字「命」字皆不誤，故今據以改正。

按：宋本、龍谿本亦誤作「未」、「念」，石氏失校。

（6）《詩》曰：「昊天太憮，予慎無辜。」

按：各本「憮」作「憮」，石氏《校釋》本乃形譌，其說解中亦誤同。

（7）子臧見負芻之當立也

按：各本「立」作「主」。武井驥曰：「朝鮮本『主』作『立』。」

（8）負芻立，是為曹成公

按：各本「成公」上有「曹」字，石氏《校釋》本脫之。

（9）雖不為聖，敢失守乎

按：各本「為」作「能」，《左傳·成公十五年》同，石氏《校釋》本誤。

（10）遏曰：「今若作而與季子，季子必不受。」

石光瑛曰：《公羊》「作」作「迮」，「若」下有「是」字。何注云：「迮，

〔註203〕參見蕭旭《象聲詞「札札」考》，收入《群書校補（續）》，花木蘭文化出版社 2014 年版，第 2206～2207 頁。

－886－

起也，倉卒意。」

  按：各本「若」下有「是」字，與《公羊傳》同。

（11）故諸兄為君者，皆輕死為勇

  石光瑛曰：兄，宋本作「其」，明嘉靖繙宋本、鐵華館本同，今從眾本作「兄」，《公羊》無此字。

  按：程本、龍谿本、四庫本亦作「其」。「其」字不誤。「其為君者」為句，諸其為君者，指季子三兄。

（12）夷昧死，而國宜之季子也

  石光瑛曰：之，至也。

  按：宜，當也。之，猶歸也。下文「則國宜之季子也」，《說苑‧至公》「之」作「歸」〔註204〕。徐仁甫曰：「宜猶及也。此『宜』不應訓當。」其說非是。

（13）季子使而還，致而君事之

  按：各本「致而」作「至則」，石氏《校釋》本誤。

（14）徐君觀劍，不言而色欲之

  石光瑛曰：《文選‧盧陵王墓下詩》、《重答劉秣陵劉沼書》注兩引俱無「觀劍」二字。

  按：《文選》注凡三引，《贈丁儀》李善注引亦無「觀劍」二字。《樂府詩集》卷83《徐人歌》解題、《冊府元龜》卷864引同今本。

（15）然其心已許之矣

  石光瑛曰：《選》注兩引無「其」字「已」字。

  按：《文選‧贈丁儀》李善注引亦無「其」、「已」二字。宋本、校宋本、程本、嘉靖本、龍谿本、四庫本俱無「已」字，《樂府詩集》卷83、《冊府元龜》卷864引同。

（16）顧反，則徐君死於楚

  石光瑛曰：舊本「顧」皆作「故」。盧文弨曰：「《選》注兩引皆作『顧』，

〔註204〕 參見蕭旭《古書虛詞旁釋》，廣陵書社2007年版，第331～332頁。

今俗本作『故』，譌。」案：盧說是，宋本已誤。顧亦反也。作「故」者，音之誤耳。《選》注兩引無末二字。

　　按：施珂、梁容茂、陳茂仁指出《文選·贈丁儀》李善注、《冊府元龜》卷 864 引亦作「顧反」，無「於楚」二字。梁容茂、蔡信發從盧說。趙仲邑曰：「故，通『顧』，還。故反：合成詞。」朱季海曰：「《類聚》卷 34：『及還，而徐君已薨。』『故』疑當為『及』形之誤也。《文選》注引『故反』作『顧反』，今謂『故』當為『顧』，唐本不誤。顧，旋也。」「故」字不誤。故，猶及也，字亦作顧〔註205〕。裴學海謂「故，猶而也」，以「故反」屬上句〔註206〕，亦未得。《樂府詩集》卷 83 引作「使反，而徐君已死」。

（17）徐人嘉而歌之曰：「延陵季子兮不忘故，脫千金之劍兮帶丘墓。」

　　石光瑛曰：《類聚》卷 19 引作「延陵季子兮不忘舊故」，又卷 34 及《御覽》卷 165 引同，但無「兮」字。《御覽》作「千金之劍，以帶丘墓」。《類聚》卷 34 引作「徐人奇（「奇」當作「哥」，乃古「歌」字）之曰：延陵季子不忘舊故，脫千金之劍帶丘樹。」

　　按：《類聚》卷 34 引「帶丘墓」作「挂丘樹」，《御覽》引見卷 465，石氏失檢。

（18）舟人不得殺伋

　　按：武井驥本、石氏《校釋》本誤以「伋」屬下句。

（19）《詩》曰：「行邁靡靡，中心愮愮。」

　　按：宋本、校宋本、程本、嘉靖本、龍谿本、四庫本、武井驥本「愮愮」俱作「搖搖」。

（20）又使伋之齊，將使盜見載旌，要用殺之

　　按：各本「用」作「而」，石氏《校釋》本誤。

（21）文公薨，文公之子赤立為魯侯

　　按：各本「子」字重，文公之子名「子赤」，石氏《校釋》本脫之。

〔註205〕參見蕭旭《古書虛詞旁釋》，廣陵書社 2007 年版，第 121～122 頁。
〔註206〕裴學海《古書虛字集釋》，中華書局 1954 年版，第 313 頁。

（22）公子叔肸者

　　石光瑛曰：肸，各本作「肦」，謬，今正，下文同。

　　按：各本無「叔」字，校宋本、龍谿本作「肸」，宋本、程本、嘉靖本、四庫本、武井驥本作「肦」，異體字。

（23）寡君失社稷，越在草莽

　　石光瑛曰：《左傳》、《淮南》「失」下均有「守」字。

　　按：《淮南子·脩務篇》無「守」字，石氏失檢。

（24）疆埸之患也

　　石光瑛曰：埸，各本作「堨」，謬。《左傳釋文》：「埸，音亦。」

　　按：校宋本、程本、嘉靖本、龍谿本、四庫本、武井驥本作「埸」不誤，宋本誤作「場」。《吳越春秋·闔閭內傳》作「壇場」。

（25）若存撫楚國，世以事君

　　石光瑛曰：《左傳》作「若以君靈撫之」。「世」上各本有「當」字，宋本無，《左傳》亦無。《吳越春秋》作「世以事王」，亦無「當」字。

　　按：宋本、校宋本、程本、嘉靖本、龍谿本、四庫本、武井驥本「存撫」上有「得君之靈」四字，無「當」字。《冊府元龜》卷739用此文，亦無「當」字。《吳越春秋·闔閭內傳》作「願王以神靈存之，世以事王」。石氏《校釋》本脫四字。

（26）對曰：「寡君越在草莽，未獲所休，下臣何敢即安？」

　　石光瑛曰：《吳越春秋》作「寡君今在草野，未獲所伏」，《左傳》「休」亦作「伏」。案：「休」與下「安」字相對，文義似長。然杜注云：「伏，處也。」則所見《傳》已作「伏」矣。蓋「休」與「伏」形近義通，《左傳》作「伏」，未必誤字。杜訓伏為處，即寢伏之義。

　　按：徐仁甫曰：「『伏』當為『休』字之誤。」陳茂仁曰：「休、伏，義通。」二說皆非是。「休」是「伏」形譌。《國語·晉語二》：「隱悼播越，託在草莽，未有所依。」韋昭注：「依，倚也。」

（27）齊攻魯，求岑鼎

　　石光瑛曰：事見《呂子·審己篇》。《韓子·說林下》「岑」作「讒」。《左

氏昭公三年傳》引讒鼎之銘，《正義》引服虔云：「疾讒之鼎，《明堂位》所謂『崇鼎』是也。一云：讒，地名，禹鑄九鼎于甘讒之地，故曰讒鼎。」案：讒、岑、崇俱一音之轉。服所謂疾讒之鼎，則「讒」正字，「岑」、「崇」叚借字也。然「岑」、「崇」二字俱有高義。「讒」與「嶄」通……然則「讒鼎」之讒，其聲與「岑」相近，其義亦與高相通。言魯國高大之鼎耳，未必以疾讒為義，及以地得名也。近人楊氏校《韓非子》，謂「『讒』當作『鬵』，《說文》云『鼎大上小下曰鬵，讀若岑。』」其說亦辯。但《說文》「鬵鼎」，別是一物，未必即為魯鼎。故不如訓高大為長。

　　按：石氏所引楊氏說，指楊樹達說〔註207〕。蒙傳銘襲取楊說。石氏謂「讒、岑、崇俱一音之轉」是也，武井驥、陳奇猷引太田方說同〔註208〕。諸家說「讒鼎」之名義並誤。俞樾曰：「《廣韻》：『饞，饞饞，貪食也。』竊疑此鼎本名『饞鼎』，亦名『鑱鼎』，蓋著貪食之戒。《呂氏春秋·先識篇》曰：『周鼎著饕餮，有首無身，食人未咽害及其身。』『鑱饞之鼎』與『饕餮』同義。」〔註209〕俞說近之，而未得其源。《呂氏春秋·適威》：「周鼎有（著）竊曲，狀甚長，上下皆曲，以見極之敗也。」舊注：「竊，一作窮。」「窮」字是，「窮曲」是「窮奇」音轉〔註210〕，亦作「豹狗」。「窮」亦與「讒」、「岑」、「崇」音轉。「讒鼎」、「岑鼎」、「崇鼎」謂鼎身鑄貪食之窮奇惡獸之鼎，取鑒戒之意。

（28）今以百金與搏黍以示兒子，兒子必取搏黍矣

　　石光瑛曰：搏，圓貌。

　　按：宋本、校宋本、嘉靖本、龍谿本作「搏」，程本、四庫本、武井驥本作「摶」。武井驥謂「『摶』或作『團』」，是也，石氏訓圓貌，亦「摶」字之誼也。元至正本、明本《呂氏春秋·異寶》亦誤作「搏」，《御覽》卷842引已誤，

<hr>

〔註207〕楊樹達《積微居讀書記·韓非子》，《北平北海圖書館月刊》第2卷第2號，1929年出版，第122頁。此文上海古籍出版社2006年版《積微居讀書記》失收。
〔註208〕陳奇猷《韓非子新校注》，上海古籍出版社2000年版，第515頁。
〔註209〕俞樾《茶香室經說》卷15，收入《續修四庫全書》第177冊，上海古籍出版社2002年版，第590頁。
〔註210〕參見丁山《古代神話與民族》，商務印書館2005年版，第244頁。何光嶽《東夷源流史》，江西教育出版社1990年版，第316頁。孫楷第《讀韓非子札記》，《國立北平圖書館館刊》第3卷第6號，1929年出版，第737頁。

《黃氏日抄》卷 56、《演繁露》卷 6 引《呂氏》不誤。

（29）昔者有饋魚於鄭相者

石光瑛曰：饋，宋本作「餽」，非。「餽」乃祭鬼之食，與饋贈義別，今從眾本。《意林》引作「遺鄭相魚」。

按：校宋本、程本、嘉靖本、龍谿本、四庫本、武井驥本俱作「餽」，《類說》卷 30、《事文類聚》別集卷 17 引同。「餽」者借字，不煩改作。《玉篇殘卷》：「饋，《蒼頡篇》：『餉也。』亦餽字也。」《史記・循吏列傳》：「客有遺相魚者。」「遺」亦借字。《孟子・萬章上》：「昔者有饋生魚於鄭子產。」《書鈔》卷 38 引《韓子》：「人爭饋魚。」〔註211〕則皆作本字。

（30）匡坐而絃歌

石光瑛曰：《世說》注無「匡」字。《莊子》作「弦」，無「歌」字。司馬注云：「匡，正也。」《淮南子・主術篇》：「匡牀蒻席。」高注：「匡，安也。」二詁皆通，後訓尤勝。

按：宋本、校宋本、程本、嘉靖本、龍谿本、四庫本、武井驥本俱作「弦」字。《韓詩外傳》卷 1 同此文。《莊子》脫「歌」字，《御覽》卷 174、403 引作「匡坐而絃歌」，《類聚》卷 35、《御覽》卷 393、485 引作「匡坐而弦歌」。皇甫謐《高士傳》卷上作「匡坐而彈琴」。林希逸曰：「匡坐，正坐也。」石氏引《淮南》「匡牀」，非其誼也。《莊子・齊物論》：「與王同筐牀。」《釋文》：「筐，本亦作匡。司馬云：『筐牀，安牀也。』崔云：『筐，方也。一云正牀也。』」《御覽》卷 706 引作「匡」。司馬說是。《淮南子・詮言篇》：「心有憂者，筐牀袵席弗能安也。」許慎注：「袵，柔弱也。」又《主術篇》高誘注：「蒻，細也。」《治要》卷 41 引「蒻」作「袵」。袵、蒻音轉，並讀為枲，音轉亦作柔。朱駿聲曰：「袵，叚借為枲。」〔註212〕《說文》：「枲，弱貌。」《廣雅》：「柔，弱也。」《商子・畫策》：「是以人主處匡牀之上，聽絲竹之聲而天下治。」「筐（匡）牀」非原憲所坐。

（31）納屨則踵決

石光瑛曰：《外傳》「屨」作「履」，宋本此處作「履」，下文「拖屨」字作

〔註211〕 今本《韓子・外儲說右下》作「爭買魚而獻之」。
〔註212〕 朱駿聲《說文通訓定聲》，武漢市古籍書店 1983 年版，第 88 頁。

「履」，未免參差。今從眾本作「屨」，以歸一律。

按：趙仲邑曰：「屨，明程榮校本、鐵華館校宋本、《四部叢刊》本作『履』。」趙校全誤，所舉各本皆作「屨」，惟龍谿本作「履」。《莊子·讓王》、皇甫謐《高士傳》卷上作「屨」〔註213〕。《白氏六帖事類集》卷4引《莊子》作「履」〔註214〕，《書鈔》卷106、136、《白氏六帖事類集》卷7〔註215〕、《御覽》卷388、485、571、697、《事類賦注》卷11、《記纂淵海》卷71引《莊子》作「履」。

（32）如出金石

按：各本「如出金石」上有「聲滿天地」四字，石氏《校釋》本脫之。《莊子·讓王》作「聲滿天地，若出金石」，《韓詩外傳》卷1、《冊府元龜》卷902作「聲淪於天地，如出金石」。許維遹曰：「『淪』當作『滿』，字之誤也。」賴炎元、陳茂仁說同〔註216〕。屈守元曰：「淪，沒也。」〔註217〕許氏等說是也。

（33）遽解左驂以贖之

石光瑛曰：遽，疾也。贖，《晏》作「贈」。孫星衍曰：「使償其庸值也。」愚謂「贈」乃「贖」字之譌，《文選·講德論》注、《御覽》卷475引《晏子》俱作「贖」，本書、《呂子》亦作「贖」，又《晏子》標題云「解左驂贖〔之〕與俱歸」〔註218〕，是當作「贖」明矣。

按：《史記·管晏列傳》《正義》、《御覽》卷486、694、《記纂淵海》卷63引《晏子》亦作「贖」〔註219〕，《史記·管晏列傳》正文亦同。遽，《呂氏春秋·觀世》同，《晏子》作「遂」乃形近致誤，《文選·四子講德論》李善注引已誤作「遂」。《戰國策·東周策》：「公不如遂見秦王。」「遂」亦「遽」形譌，《史記·周本紀》「遂」作「急」，諸家並失校〔註220〕。

〔註213〕《高士傳》據《古今逸史》本，《御覽》卷507引同，四庫本作「納履」。
〔註214〕《白帖》在卷12。
〔註215〕《白帖》在卷22。
〔註216〕許維遹《韓詩外傳集釋》，中華書局1980年版，第12頁。賴炎元《韓詩外傳今注今譯》，臺灣商務印書館1979年版，第12頁。
〔註217〕屈守元《韓詩外傳箋疏》，巴蜀書社1996年版，第40頁。
〔註218〕「之」字據《晏子·內篇襍上》補，「俱」字衍文，原書無。
〔註219〕四庫本《記纂淵海》在卷48。
〔註220〕王念孫《戰國策雜志》，收入《讀書雜志》卷1，中國書店1985年版，本卷第60頁。黃丕烈《戰國策札記》，收入《叢書集成新編》第109冊，新文豐出版

（34）君過而遺先生

石光瑛曰：《莊》、《列》、《呂》句末並有「食」字。《列子》「過」作「遇」，形近而誤。過，過存也，作「遇」無義。《釋文》云：「一本作『過』，或作『適』。」以一本為是〔註221〕。王先謙云：「言相君過聽，有此嘉惠。」此誤以子陽為鄭相，又誤訓過聽。一云：過猶多也，言多以遺先生也。

按：趙仲邑曰：「過，應作『遇』，禮遇之意。」過當訓過存，石氏一說及趙說非是。皇甫謐《高士傳》卷中、《冊府元龜》卷805、《通志》卷88亦作「君過而遺先生食」，同《莊子·讓王》、《呂氏春秋·觀世》。《列子》道藏白文本、林希逸本、江遹本俱作「過」。此文脫「食」字。遺，讀為饋。

（35）貨楚貴臣上官大夫、靳尚之屬

石光瑛曰：貨，賂之也。

按：《楚辭·九章·哀郢》洪興祖《補注》引「貨」作「賂」，蓋以意改。

（36）秦兵大敗楚師，斬首數萬級

石光瑛曰：今人呼首為首級，沿譌慣用，不審級是爵級之稱，而某氏《隨筆》反云：「加級者，首級也。秦法〔每戰〕斬一首〔獻〕者予一級，蓋軍功也，後世因它事亦（稱）加級矣。」不知爵一級之級，正指品級言，某氏以首級當之，妄矣。謂「首級」二字沿用秦語而誤，則可；謂加級為誤，則不可。某氏無學，自儗其書於《困學紀聞》、《容齋五筆》，庸妄已甚，本不足辯，因其薄有浮名，恐誤後學，故駁之，而仍削其書名人名。（肇林謹案：章實齋攻之尤力，其自擬王、洪，見《尺牘》中《復孫淵如書》。）

按：石氏所引某氏說，見袁枚《隨園隨筆》卷17，脫「每戰」、「獻」三字，又衍「稱」字〔註222〕，茲據原書補正。章實齋即章學誠，其批評袁枚的論點見於《與吳胥石簡》、《與孫淵如觀察論學十規》、《論文辨偽》等。肇林是

公司1985年印行，第769頁。金正煒《戰國策補釋》，收入《續修四庫全書》第422冊，上海古籍出版社2002年版，第436頁。何建章《戰國策注釋》，中華書局1990年版，第40頁。范祥雍《戰國策箋證》，上海古籍出版社2006年版，第73頁。諸祖耿《戰國策集注匯考》，鳳凰出版社2008年版，第53頁。

〔註221〕「以一本為是」五字是石氏案語，點校本《校釋》第935頁括在引號內，誤以為《釋文》語。

〔註222〕袁枚《隨園隨筆》卷17「加級之訛」條，收入《叢書集成三編》第75冊，新文豐出版公司1997年印行，第521頁。

石光瑛之子，所引「尺牘」，當指袁枚《小倉山房尺牘》，《校釋》點校本第 944 頁「尺牘」二字失標書名號。

（37）張儀曰：「以一儀而易漢中地，何愛，儀請行。」遂至楚

　　按：易，《史記·屈原傳》作「當」，義同。

（38）懷王遂會，果得囚拘，客死於秦，為天下笑

　　按：各本「得」作「見」，石氏《校釋》本誤。

（39）懷王子頃襄王亦知群臣諂誤懷王

　　按：諂，宋本、程本、嘉靖本誤作「謟」，校宋本、龍谿本、四庫本作「諂」不誤。

（40）不忍見污世

　　石光瑛曰：污，各本作「於」，盧文弨曰：「『汙』誤『於』。」案：作「於」者，因「污」字爛左旁為「于」，又轉譌為「於」耳。宋本正作「污」。

　　按：宋本、校宋本、龍谿本作「汙」，程本、嘉靖本、四庫本、武井驥本作「于」。「汙」脫誤為「于」。

（41）刎頸而死於廷中

　　石光瑛曰：《史》作「自刎而死」，《呂》作「歿頭乎王廷」，《舊事》作「刎頸于王廷」。《呂子》作「頭」，乃譌字。《類聚》作「刎頸而死」。

　　按：《韓詩外傳》卷 2 亦作「刎頸」。「頭」非誤字，馮振說誤同石氏〔註 223〕。《呂氏春秋·上德》：「還歿頭前于孟勝。」《說苑·奉使》：「念思非不能拔劍刎頭、腐肉暴骨於中野也。」亦作「頭」字。頭當讀為脰，指頸項或咽喉〔註 224〕。

（42）官有上下，法有輕重

　　石光瑛曰：《外傳》作「官有貴賤，罰有輕重」，《史》文同。

　　按：各本「法」作「罰」，石氏《校釋》本誤。

〔註 223〕馮振《呂氏春秋高注訂補（續）》，《學術世界》第 1 卷第 10 期，1935 年版，第 91 頁。

〔註 224〕參見蕭旭《呂氏春秋校補》，花木蘭文化出版社 2016 年版，第 351 頁。

（43）委下畏死

　　石光瑛曰：《史》作「傳其罪下吏」。「傳」字疑是「傅」之譌，謂傅致之也。

　　按：傳讀為轉，非「傅」字之譌。

（44）召艾陵而相之

　　石光瑛曰：「艾陵」未詳。

　　按：艾，校宋本、嘉靖本作「艾」，俗字。

（45）有龍矯矯，將失其所；有虵從之，周流天下；龍入深淵，得其安所

　　石光瑛曰：下「龍」下各本有「既」字，《學齋佔畢》卷2、《歲時廣記》卷15引俱無，是宋人所見本無「既」字，今據刪。

　　按：《樂府詩集》卷57、《冊府元龜》卷880作「龍既入深淵」，與宋本同，不得謂宋人所見本無「既」字也。

（46）以謂焚其山宜出

　　石光瑛曰：謂，讀曰為。

　　按：《冊府元龜》卷880作「以為」。

（47）蒙袂接履

　　石光瑛曰：《檀弓》「接」作「輯」，「履」作「屨」。鄭注云：「輯，斂也。斂屨，力憊不能屨也。」《呂子・介立》高注引此事作「有人戢其履」，《說文》：「戢，臧兵也。」臧、斂義近。

　　按：武井驥、朱季海從鄭玄說。趙仲邑襲取石說，云：「接，讀作輯，收斂。履，步子。戢，通『輯』。」陳茂仁曰：「戢履、輯履，並因餓極而邁不出步伐，致使鞋子因之碰觸在一起之謂。與本文『接履』義同。」諸說皆誤。接、輯、戢，並讀為跋。跋履，狀其行之速〔註225〕。

（48）兩手據地而歐之，不出，喀喀然

　　石光瑛曰：歐，《呂》作「吐」。不出，各本無此二字，《列》、《呂》、《金樓》皆有，《一切經音義》卷10引本書亦有，今據增。

　　───────────────────

　　〔註225〕參見蕭旭《韓詩外傳校補》。

按：歐，《類說》卷30引作「嘔」，《金樓子·雜記篇上》、《冊府元龜》卷805同。宋本、校宋本、程本、嘉靖本、龍谿本、四庫本、武井驥本俱有「不出」二字，又《玄應音義》卷10、《慧琳音義》卷10皆未引此文，石氏失檢。

（49）（鮑焦）挈畚挐蔬

石光瑛曰：挈，各本同，宋本作「潔」，相通用，《韓詩外傳》卷1亦作「挈」。挐，舊本作「將」，《外傳》作「持」，《御覽》卷426引作「采」。俞樾曰：「『持』、『將』均『挐』字之誤。挐，取也。」俞說是也。

按：《御覽》卷426引作「採」，石氏誤記。《冊府元龜》卷880用此文，作「挈畚挐蔬」。武井驥曰：「《韓詩》卷1『將』作『持』，《列士傳》作『挐』。『將』當作『挐』。」蒙傳銘從武井說。施珂曰：「將猶持也。」梁容茂曰：「《外傳》卷1『將』作『持』，是也。」陳茂仁曰：「將、持，義同，並與『挐』義近，非必誤也。」《莊子·盜跖》《釋文》引司馬彪曰：「鮑子名焦，周末人，汙時君不仕，採蔬而食。」《史記·鄒陽傳》《索隱》引晉灼引《列士傳》：「鮑焦怨世不用己，採蔬於道。」（《文選·於獄上書自明》李善注引作「采蔬」）。字皆作「採」，與《御覽》引合。

（50）夫山銳則不高，水狹則不深

石光瑛曰：狹，《外傳》作「徑」。徑，直也。

按：《冊府元龜》卷880亦作「狹」。《外傳》卷1上文引《傳》曰亦有「山銳則不高，水徑則不深」語。

（51）行特者其德不厚，志與天地疑者其為人不祥

石光瑛曰：《外傳》「特」作「礦」。徐友蘭曰：「礦為厲石，引申為〔《廣雅》『廉，稜也』之〕廉〔註226〕。『特』疑『礦』之譌。」案：本書自作「特」，不必同《外傳》。特，異也。謂行義卓特，有異於人也。徐說非是。疑，讀為儗。祥，福也。

按：陳茂仁曰：「礦，厲石也。特、礦（礦），義並可並通，唯作『特』，於義較明。」《冊府元龜》卷880同此文，《韓詩外傳》卷1作「行礦者德不厚，志與天地擬者其為人不祥」。「行礦」當作「仁礦」，此文作「行特」，訛

〔註226〕「廣雅廉稜也之」六字石氏未引，茲據徐氏原文補足。徐友蘭《群書拾補識語·新序》，收入《叢書集成續編》第92冊，上海書店1994年版，第573頁。

之又訛也。蓋「仁」誤作「行」，後人以「行碐」不辭，因改作「行特」耳。《外傳》卷 1 又引《傳》曰：「仁碐則其德不厚，志與天地擬者其人不祥。」又「仁道有四，碐為下。有聖仁者，有智仁者，有德仁者，有碐仁者。」又「廉潔直方，疾亂不治，惡邪不匡⋯⋯是碐仁者也。」「仁碐」與上文「廉夫，剛哉」相應，《外傳》卷 2：「碐乎，其廉而不劌也。」碐訓磨礪，自礪者則廉潔〔註 227〕。

（52）諸將不許，遂殺杵臼與兒

按：「殺」上，宋本有「併」字，校宋本、程本、嘉靖本、龍谿本、四庫本、武井驥本有「並」字，石氏《校釋》本脫之，《史記・趙世家》亦脫。瀧川資言《史記考證》：「楓山、三條本『遂』下有『並』字，與《新序》合。」水澤利忠《校補》：「南化、楓、三、梅『遂並殺杵臼與孤兒』。」〔註 228〕陳茂仁引《考證》謂「有『併』字為長」，是也。趙仲邑曰：「『並』應從《史記》刪。」〔註 229〕非是。

（53）而子忍棄我死乎

石光瑛曰：棄，各本作「棄」，《史》作「去」，今從宋本。「棄」、「去」形似，義亦通。

按：宋本作「棄」，校宋本、龍谿本作「棄」，石氏誤校。《御覽》卷 420、《冊府元龜》卷 764、865 引《史記》亦作「去」。

（54）程嬰、公孫杵臼，可謂信交厚士矣

按：《史記・趙世家》《集解》引「交」作「友」。

（55）而後知其夫吾也

按：各本「知」上有「乃」字，石氏《校釋》本脫之，《御覽》卷 410 引亦脫。

（56）輅行而辭

石光瑛曰：《御覽》卷 110 引「而」作「有」，誤。

〔註 227〕參見蕭旭《韓詩外傳校補》。
〔註 228〕水澤利忠《史記會注考證校補》，廣文書局 1972 年版，第 1883 頁。
〔註 229〕趙仲邑《新序校證》，《中山大學學報》1961 年第 4 期，第 90 頁。

按：景宋本《御覽》引見卷 410，字仍作「而」，石氏所據乃俗本，又誤記卷號。

（57）胥鄙曰：「吾義不同於譚夫吾，固不受其任矣。」

石光瑛曰：固，《御覽》作「故」，二字古通。

按：宋本、校宋本、程本、嘉靖本、龍谿本、四庫本、武井驥本俱作「故」。

（58）是時匈奴使者數降漢，故匈奴亦欲降武以取當

石光瑛曰：取相當之勢也。

按：當，讀為償，抵償。

（59）單于使貴人故漢人衛律說武，武不從，乃設以貴爵重禄尊位，終不聽

按：《原本玉篇殘卷》引賈逵曰：「設，許也。」《國語・吳語》：「必設以此民也，封於江、淮之間，乃能至於吳。」韋昭注：「設，許其勸勉者。」韋與賈合。《漢書・趙充國傳》：「設以子女貂裘。」顏師古注：「設，謂開許之也。」猶今言許諾。《晏子・外篇》：「君不如陰重孔子，設以相齊。」蔣禮鴻解此例「設」為「誘」〔註230〕，義亦相會。

（60）於是律絕不與飲食，武數日不降

按：張國銓曰：「疑當作『數日武不降』，『數日』二字屬上讀，此文例。」《漢紀》卷 16 作「乃置武大窖中，絕不與飲食七日」。不必乙改，《野客叢書》卷 4 引同今本，武數日不降，故知絕其飲食亦數日也。

（61）雖有鈇鉞湯鑊之誅而不懼也，尊官顯位而不榮也

石光瑛曰：不失節以求榮。

按：趙仲邑曰：「不榮，不以為榮。」二氏說誤。榮，讀為營，惑也，字亦作營、熒。《大戴禮記・文王官人》：「犯之以卒而不懼，置義而不可遷，臨之以貨色而不可營，曰絜廉而果敢者也。」

〔註230〕蔣禮鴻《商君書錐指》，中華書局 1986 年版，第 128 頁。蔣禮鴻《義府續貂》，收入《蔣禮鴻集》卷 2，浙江教育出版社 2001 年版，第 167～168 頁。

（62）匈奴紿言武死

　　石光瑛曰：紿者，「詒」之叚借字。《蘇武傳》作「詭」，宋祁曰：「江浙本作『紿』。」案：本書亦作「紿」，則江浙本是。

　　按：《通鑑》卷 23、《通志》卷 98。《冊府元龜》卷 657、《職官分紀》卷 45、《事文類聚》別集卷 26、《合璧事類備要》後集卷 64、《續集》卷 48、《別集》卷 66 並作「詭」。「詭」非誤字，詭亦欺詐義，江浙本乃記其異文耳。四庫本「紿」誤作「終」。

《義勇篇》第八校補

（1）生於亂世，不得正行；劫於暴上，不得道義

　　石光瑛曰：《外傳》作「生亂世不得正行，劫乎暴人不得全義」，以「全義」與「正行」對舉，文理為優，此誤。道，疑當作「遵」。

　　按：「道」字不誤，《冊府元龜》卷 739 同。道，讀為由，或讀為蹈。

（2）故雖盟，不以父母之死，不如退而自殺以禮其君

　　石光瑛曰：盧文弨曰：「『不以』二字疑。」《外傳》作「乃進盟以免父母，退伏劍以死其君」。《御覽》引作「乃盟以免父母，退而自殺以禮其君」。此當從《御覽》改正。

　　按：徐友蘭曰：「『盟』當為『不盟』，下『之死』與《檀弓》『之死而致死之』同列。」〔註231〕張國銓曰：「疑當作『故進盟以免父母，退而自殺以禮其君』。」趙仲邑從張說。施珂、梁容茂俱校「不以」作「以免」。石、張說改字太多，未允。徐說非是。《檀弓》鄭玄注：「之，往也。」孔疏：「謂生者以物往送葬於死者而致死之意。」非此文之誼。陳茂仁曰：「『雖』當讀為『唯』。故唯盟，意即從盟之意也，『不以父母之死』即承此而來。以，猶使也。『不以父母之死』即不使父母往死之謂也。」陳說尤為迂曲。《冊府元龜》卷 739 引「不以」作「必以」，是也，與「不如」二字呼應。「雖盟」當作「不盟」，言不盟，則必致父母之死也。《外傳》是敘事，非石他之語，《御覽》卷 418 乃臆改，不足據。又景宋本《御覽》引作「死而自殺」，不作「退」字。

（3）陳恒弒君，使勇士六人劫子淵接

　　石光瑛曰：接，舊本作「棲」。盧文弨曰：「《左氏昭公二十六年傳》有『子淵捷』，古『捷』、『接』多通，此『棲』字疑『接』字之誤。」案：盧說是也。《御覽》卷437引本書作「子川捷」，尤為確證。《淮南子・說山訓》云：「陳成〔子〕恒之劫子淵捷也。」高注：「陳成子將殺〔齊〕簡公，使勇士十六人脅其大夫子淵捷，欲與分國，捷不從，故曰劫之也。」〔註232〕正引此事，足證古本《新序》作「捷」無疑，今作「接」，通借字。「川」、「淵」義同。

　　按：盧說非是。趙仲邑、蔡信發謂「棲」應作「捷」，是也，《冊府元龜》卷739用此文正作「捷」字。《資治通鑑外紀》卷9已誤作「棲」。「川」是「淵」形誤。

（4）以我為勇乎？劫我以兵，懼而與子，非勇也

　　石光瑛曰：劫我以兵，四字諸本奪，據《御覽》引補。

　　按：宋本、校宋本、程本、嘉靖本、龍谿本、四庫本、武井驥本俱有「劫我以兵」四字，石氏失檢。

（5）趨君之難，顧不旋踵

　　石光瑛曰：君，舊本作「臣」。盧文弨曰：「『君』之譌。」案：作「臣」無義，盧說是，今據改。

　　按：宋本、四庫本、武井驥本作「君」不誤。《四庫全書考證》：「刊本『君』訛『臣』，據別本改。」〔註233〕武井驥曰：「叢書本『君』作『臣』，嘉靖本、朝鮮本同，非。」「顧不旋踵」不辭，《史記・司馬相如傳》有「義不反顧，計不旋踵」語，疑此文有脫文。

（6）崔杼弒莊公，令士大夫盟者，皆脫劍而入

　　石光瑛曰：令，《韓詩外傳》卷2作「合」，字形之誤。《晏子・內篇雜上》作「令無得不盟者」。

　　按：施珂曰：「『盟』字當疊，《外傳》卷2正疊『盟』字。」其說是也，當讀作「令士大夫盟，盟者皆脫劍而入」。

〔註232〕「子」、「齊」二字石氏引脫，據高注原文補。
〔註233〕《四庫全書考證》卷48，收入《四庫全書》第1499冊，臺灣商務印書館1986年初版，第16頁。

（7）佛肸以中牟叛，置鼎於庭

　　石光瑛曰：佛肸，唐石經《論語》本同，皇侃本作「肺肸」，《史記·孔子世家》作「佛肹」，《漢表》作「茀肸」。佛、茀、肺三字音近通借。《五經文字》曰：「肸、肹：上《說文》，下隸省。」

　　按：肸，宋本、校宋本、程本、嘉靖本作「肹」，四庫本作「肸」，皆異體字。《說苑·立節》作「佛肹用中牟之縣畔，設祿邑炊鼎」，敦煌寫卷 P.2549＋2980＋3871《勵忠節鈔》作「睇盱於中牟叛，置鑊於庭中」〔註 234〕。「睇盱」是「肺肸」謡文。上「於」亦以也，猶用也。

（8）至於田卑

　　石光瑛曰：《說苑》作「城北餘子田基獨後至」，明鈔本「田」下缺一字。盧文弨曰：「《水經注》作『田英』。」案明鈔本缺字者，殆因本書及《水經注》稱名不同，故空名以待審定。《漢書·人表》有「田果」，列在六等（《御覽》引作「田單」，顯是誤字，不入異文中）。梁玉繩云：「疑『果』為『卑』字之誤。『基』、『果』亦相似。」如梁氏言，則「英」字之誤審矣。徐友蘭曰：「『卑』當為『畀』。『畀』與『基』通。『英』當為『萁』。」徐說近是。且「畀」形與「果」形亦微似，可備參擇。又《御覽》卷 633 引《說苑》與今書全不同，亦作「田英」，未審其故。

　　按：《水經注》見《渠水》，《記纂淵海》卷 101 引《說苑》〔註 235〕、《太平寰宇記》卷 2 亦誤作「田英」。景宋本《御覽》卷 645 引本書作「田卑」，石氏所據乃俗本，誤作「田單」〔註 236〕（四庫本誤同）。《黃氏日抄》卷 56、《名賢氏族言行類稿》卷 17 引本書誤作「田單」，後者因以為即用火牛以破燕軍者。宋刻元明遞修本、元大德刻本《說苑》並作「田基」，《御覽》卷 421 引同，《資治通鑑外紀》卷 9 亦同，明刻本蓋偶脫字，非空名以待審定也。敦煌寫卷 P.2549＋2980＋3871《勵忠節鈔》作「田果」。《冊府元龜》卷 739 用《說苑》文作「絲基」，「田」形誤作「由」，又改作「絲」，四庫本即作「由基」。「基」或作「至」，從亍得聲，與「畀」音同，徐友蘭說是也。

〔註 234〕《法藏敦煌西域文獻》第 15 冊，上海古籍出版社 2001 年版，第 290 頁。下同。
〔註 235〕四庫本《記纂淵海》在卷 54。
〔註 236〕向宗魯《說苑校證》所據亦誤本，中華書局 1987 年版，第 89 頁。

（9）義死不避斧鉞之罪，義窮不受軒冕之服

石光瑛曰：《說苑》作「義者軒冕在前，非義弗乘；斧鉞於後，義死不避」。《御覽》卷645引本書「窮」上奪「義」字，卷633引《說苑》有。

按：《御覽》卷645引作「義士死不避斧鉞之罪，窮不受軒冕之服」，「義」下有「士」字，「義士」作二句主語，下句省，非「窮」上奪「義」字也。《御覽》卷633、《記纂淵海》卷101引《說苑》作「義死者不避鈇鉞之威，義窮者不受軒冕之賜」，敦煌寫卷P.2549＋2980＋3871《勵忠節鈔》作「義死者不避斧鉞之威，義窮者不受軒冕之錫」。「鈇」是「鈇」形譌，讀為斧。錫，讀為賜。

（10）佛肸脫屨而生之

石光瑛曰：脫屨，不及屨也。今急起止其死，故不及屨也。《說苑》作「佛肸播而之」，文勢譌謬不可讀。《御覽》引本書作「佛肸說乃止」，「說」明是「脫」字之誤，「乃止」二字，淺人以意改之。但本文「生」字，疑當作「止」。作「生」文義雖通，然不如「止」字之適。又《御覽》卷421引《說苑》作「佛肸止之」。

按：《御覽》卷633引《說苑》、《冊府元龜》卷739亦作「佛肸止之」，敦煌寫卷P.2549＋2980＋3871《勵忠節鈔》作「睭盱（肺肸）慇而止」。本書自作「佛肸脫屨而生之」。今本《說苑》脫「止」字，當作「佛肸播而止之」〔註237〕，「播」疑「愧」字之譌。唐寫本「止」下脫「之」字。王鍈等釋「播」作「搖手」〔註238〕，羅少卿釋作「推開」〔註239〕，皆臆說，於訓詁無據。王希傑曰：「『脫屨』的結果是直接用腳掌踐地，即所謂『播』。播者，蹯的通假字。」〔註240〕「蹯」指獸足掌，「蹯而止之」不辭，其說必誤無疑。

（11）我受賞，使中牟之人懷恥，不義

石光瑛曰：懷，《御覽》引作「皆」。

按：人，各本作「士」，石氏《校釋》本誤。懷恥，《御覽》卷633引《說

〔註237〕 參見向宗魯《說苑校證》，中華書局1987年版，第88頁。左松超《說苑集證》，（臺灣）國立編譯館2001年版，第229頁。

〔註238〕 王鍈、王天海《說苑全譯》，貴州人民出版社1992年版，第164頁。

〔註239〕 羅少卿《新譯說苑讀本》，臺北三民書局2009年版，第122頁。

〔註240〕 王希傑《古漢語同義修辭》，湖南師大出版社2012年版，第180頁。

苑》作「盡愧」，《說苑‧立節》作「終身慚」。

（12）易甲笑曰：「吾子嘗言吾義矣。」

石光瑛曰：「吾子」二字，各本奪去，不成文義，今據舊鈔本、《渚宮舊事》引補。

按：點校本「舊鈔本」下頓號當刪去，「舊鈔本《渚宮舊事》」當連文。嘗，《舊事》卷 2 引作「常」，借字。

（13）吾聞知命之士，見利不動，臨死不恐

石光瑛曰：臨死不恐，《後漢》注引作「臨死則死」。

按：恐，舊鈔本《渚宮舊事》卷 2 作「溍」，形近誤字，四庫本、墨海金壺本、平津館叢書本（孫星衍校本）皆作「恐」。《記纂淵海》卷 80 引作「臨死不怨」〔註241〕，「怨」是「恐」形譌。《冊府元龜》卷 739 作「臨難則死」。

（14）故上知天命，下知臣道，其有可劫乎

石光瑛曰：《御覽》卷 421 引作「故人知天命，不知人臣之道」，譌謬至不可讀。

按：景宋本《御覽》卷 421 引作「故人知天命，下知人臣之道」，石氏所據乃俗本，「上」誤作「人」，「下」誤作「不」，故譌謬至不可讀也。《御覽》卷 438 引脫作「故上知臣道」。舊鈔本《渚宮舊事》卷 2「臣道」音誤作「神道」。

（15）王子閭曰：「王孫輔相楚國，匡正王室，而后自庇焉。」

石光瑛曰：匡亦正也。《御覽》引「匡」作「扶」，蓋宋人避宋藝祖諱改之。自，王子閭自謂也。《左傳》及《舊事》俱無「自」字，《御覽》引「自」作「嗣」，無「而」字。作「嗣」者聲之誤。

按：景宋本《御覽》卷 438 引作「后自庇焉」，仍作「自」字。「自」是副詞，非王子閭自謂。趙仲邑曰：「后自，應從《御覽》卷 438 引作『後嗣』。」趙氏未核查景宋本，據俗本而誤說也。

（16）比之公門

〔註241〕四庫本《記纂淵海》在卷 51。

按：各本「之」作「至」，石氏《校釋》本誤。

（17）聞君難，將赴之

石光瑛曰：《御覽》引《外傳》作「聞君有難，將往死之」。《文選》注「死」作「赴」，與本書同。

按：石氏所引《御覽》見卷499，又卷418亦引《外傳》作「聞君有難，將死之」。

（18）餐則失匕，上車失軾

石光瑛曰：《御覽》引《外傳》作「食則失哺，上車失軾」，《文選》注引同。

按：景宋本《御覽》卷418、499二引皆作「湌則失哺」，石氏所據乃俗本。「湌」同「餐」。《文選・長笛賦》李善注引則作「食」字。

（19）吾將往依之

石光瑛曰：《御覽》作「將往吾佐之」。「依」當作「佐」，此誤。惟《御覽》「吾」字倒在「將往」下，亦非。

按：「依」、「佐」當作「死」，上文「吾將死之」，又「今反死之」，下文「〔遂〕反而死〔之〕」，此文與之相應。

（20）遂反而死

石光瑛曰：「遂」字各本奪，今據《御覽》引補。「反」下疑有奪文，或是「鬥」字。

按：《御覽》卷418引作「遂反而死之」，陳茂仁於「死」下補「之」字，是也。

（21）載旗，旗長捯地

石光瑛曰：下「旗」舊作「之」，「捯」作「拖」，盧氏改如此，注云：「『旗』譌『之』，『拽』譌『拖』。《渚宮舊事》作『旗長拽地』，今從之。」盧說是也，今孫刻本《舊事》作「載旗之長拽地」，與本書舊本同，惟舊鈔本《舊事》「之」作「旗」，蓋即盧氏所見。《書鈔》引亦作「之」，又「捯」作「搆」，並非。《說文》：「捯，捘也。」俗作「拽」，非。蓋「捯」字近「拖」，故致誤。

按：武井驥曰：「『旗之』之『之』疑『旗』。疊字二點，誤。」徐友蘭曰：

「之，其也。」〔註242〕舊鈔本《舊事》收入《羅雪堂先生全集》初編第16冊《吉石盦叢書（續）》，非盧氏所能見，四庫本、墨海金壺本並作「載旗旗長拽地」，盧氏所見本同。平津館叢書本（孫星衍校本）改「旗」作「之」，蓋據本書誤改。《書鈔》卷120「拽地」條引作「載旗之長搆地」，「搆」顯是「扡」形誤，字同「拽」。陳茂仁曰：「『拖』作『搆』，作『拽』，並通。」指作三字都可通，「搆地」如何可通？「拖」非誤字，下文作「拽」，義同。《廣韻》：「扡，亦作拽，抴也。」《集韻》：「拽，拖也，山東語。」「抴」同「拖」。字本作曳，《說文》：「曳，臾曳也。」即牽引之義。《周禮・夏官・司馬》鄭玄注：「禮，天子旌曳地。」《御覽》卷774引《鹵簿令》：「左建旗十有二旒，旒皆畫升龍，其長曳地。」《後漢書・禮儀志》：「旂之制，長三仞，十有二斿，曳地，畫日、月、升龍，書旂曰『天子之柩』。」是天子之旌旗，其長乃可曳地，今司馬子期非制，故芊尹文拔劍而斷之也。

（22）貳車抽弓於辖，援矢於箙，引而未發也

按：舊鈔本《舊事》卷2「援」誤作「授」，脫「引」字（其餘各本作「援」不誤）。

（23）王曰：「吾聞有斷子之旗者，其人安在？吾將殺之。」子期以文之言告

石光瑛曰：「殺之」下〔註243〕，《舊事》有「臣固將謁之，彼鞭樸之使，而敢斷臣之旗，勇也；臣問之而服臣以法，智也。勇且智，臣願君王用之。昭王曰：善」，凡四十一字，疑舊本如此。

按：《舊事》卷2「臣固將」上尚有「對曰」二字，凡四十三字，無「子期以文之言告」七字，石氏失檢。

（24）三戰而三北

石光瑛曰：上「三」字各本奪〔註244〕，據《外傳》補。

按：不必補「三」字，《後漢書・班固傳》、《崔駰傳》李賢注引並無此字。

〔註242〕徐友蘭《群書拾補識語・新序》，收入《叢書集成續編》第92冊，上海書店1994年版，第573頁。

〔註243〕點校本《校釋》第1070頁誤點作「『殺』之下」。

〔註244〕點校本《校釋》第1073頁「三」脫引號，則易誤解為各本脫「三戰而」三字。

（25）請塞責而神有所歸

按：朱季海曰：「《外傳》『塞』，元本作『雪』，明本作『塞』。」《冊府元龜》卷847作「雪」，與元本合，下文亦作「雪」。《外傳》元本獨此處作「雪」，下文仍作「塞」，有朱筆校改作「雪」。「塞責」是漢人成語。雪、塞一聲之轉。

《善謀篇》第九校補

（1）狐偃言於晉侯曰

按：晉侯，宋本、校宋本、程本、嘉靖本、龍谿本、四庫本作「晉文公」。《左傳·僖公二十五年》作「晉侯」。

（2）故謀得於帷幄，則功施於天下

石光瑛曰：施，加也。

按：施，延也。《史記·李斯傳》：「遂散六國之從，使之西面事秦，功施到今。」

（3）臣料虞君，中知以下也

石光瑛曰：以，嘉靖本作「之」，諸本多作「以」，今從宋本。

按：宋本、校宋本、程本、龍谿本、四庫本、武井驥本俱作「之」。

（4）故荀息非霸王之佐，戰國並兼之臣也

石光瑛曰：宋本倒作「兼並」。《御覽》卷447引作「並兼」，各本皆同，今從之。

按：宋本、校宋本、龍谿本作「兼並」，程本、嘉靖本、四庫本、武井驥本作「並兼」。嘉靖本有乙轉號，又旁改作「兼並」。

（5）鄭大夫佚之狐言於鄭君曰

石光瑛曰：《類聚》卷25引《傳》作「侯之狐」，誤。

按：佚之狐，《左傳·僖公三十年》同，宋本、四庫本《類聚》卷25引《傳》亦同，嘉靖中天水胡纘宗刊本誤作「侯之狐」，石氏所據乃俗本。《書鈔》卷40引《傳》作「逸之狐」，「逸」、「佚」古字通。

（6）焉用亡鄭以陪晉

石光瑛曰：《左傳》「陪」作「倍」，石經本作「陪」。案：作「陪」者正字，「倍」叚借字。杜此注云：「陪，益也。」與《廣雅》訓同，則所據本當作「陪」。《釋文》：「倍，蒲回反。」則陸氏本亦必作「倍（陪）」也〔註245〕。

按：敦煌寫卷 P.2509《春秋經傳集解》正文及注俱作「陪」〔註246〕，宋刊巾箱本《春秋經傳集解》正文及注、《釋文》俱作「陪」，阮刻本作「倍」。阮氏《校勘記》：「石經、宋本、淳熙本、岳本、足利本『倍』作『陪』，宋本《釋文》亦作『陪』。案：錢大昕云：『從𨸏為正。』」〔註247〕通志堂本《釋文》作「倍」，盧文弨、黃焯皆失校宋本〔註248〕。《類聚》卷25、《書鈔》卷40、《御覽》卷460引《傳》亦作「陪」。是唐、宋人所見《左傳》皆作「陪」，作「倍」者後人所改。惠棟曰：「唐石經及宋本皆作『陪』，《釋文》仍作『倍』。案注，當作『倍』。」〔註249〕其說俱矣。《史記·秦本紀》、《晉世家》作「亡鄭厚晉」。

（7）不闕秦，將焉取之

按：宋·林堯叟《左傳》注：「闕，猶削小也。」顧炎武曰：「闕，損也。」〔註250〕

（8）天其或者欲盈其心以厚其毒

石光瑛曰：《左傳》無「其」字，「盈」作「逞」。盧文弨曰：「二字亦通用。」

按：《御覽》卷492引《傳》有「其」字，「逞」作「盈」。

（9）慮世事之變，計正法之本

石光瑛曰：慮，謀思也。計，籌畫也。《商君書·更法篇》「計」作「討」。朱師轍云：「討，治也。」案：「討」疑「計」字形近而譌。

按：施珂曰：「作『討』義較長。」陳茂仁曰：「計、討，並通。」石說是

〔註245〕引者按：此「倍」是「陪」誤刻。

〔註246〕《法藏敦煌西域文獻》第15冊，上海古籍出版社2001年版，第21頁。

〔註247〕阮元《十三經注疏》（附校勘記），中華書局1980年版，第1835頁。

〔註248〕盧文弨《經典釋文考證》，收入《叢書集成初編》第1203冊，第234頁。黃焯《經典釋文彙校》，中華書局2006年版，第499頁。

〔註249〕惠棟《春秋左傳補註》卷2，收入《叢書集成新編》第109冊，新文豐出版公司1985年版，第303頁。

〔註250〕顧炎武《左傳杜解補正》卷上，收入《叢書集成新編》第109冊，第268頁。

也。《國語・魯語下》：「夜而計過無憾，而後即安。」《列女傳》卷1「計」作「討」，是其相譌之例。《戰國策・趙策二》：「王慮世事之變、權甲兵之用、念簡襄之跡、計胡狄之利乎？」亦「慮」、「計」對舉。

（10）論至德者，不和於俗；成大功者，不謀於眾

石光瑛曰：和，諧也。一曰：和，附和也。二解並通。

按：後說近之。二語亦見《商子・更法》、《戰國策・趙策二》、《史記・商君傳》、《趙世家》。和，謂和同。《鹽鐵論・遵道》：「故商君昭然獨見存亡，不可與世俗同者，為其沮功而多近也。」此其確證。《越絕書・外傳記范伯》：「成大功者不拘於俗，論大道者不合於眾。」「拘」為「和」形誤。

（11）因民而教者，不勞而功成；據法而治者，吏習而民安之

石光瑛曰：據，依也。《史記》作「緣」，「緣」乃「據」字之誤，二字形近。

按：石說非是。「緣」、「因」對舉同義。《廣雅》：「緣，循也。」《玉篇》：「緣，因也。」與「據」義同。《商子・君臣》：「明主之治天下也，緣法而治，按功而賞。」亦作「緣」字。

（12）利不百，不變法；功不什，不易器

按：法，《商子・更法》、《史記・商君傳》同，《戰國策・趙策二》誤作「俗」。

（13）伏犧神農，教而不誅；黃帝堯舜，誅而不怒

石光瑛曰：教，嘉靖本作「化」，今從宋本。

按：嘉靖本作「放」，石氏失檢。「放」是「教」字形譌。此二句用太公語，見《意林》卷1引《太公六韜》〔註251〕。

（14）三代積德而王，齊桓繼絕而伯

按：伯，各本作「霸」。《淮南子・人間篇》「積」作「種」，《御覽》卷842引《淮南》作「積」。「種德」語本《書・大禹謨》「皋陶邁種德，德乃降」。《淮

〔註251〕《御覽》卷76引《六韜》作「至於伏犧氏神農氏，教民而不誅；黃帝堯舜，誅而不怒」，「教」下衍「民」字。《書鈔》卷10引作「《周書》」，「伏」作「宓」。

南》下文云「故樹黍者不獲稷，樹怨者無報德」，即承此句，是種亦樹也，尤可證「種」字不誤。

（15）又有禁暴正亂之名

石光瑛曰：正，《史》作「止」。

按：武井驥曰：「吳本『正』作『止』。」《戰國策·秦策一》作「正」。陳蔚松曰：「《史記》『正』作『止』，較《新序》、《秦策》為長。」〔註252〕龐光華曰：「『正』可以解釋為『定』或『平』，『正亂』就是『定亂』、『平亂』，與『止亂』義近。」〔註253〕龐說是也，字亦作整，《漢書·武五子傳》：「聖人以武禁暴整亂，止息兵戈。」考馬王堆帛書《十大經·本伐》：「所胃（謂）為義者，伐亂禁暴，起賢廢不宵（肖）。」《文子·下德》：「伐亂禁暴，興賢廢不肖。」《淮南子·本經篇》：「興利除害，伐亂禁暴，則功成。」又《兵略篇》：「夫兵者，所以禁暴討亂也。」又「所為立君者，以禁暴討亂也。」《賈子·過秦論下》：「其強也，禁暴誅亂而天下服。」銀雀山漢簡《王兵》：「然則兵者，古（固）所以外誅亂內禁邪。」《尉繚子·武議》：「故兵者，所以誅亂禁不義也。」諸文言「伐」、「討」、「誅」（龐君已引《賈子》例），亦與「平定」義相近。《史記》作「止」亦不誤，《韓子·顯學》：「吾以此知威勢之可以禁暴，而德厚之不足以止亂也。」《漢書·嚴助傳》：「然自五帝三王禁暴止亂，非兵，未之聞也。」又《宣帝紀》：「獄者，萬民之命，所以禁暴止邪，養育群生也。」則皆作「止」字。

（16）以鼎予楚，以地予魏，王不能止

石光瑛曰：止，本作「正」，《策》作「禁」，注：「禁，止也。」則作「止」是。因各本俱同，且作「正」誼亦通，故不改耳。盧校本作「止」，注云『正』譌」，是也，今從宋本。

按：宋本、校宋本、程本、嘉靖本、龍谿本、四庫本、武井驥本俱作「止」字，《史記·張儀傳》同。

（17）此臣所謂危也，不如伐蜀完

〔註252〕陳蔚松《〈史記〉〈新序〉校勘記》，《華中師院學報》1984年第5期，第73頁。
〔註253〕龐光華《何建章教授與〈戰國策〉研究》，《上古音及相關問題綜合研究——以複輔音聲母為中心》附錄一，暨南大學出版社2015年版，第700頁。

按：完，敦煌寫卷 P.5034《春秋後語》作「便」。

（18）蜀既屬秦，秦日益彊，富厚而制諸侯

石光瑛曰：《策》不疊「秦」字。日，《史》作「以」，《策》無此字。《策》、《史》「而制」作「輕」。「秦」字當疊。

按：敦煌寫卷 P.5034《春秋後語》作「蜀既屬秦，秦以富強，〔益輕諸侯矣〕」（缺字據 P.2702 補）。日、以，並猶益也〔註254〕。「以益」、「日益」複語耳。

（19）楚頃襄王東徙

石光瑛曰：頃，本作「項」，誤。

按：宋本、校宋本、程本、嘉靖本、龍谿本、四庫本、武井驥本俱作「頃」，不誤。

（20）今大國之地徧天下，有其二垂

石光瑛曰：徧，《策》作「半」，無「其」字。徧者，普徧之誼。

按：徐仁甫曰：「『徧天下，有其二垂』，謂整個天下，有其西南兩陲也。《策》作『半天下，有二垂』，則兩句意同。」二氏說非是。徧，《史記・春申君傳》同，當據《秦策四》、《長短經・七雄略》讀為半。《戰國策・楚策一》：「秦地半天下，兵敵四國。」《史記・張儀傳》同，亦作「半」字。有其二垂，故云半天下也。

（21）舉河內，拔燕、酸棗、虛、桃仁

石光瑛曰：拔，各本作「攻」，誤。嘉靖本作「枝」，乃「拔」之爛文，今據《策》、《史》正。

按：盧文弨曰：「『攻』訛。」武井驥曰：「吳本『攻』作『拔』，《史》同。」宋本、校宋本、龍谿本作「拔」，程本、四庫本作「攻」。

（22）王若能持功守威，陝戰功之心，而肥仁義之地，使無後患，三王不足四，五伯不足六也

石光瑛曰：舊本「陝」作「挾」，字誤。此「陝」與下句「肥」字相對，

〔註254〕參見徐仁甫《廣釋詞》，四川人民出版社 1981 年版，第 6、334 頁。

陝，隘也，俗作狹。《策》文作「省攻伐之心」，《史》作「絀攻取之心」，曰「省」曰「絀」，皆與「陝」誼相傅，今改正。「功」與「攻」同，以《策》、《史》文參照自明。高注：「言不足，小畜之也。」小畜之者，言輕視之。配三王而四，繼五伯而六，其事甚易，不足道，言將超勝之。

按：①石氏謂「功與攻同」，是也，而改「挾」作「陝」則誤。「戰功」即「戰攻」，猶言攻戰。朱季海曰：「何校：『挾疑作狹。』《爾雅》：『挾，藏也。』郭注：『藏，江東通言挾。』（『挾』借為『夾』）」朱說訓藏是也，但本字當作匧、篋，《說文》：「匧，藏也。篋，匧或從竹。」懷藏曰挾，箱藏曰篋，其義一也。此用為隱藏、收起義，言隱藏其攻戰之心也。趙仲邑曰：「挾，銷。見《淮南子‧人間》高誘注。挾戰功之心，銷去要戰功的心。」趙說全誤。《淮南子‧人間篇》正文是「秦皇挾錄圖」，許慎注：「挾，鋪也。」景宋本、道藏本等都作「鋪」，莊刻本誤作「銷」，劉文典《集解》本承其誤〔註255〕，趙氏既誤許慎注作高誘注，又不知檢正其字，從而為之辭，不思「挾，銷也」無訓詁理據，其說庸有當乎？②不足，猶言不難，言易也〔註256〕。石氏「不足道」云云，未得。趙仲邑解作「夠不上」，亦誤。

（23）吳之親越也，從而伐齊，既勝齊人於艾陵，還，為越人所禽於三渚之浦

石光瑛曰：《策》、《史》「親」作「信」。《策》注：「從，舍也（姚本誤『合』）。信越人之卑服，舍之，北師伐齊。」《索隱》：「從，音直（絕）用反〔註257〕。劉氏云：『從，猶領也。』」金正煒曰：「高訓從為舍，則從字當讀如縱。惟後文『智氏信韓、魏，從而伐趙』，與《趙策》『智伯從韓、魏兵以攻趙』，文誼併合。《史記‧仲尼弟子列傳》載越王『從吳伐齊』，則此文兩『從』字，並當訓為領也。又《漢書‧外戚傳》〔注〕：『從，因也。』〔註258〕從而猶因而。」案：從訓為因，甚順。至《趙策》之「從韓、魏兵以攻趙」，又別一誼，不得與此相例。

按：金正煒前說從劉氏訓從為領，是也，石氏取其後說，轉誤。王叔岷謂

〔註255〕 劉文典《淮南鴻烈集解》，中華書局 1989 年版，第 617 頁。
〔註256〕 參見裴學海《古書虛字集釋》，中華書局 1954 年版，第 645 頁。徐仁甫說同。
〔註257〕 《索隱》原文「直」作「絕」。
〔註258〕 石氏引脫「注」字，金正煒《戰國策補釋》卷 2 原文不脫，收入《續修四庫全書》第 422 冊，上海古籍出版社 2002 年版，第 463 頁。

從訓因〔註259〕，亦失之。此文「從」下省「越」字，猶言從越而伐齊，下文「從而伐趙」，「從」下省「韓魏」二字。「從」是率領義〔註260〕。瀧川資言曰：「從，猶率也。」〔註261〕《韓子‧難三》：「夫六晉之時，知氏最強，滅范、中行，而從韓、魏之兵以伐趙。」《御覽》卷459引「從」作「率」，《史記‧魏世家》、《說苑‧敬慎》亦作「率」，《淮南子‧人間篇》、《史記‧趙世家》、《論衡‧紀妖》載此事並作「率」；《戰國策‧秦策四》「從」作「帥」，「帥」同「率」。

（24）《詩》曰：「大武遠宅而不涉。」

石光瑛曰：《史記正義》：「言大軍不遠跋涉攻伐。」鮑注云：「武，足迹。宅，猶居也。言地之居遠者，雖有大足，不涉之也。」吳氏正曰：「威武之大者，遠安定之，不必涉其地也。」案：《周書‧大武解》有「遠宅不薄」之文，即此所引。古人引《詩》、《書》多互稱。薄，迫也。「迫」、「涉」誼相近。孔晁注：「雖遠居皆厚之。」失其誼。鮑訓武為足迹，非，吳說得之。

按：黃丕烈曰：「遠宅不涉者，《周書‧大武》『遠宅不薄』也。」〔註262〕宋翔鳳、金正煒、孫詒讓、劉師培說同〔註263〕。金氏且云：「薄訓為迫，與『涉』義同。」瀧川資言說同〔註264〕。此皆石說所本。慈利竹書甲25簡亦有「遠宅不專（薄）」語〔註265〕。「宅」是名詞，孔晁、鮑彪解作「居」，是也。俞樾疑「遠宅」是「遠方」之誤〔註266〕，無據。「遠宅」即「遠方」之義，無煩改字。吳氏《補正》解「宅」作「安定」，趙仲邑從其說，則不確。

〔註259〕 王叔岷《史記斠證》，中華書局2007年版，第2386頁。

〔註260〕 參見裴學海《古書虛字集釋》，中華書局1954年版，第543頁。

〔註261〕 瀧川資言《史記會注考證》，文學古籍刊印社1955年版，第3685頁。

〔註262〕 黃丕烈《戰國策札記》卷上，收入《叢書集成新編》第109冊，新文豐出版公司1985年印行，第771頁。

〔註263〕 宋翔鳳《過庭錄》卷10，中華書局1986年版，第179頁。金正煒《戰國策補釋》卷2，收入《續修四庫全書》第422冊，上海古籍出版社2002年版，第463頁。孫詒讓《札迻》卷3，中華書局1989年版，第70頁；其說又見孫詒讓《墨子閒詁》，中華書局2001年版，第124頁。劉師培《周書補正》，收入《劉申叔遺書》，江蘇古籍出版社1997年版，第730頁。

〔註264〕 瀧川資言《史記會注考證》，文學古籍刊印社1955年版，第3685頁。

〔註265〕 參見肖毅《慈利竹書零釋》，《古文字研究》第26輯，中華書局2006年版，第331頁。

〔註266〕 俞樾《群經平議》卷7，收入王先謙《清經解續編》卷1368，上海書店1988年版，第5冊第1062頁。

（25）臣恐韓、魏卑辭除患，而實欺大國也

石光瑛曰：《策》「除」作「慮」。鮑注：「以慮患，故卑辭。」金氏《補釋》云：「『慮患』當作『虛意』。」案：金說謬。《史記》、本書作「除患」，則「患」字必不誤可知。「慮」本作「擄」。擄，舒也。本字作「紓」，緩也。《說文》無「擄」字，蓋祇作「抒」。抒，除也。……徐、除、抒、紓，音近誼通。此《策》作「擄」，訓除與徐，或訓紓與舒，文爛為「慮」，後人遂不得其解（案：本書、《史記》作「除」，亦當訓徐，除乃徐之借字，徐亦緩也）。

按：金說固謬，石說亦非。張文虎曰：「『除』疑『徐』之誤。《說文》：『徐，緩也。』《策》作『慮』。」瀧川資言、徐仁甫、陳茂仁從張說〔註267〕，亦誤。「除」讀如字，「除患」是漢人成語。慮，讀為除，除去、辟除也。《易·萃》象曰：「君子以除戎器，戒不虞。」《釋文》：「鄭云：『除，去也。』蜀才云：『除去戎器，修行文德也。』荀作『慮』。」荀本作「慮」，亦讀為除，與《策》同。「悇」俗字作「憶」，見《集韻》，亦其比也。《史記·春申君傳》「欺」上有「欲」字。

（26）鬼神潢洋無所食

石光瑛曰：潢洋，《史》作「孤傷」，《策》作「狐祥」，鮑注：「狐之為妖者。」吳氏正曰：「《史》『狐傷』是，《新序》作『潢洋』二字，《楚辭後語》注：『潢，戶廣反。洋，音養。』」案：鮑注謬。狐、潢雙聲，祥、洋疊韻，皆通借字。《史》作「孤傷」，乃淺人妄改，當依《策》作「狐祥」為是。吳氏反從《史》，誤矣。潢洋，廣博無依之貌，此等字當因聲以定誼，聲近即通，本無定字，不可泥字以求其解。尤不可因字之罕用，遂逞臆妄改也。《策》、《史》之誼，得本書而明（梁玉繩謂「狐祥」、「孤傷」、「潢洋」，誼得並通，不知「孤傷」之為後人妄改也）。金氏《補釋》曰：「《莊子·庚桑楚篇》『而孽狐為之祥』，《釋文》引李注：『祥，怪也。』吳以《史》作『孤傷』是，非也。」金氏知《策》之是，而未達其所以是，其失正由泥字以求解。

按：石說是，但謂《史》作「孤傷」乃淺人妄改，則亦專輒，並無確證。梁玉繩謂「狐祥」、「孤傷」、「潢洋」誼得並通，亦是也。方以智曰：「《楚策》黃歇說秦昭『鬼神狐祥無所食』，得《春申》之『孤傷』、《新序》之『潢洋』

<hr>

〔註267〕瀧川資言《史記會注考證》，文學古籍刊印社 1955 年版，第 3686 頁。

而明。」〔註268〕亦不以為是誤字。但梁說未盡，猶可補充。字亦作「無傷」、「亡傷」，又音轉為「罔像」、「蝄像」、「蝄象」、「罔兩」、「魍魎」、「蝄蜽」、「罔閬」、「罔浪」、「罒兩」、「颲颴」、「魍魎」、「望兩」等，皆精怪之名，取廣大空虛之義〔註269〕。方以智曰：「洸洋，一作『潢洋』、『瀇瀁』、『潢漾』，通為『曠漾』、『罔養』。」〔註270〕《廣雅》「潢潒，浩盪也」王念孫《疏證》曰：「潢潒，讀為『潢洋』。《楚辭·九辯》：『然潢洋而不可帶。』王逸注云：『潢洋，猶浩蕩也。』『蕩』與『盪』通。《秦策》：『鬼神狐祥無所食。』《史記·春申君傳》『狐祥』作『孤傷』，《新序》作『潢洋』。枚乘《七發》云：『浩瀇瀁兮。』司馬相如《上林賦》云：『灝溔潢漾。』《史記·莊子傳》云：『其言洸洋自恣以適己。』《論衡·案書篇》云：『瀇洋無涯。』並與『潢洋』同。『潢洋』、『狐祥』、『孤傷』古聲並相近。《莊子·達生篇》：『水有罔象』，司馬彪本作『無傷』。『罔象』之為『無傷』，猶『潢洋』之為『狐祥』、『孤傷』矣。張衡《西京賦》云：『彌望廣潒。』馬融《長笛賦》云：『曠瀁敞罔。』亦與『潢洋』聲相近。」〔註271〕汪士鐸曰：「潢洋，字又作『瀇瀁』、『滉瀁』、『潢漾』、『曠瀁』、『濟瀁』、『滂洋』、『洸洋』、『潤瀁』、『沆瀁』（引者按：例皆略去），雖字隨方易，而聲義相同（『彷徉』之為『方羊』，『襄羊』之為『相羊』，『常羊』之為『尚羊』），皆『潢洋』之變衍也。」〔註272〕朱季海曰：「《楚辭·九辯》王注云云，此正楚語。」四氏所說皆是也。黃丕烈從吳師道說〔註273〕。趙仲邑曰：「潢洋，晃晃蕩蕩，晃來蕩去。」皆誤。俞正燮曰：「今罵狐媚子者……《莊子·庚桑楚篇》云：『步仭之邱陵，孽狐為之祥。』《秦策》云：『鬼神狐祥，無所食。』以其變幻妖淫也。」皮錫瑞曰：「『狐祥』當是後世所云狐仙，如『神叢』亦見於《國策》，是古時已有之矣。《史記》

〔註268〕 方以智《通雅》卷首一，收入《方以智全書》第 1 冊，上海古籍出版社 1988 年版，第 5 頁。

〔註269〕 參見蕭旭《「狼抗」轉語記》，收入《群書校補（續）》，花木蘭文化出版社 2014 年版，第 2346～2347 頁。

〔註270〕 方以智《通雅》卷 6，收入《方以智全書》第 1 冊，上海古籍出版社 1988 年版，第 245 頁。

〔註271〕 王念孫《廣雅疏證》，收入徐復主編《廣雅詁林》，江蘇古籍出版社 1992 年版，第 493 頁。

〔註272〕 汪士鐸《汪梅村先生集》卷 3「黃羊說」條，收入《續修四庫全書》第 1531 冊，上海古籍出版社 2002 年版，第 615 頁。

〔註273〕 黃丕烈《戰國策札記》卷上，收入《叢書集成新編》第 109 冊，新文豐出版公司 1985 年印行，第 772 頁。

作『孤傷』。」〔註274〕二氏望文生訓，其失同於鮑彪。蔡信發謂「狐祥」、「孤傷」、「潢洋」相通，是也，但解作「徘徊」則誤。

（27）盈海渚矣

石光瑛曰：《策》「盈」作「滿」，《史》「盈」下有「滿」字。「渚」兩書作「內」，各本亦作「內」，今從宋本。黃丕烈藏北宋本《新序》「渚」作「者」，黃氏跋云：「蔣本作『內』，此原本作『者』，朱筆校改『內』字，據後出本改之也。」案：此字作「渚」，不作「內」，與黃氏所言不合，豈黃氏誤邪？今所據宋本亦作「渚」，不作「者」與「內」，疑「者」乃斷爛字（或省借字），作「渚」為合。

按：宋本作「渚」，是原作「渚」，後朱筆校改作「內」，黃氏誤記作「者」耳。校宋本、龍谿本作「渚」，程本、嘉靖本、四庫本、武井驥本作「內」。朱季海曰：「景嘉靖本『渚』作『內』，非是。」海渚，海中州也。「盈海渚」非其誼，作「盈海內」是，言其多也。

（28）兵出之日，而王憂其不反也，是王以兵資於仇讎之韓魏也

石光瑛曰：本或倒作「出兵」，誤，兩書皆作「兵出」。

按：宋本、校宋本、嘉靖本、龍谿本俱作「兵出」，不誤。程本、四庫本、武井驥本誤倒作「出兵」。

（29）韓、魏之彊，足以校於秦

石光瑛曰：校，舊作「枝」。盧文弨曰：「宋本『校』，《策》同。」案：鐵華館本原出宋本，亦作「枝」。今所據宋本作「校」，與盧本同。《史記》亦作「校」。《策》注：「校，猶亢也。」《史記集解》：「校，音教，謂足以與秦為敵。」一云：校者，報也，言力為報秦。則字似當作「校」，「枝」、「校」形近易譌。然作「枝」誼自通，又通作「支」。今以宋本為主，故從之。字又通作「較」。

按：宋本仍作「枝」，程本、嘉靖本、龍谿本、四庫本、武井驥本並同。石氏所引出《史記索隱》，非《集解》，「一云校者報也言力為報秦」十一字亦

〔註274〕俞正燮《癸巳賸稿》「俗罵案解」條，收入《續修四庫全書》第1160冊，上海古籍出版社2002年版，第411頁。皮錫瑞《師伏堂筆記》卷1，收入《續修四庫全書》第1165冊，第609頁。

《索隱》文，當括於引號內，點校本誤也。武井驥曰：「吳本及《史》『枝』作『校』，《秦策》同。『枝』、『支』通，又與『校』通。枝，枝梧之枝。」徐友蘭曰：「『枝』讀為《西周策》『魏不能支』之支，亦通。」〔註275〕石氏謂作「枝」自通，其說本徐氏也。鮑彪注：「『校』、『較』同，直也，言與之敵。」《冊府元龜》卷889作「較」。趙仲邑曰：「枝，通『支』，通『校』，比擬、校量之意。」「枝」不得通「校」，趙氏不辨，承武井之誤說。

（30）齊、魏得地保利，而詳事下吏

石光瑛曰：保，二書作「葆」，通用字。《荀子·修身篇》：「保利棄義，謂之至賊。」

按：《荀子》楊倞註：「保，安。」趙仲邑曰：「保，積聚。」二說並誤。保、葆，並讀為赴，趨也〔註276〕。

（31）其於禁王之為帝有餘矣

石光瑛曰：俗本「禁」誤「楚」，嘉靖本亦然，惟宋本不誤，今從之。《策》、《史》文作「禁」，可證也。高注云：「強大足以楚秦，使不得稱為帝，有餘力也。」《史記集解》：「言齊一年之後，未即能為帝，而能禁秦為帝，有餘力矣。」以「禁」字作「楚」者，誤也。據裴氏此注，則《史記》亦有作「楚」者。

按：盧文弨亦曰：「『楚』訛。」武井驥曰：「嘉靖本、朝鮮本『禁』作『楚』，非。」石氏所引出《史記索隱》，非《集解》，「以禁字作楚者誤也」八字亦《索隱》文，當括於引號內，點校本誤也。然則石氏所云「裴氏」當改作「小司馬」。宋本、程本、嘉靖本誤作「楚」，校宋本、龍谿本、四庫本作「禁」不誤，石氏謂「惟宋本不誤」，失檢也。

（32）秦楚合為一，而以臨韓，韓必拱手

石光瑛曰：拱手，《策》作「授首」，鮑本「授」作「受」；《史》作「斂手」。按：「首」、「手」古字通。金氏《補釋》曰：「《左手襄二十五年傳》：『陳知其罪，授手於我。』此由『首』、『手』同音而誤，鮑注『言其服而請誅』，

〔註275〕徐友蘭《群書拾補識語·新序》，收入《叢書集成續編》第92冊，上海書店1994年版，第573頁。
〔註276〕參見蕭旭《荀子校補》，花木蘭文化出版社2016年版，第46頁。

過矣。」金引《左傳》證《策》誼甚妙，然謂「首」為誤，則非。《策》用段借字耳。「授手」與「斂手」、「拱手」，誼皆相近。「拱」當作「収」，《說文》：「収，竦手也。」謂竦兩手進奉，不敢抗也。

按：《說文》作「収，竦手也」，「収」同「收」，乃形誤。「収」亦作「卄」，俗作「共」，又孳乳作「拱」。《說文》：「拱，斂手也。」「斂手」、「拱手」同義，皆狀其恭敬之貌。《史記·太史公自序》：「苞河山，圍大梁，使諸侯斂手而事秦者，魏冉之功。」亦此誼。又稱作「交手」，班固《車騎將軍竇北征頌》：「名王交手，稽顙請服。」〔註277〕作「授首（手）」非其誼，當是「拱手」之譌。金氏引《左傳》不當。黃丕烈曰：「古或借首為手，『授』、『受』二字皆有誤也。」〔註278〕此說是也。陳茂仁曰：「拱、斂，義同，並與『授首』義近。」「授首」義怎麼能近，陳說非是。

（33）梁氏寒心

石光瑛曰：宋本「氏」作「人」，非。

按：宋本仍作「氏」，校宋本、龍谿本誤作「人」，石氏失檢。

（34）王一善楚，而關內兩萬乘之主，注地於齊，齊右壤可拱手而取也

石光瑛曰：主，舊本作「王」，《策》、《史》俱作「主」，今據改。「注」下各本俱有「入」字，《策》、《史》無。案：「注」即有入誼，今刪。

按：宋本、校宋本、龍谿本作「主」，程本、嘉靖本、四庫本、武井驥本誤作「王」。石氏刪「入」是也，但「注」不訓入，當讀為屬，猶連也。

（35）寡人將束甲而赴之

石光瑛曰：束，《策》作「卷」。將，兩書作「使」，「赴」作「趨」。案：《策》作「卷」，則作「趨」者是。《史》作「束」，則當作「赴」，今《史》作「趨」，沿《策》而譌耳。本書正用《史》文。卷甲者勢急，不及縛束，故言趨。《趙奢傳》「乃卷甲而趨之，一（二）日一夜至」〔註279〕，是也。束甲既縛束在身，其勢緩，赴之足矣，不必云趨也，當依本書訂正。

按：石氏強生分別，非是。朱季海曰：「《說文》：『赴，趨也。』故書當

〔註277〕《玉海》卷194引作「交贄」，非也。

〔註278〕黃丕烈《戰國策札記》卷上，收入《叢書集成新編》第109冊，新文豐出版公司1985年印行，第772頁。

〔註279〕引者按：《史記》原文作「二日一夜」。

為『赴』，《史記》以漢人語代之耳。」朱說是也。《釋名》：「疾行曰趨。趨，赴也，赴所至也。」二字義同，皆急步疾走之誼，無緩、急之分別。《淮南子·兵略篇》許慎注：「卷，束也。」《荀子·勸學》：「強自取柱，柔自取束。」《淮南子·兵略篇》：「柔而不可卷也，剛而不可折也。」《淮南子》「大剛則折，大柔則卷。」是「卷」、「束」同義也。束甲謂收拾兵甲，非謂縛束在身也。本書卷 10：「今卷甲而輕舉。」亦謂卷甲而趨之也。

（36）楚、魏欲王之重寶，必內吾使。趙使入楚、魏，秦必疑天下

石光瑛曰：內，《策》作「入」，誼同。「趙使」二字，各本俱脫，宋本亦無之，《策》、《史》俱有，今據補。

按：宋本、校宋本、程本、嘉靖本、龍谿本、四庫本、武井驥本作「吾使入楚、魏」，文義本完整，石氏失檢。此文及《史記》「內」、「入」異文同義。趙仲邑謂「欲」下應從《戰國策·趙策三》、《史記·虞卿傳》「欲」下補「得」字〔註280〕。有「得」字，則「欲」是副詞。無「得」字，則「欲」是動詞。故不補亦通。

（37）不予，是棄前功而挑秦禍也

石光瑛曰：功，姚本《國策》作「貴」，鮑本改「資」，是也。今本《策》亦作「資」，「貴」乃形近之誤。金氏《補釋》云：「貴，疑『責』之誤。『責』與『債』同。」金說穿鑿太甚，不如作「資」遠矣。

按：吳氏《補正》曰：「貴，恐作『資』，《史》作『功』。」《冊府元龜》卷 748 作「費」。「責」疑「費」形譌。

（38）使臣得為大王計，不如予之

石光瑛曰：不，宋本作「必」，今從眾本，與《策》、《史》俱合。

按：宋本、校宋本、龍谿本作「不必與之」，乃是誤「如」為「必」，石氏失記。

（39）是故虞卿一言，而秦之震懼，趨風馳指而請備

石光瑛曰：趨趨下風，而奔赴趙王之恉也。備，音服，古音無輕唇，讀服如備。

〔註280〕趙仲邑《新序校證》，《中山大學學報》1961 年第 4 期，第 94 頁。

按：武井驥曰：「叢書本『構』作『備』，非。」張白珩、趙仲邑、陳茂仁皆從其說〔註281〕。趙仲邑又曰：「趨風，疾趨如風。馳指，疾馳如以手指指物。」朱季海曰：「備，讀若輔。」《漢語大詞典》：「馳指：驅馳於指顧之間。形容動作快速。」各本皆作「備」，武井驥本妄改，不可信從。石氏讀備為服，解「趨風」為趨下風，皆是也，餘說皆誤。指，讀為耆、厎，至也。

（40）微虞卿，趙以亡矣

石光瑛曰：「以」與「已」同。《論語》曰：「微管仲，吾其被髮左衽矣。」

按：「以」讀為「其」，表示推測語氣。石氏所舉《論語·憲問》例文例正同。

（41）魏請為從，趙孝成王召虞卿謀，過平原君

按：《史記·虞卿傳》同，《索隱》：「過，音戈。」《戰國策·趙策三》作「魏使人因平原君請從於趙，三言之，趙王不聽，出遇虞卿」。此文及《史記》「過」當是「遇」形譌，小司馬所見本已誤。

《善謀篇》第十校補

（1）大王自斷勇悍仁彊，孰與項王

石光瑛曰：斷，《史》、《漢》作「料」。斷，猶決也。斷、料二字誼近。

按：《漢紀》卷2亦作「料」。陳蔚松曰：「《新序》『自斷』誤。」〔註282〕朱季海指出「料」字俗作「新」，「斷」俗字作「断」，「断」乃「料」形譌，是也。石說二字誼近，陳茂仁謂「料、斷，古通」，皆非是。陳氏不通古音，妄說耳。

（2）項王喑噁叱吒，千人皆廢

石光瑛曰：「噁」與「惡」同，又即「嗚」字。《漢書》作「意烏」，即「噫嗚」也。「喑」字乃「噫」之省文。廢、伏一聲之轉。

按：《漢紀》卷2作「項王喑嗚叱吒，千人皆靡」。靡亦伏也，今言跌倒。

〔註281〕張白珩《新序校注補正》，四川省立圖書館《圖書集刊》1945年第6期，第106頁。
〔註282〕陳蔚松《〈史記〉〈新序〉校勘記》，《華中師院學報》1984年第5期，第74頁。

（3）忍不能與

　　按：忍，《漢紀》卷2作「悋」。

（4）夫以一趙尚易燕

　　石光瑛曰：讀易為傷，輕也。

　　按：《漢紀》卷1「易」作「陵」。

（5）農夫釋耒，女工下機

　　石光瑛曰：工，《漢書》作「紅」。師古曰：「紅，讀曰工。」下，落也。落機，言不得織。

　　按：女工，宋本、校宋本、程本、嘉靖本、龍谿本、四庫本俱作「工女」，《史記‧酈生傳》同，《漢書》作「紅女」。石氏《校釋》本誤倒。曹植《大暑賦》：「機女絕綜，農夫釋耘。」本此文。《漢紀》卷2作「農夫失耒，紅女下機」，「失」是「釋」音誤。

（6）方今燕、趙已復，唯齊未下

　　石光瑛曰：復，收復也，《史》、《漢》作「定」。

　　按：趙仲邑曰：「復，安定。《左傳‧昭公二十七年》杜預注：『復，猶安也。』《史記》、《漢書》、《漢紀》卷2、《通鑒》卷10均作『定』。」趙說是也，《御覽》卷460引《戰國策》、《長短經‧霸圖》亦作「定」。復讀為服、伏。陳茂仁曰：「《說文》：『復，往來也。』作『復』義有未安，作『定』是也。」其說失考。

（7）今田宗彊，負海，阻河，濟南近楚，民多變詐

　　石光瑛曰：民，《史》作「人」。《漢書》「人」上更有「齊」字。宋祁曰：「『人』疑作『民』。」作「人」者，避唐諱改。依《漢書》，則以「薄（負）海岱」為句，「阻河濟」為句（謂河水、濟水也），「南近楚」為句，「齊人多變詐」為句。本書及《史》無「岱」字「齊」字，則以「負海阻河」為句，「濟南近楚」為句，「民多變詐」為句。觀顏注云：「負，背也。岱，泰山也。」注在「濟」字下。《漢書》文誼為長，疑本書及《史》脫去「岱」字。《漢書》「齊」字亦衍。

　　按：今，各本俱作「諸」，石氏《校釋》本誤。石說是也，但「齊」字未必衍文。此文當讀作「負海、〔岱〕，阻河、濟」。《戰國策‧秦策四》：「齊南以

泗為境，東負海，北倚河，而無後患。」高誘注：「負，背也。倚，猶依也。患，難也。」本書卷9、《史記・春申君傳》同。負、背古音同。《淮南子・要略篇》：「齊國之地，東負海而北障河，地狹田少，而民多智巧。」阻，恃也，與「倚」、「障」義近。《長短經・霸圖》誤倒作「負河，阻海濟」。

（8）未可以歲月下也

　　石光瑛曰：下，二書（引者按：指《史》、《漢》）作「破」。

　　按：《漢紀》卷2、《長短經・霸圖》亦作「破」。

（9）臣請奉明詔說齊王

　　石光瑛曰：「請」下二書有「得」字。

　　按：《漢紀》卷2、《長短經・霸圖》亦有「得」字。

（10）收天下之兵，立諸侯之後

　　按：下句，《史記・酈生傳》、《漢書》同，《漢紀》卷2作「紹諸侯之業」。

（11）降城即以侯其將，得賂即以予其士

　　石光瑛曰：予，二書作「分」。《爾雅》：「予，賜也。」

　　按：趙仲邑曰：「《漢紀》卷2作『分其士卒』。」《長短經・霸圖》亦作「分」。予，宋本作「與」。分，賜與也，音轉亦作「頒」，亦作「班」，音轉又作「封」，賞賜。下文言項羽「攻城得賂，積財而不能賞」，「賞」字是其誼。

（12）豪傑賢才

　　石光瑛曰：傑，宋本、嘉靖本、鐵華館本作「桀」，諸本多同，惟何本作「傑」。《史》、《漢》皆作「英」。

　　按：宋本、龍谿本、四庫本作「傑」，武井驥本作「桀」。宋本不作「桀」，石氏失檢。《漢紀》卷2作「豪傑俊才」，《長短經・霸圖》作「英豪賢才」。

（13）諸侯之兵，四面而至；蜀漢之粟，方船而下

　　按：趙仲邑曰：「至，《漢紀》卷2作『會』。」《史》、《漢》同此作「至」。《廣雅》：「會，至也。」《書・禹貢》：「又東會於涇。」《漢書・地理志上》引「會」作「至」，亦其例。《類聚》卷25引《史記》「方」誤作「萬」。

（14）項王有倍約之名，殺義帝之實

石光瑛曰：倍，《漢》作「背」。二書「實」作「負」。「實」與「名」對，當從本書作「實」為是。

按：陳茂仁說同石氏，是也。趙仲邑曰：「負，過失。」其說非也。《漢紀》卷 2、《長短經・霸圖》同《漢書》，亦誤作「負」。《類聚》卷 25 引《史記》「倍」作「背」。《類聚》卷 25、《御覽》卷 461 引《史記》已誤作「負」，《治要》卷 16 引《漢書》誤同。景宋本《通鑒》卷 10 作「實」不誤。

（15）非項氏莫得用事

石光瑛曰：得，本作「能」，今從宋本，與《史》、《漢》合。

按：盧文弨曰：「『能』訛。」此石氏所本。宋本、校宋本、程本、嘉靖本、龍谿本、四庫本、武井驥本俱作「得」，《漢紀》卷 2 作「敢」，《長短經・霸圖》作「能」〔註283〕。徐友蘭曰：「『能』、『得』同意。」〔註284〕徐說是也，敢亦猶得也。

（16）故天下之事，歸於漢王，可坐而策也

石光瑛曰：二書「事」作「士」，字通。或曰：此文以本字讀之，天下之事，謂廢興之事也。亦通。策，計也。計，猶料也。

按：趙仲邑曰：「策，測算。」策，宋本、校宋本、程本、嘉靖本、龍谿本、四庫本作「筞」，俗字。《顏氏家訓・書證》：「簡策字，竹下施束，末代隸書似杞宋之宋。」《長短經・霸圖》作「士」。當以「士」為本字。策者，駕馭、驅使，二氏說皆非是。所策者，天下之士也。《御覽》卷 461 引《史記》「策」誤作「觀」。

（17）夫漢王發蜀漢，定三秦，涉西河之外，乘上黨之兵

石光瑛曰：乘，二書作「援」。師古曰：「援，引也。」

按：《漢紀》卷 2、《長短經・霸圖》「乘」作「授」，是「援」形譌。《長短經・霸圖》「定」誤作「之」，「外」誤作「水」〔註285〕。《治要》卷 16 引《漢

〔註283〕 《長短經》據宋本，讀畫齋叢書本作「得能」，衍一字。
〔註284〕 徐友蘭《群書拾補識語・新序》，收入《叢書集成續編》第 92 冊，上海書店 1994 年版，第 573 頁。
〔註285〕 《長短經》據宋本，讀畫齋叢書本「定」字不誤，「外」字誤作「水」，「援」

書》「外」亦作「水」。乘，讀為承、拯，引取也。趙仲邑曰：「乘，這裏有就地利用之意。」非是。

（18）杜太行之阪

石光瑛曰：阪，《漢書》作「陁」。

按：趙仲邑曰：「陁，通『隘』，要隘。」阪，《史記》、《通鑒》卷 10 同，《漢紀》卷 2、《長短經・霸圖》作「坂」〔註286〕，《類聚》卷 25 引《史記》作「版」〔註287〕，《治要》卷 16 引《漢書》作「阺」，《御覽》卷 461 引《史記》作「陵」。「坂」同「阪」，「陁」同「阺」，「陵」字誤。疑「陁」為「阪」形誤。

（19）漢王恐憂，與酈生謀撓楚權

石光瑛曰：撓，二書（引者按：指《史記・留侯世家》、《漢書・張良傳》）皆作「橈」。師古曰：「橈，弱也，其字從木。」〔註288〕《說文》：「橈，曲木也。引申為凡曲之稱。」

按：校宋本、程本、嘉靖本、龍谿本、四庫本、武井驥本作「撓」，宋本作「橈」（下文又作「撓楚權」、「撓而從之」），《漢書・高帝紀》亦作「橈」。水澤利忠《史記校補》：「橈，凌『撓』。」〔註289〕北宋景祐本亦作「撓」（下文又作「橈楚權」、「橈而從之」）。顏師古曰：「橈，弱也，其字從木。」《御覽》卷 683、760 引《史記》作「撓」，《世說新語・識鑒》劉孝標注、《記纂淵海》卷 86 引《漢書》同〔註290〕，《漢紀》卷 2、《長短經・時宜》亦同。「橈」正字，此文當作借字「撓」，下文「六國復撓而從之」同。

（20）今秦無德棄義，侵伐諸侯社稷

石光瑛曰：《史記》「無」作「失」。

按：徐仁甫曰：「『無』下脫『道失』二字。不然，『無』當作『失』。」

字誤作「援」；四庫本「定」、「外」二字不誤，「援」字誤作「拔」。

〔註286〕《長短經》據宋本，讀畫齋叢書本、四庫本作「路」。
〔註287〕《類聚》據宋本，四庫本作「坂」。
〔註288〕「其字從木」四字亦顏師古注語，點校本《校釋》第 1305 頁點在引號外，誤作石氏按語。
〔註289〕水澤利忠《史記會注考證校補》，廣文書局 1972 年版，第 2173 頁。
〔註290〕四庫本《記纂淵海》在卷 52。

徐氏後說是也。《漢書》、《長短經‧時宜》亦作「失」。「失」形誤作「无」，又易作「無」。《冊府元龜》卷 849 亦誤作「無」。《賈子‧審微》：「今年無麥，明年可樹。」《御覽》卷 468 引「無」作「失」，亦其相譌之例。

（21）陛下南嚮稱霸

　　石光瑛曰：《史》「嚮」作「鄉」，《漢書》作「面」。面，猶向也。

　　按：《漢紀》卷 2、《長短經‧時宜》亦作「面」。「嚮」、「鄉」皆「向」借字。

（22）陛下事去矣

　　按：《史》、《漢》同，《文選‧漢高祖功臣頌》李善注引《漢書》「事」上有「大」字。

（23）昔湯伐桀而封其後於杞者，斯能制桀之死命也

　　石光瑛曰：斯，此也，兩書作「度」。

　　按：趙仲邑曰：「斯，乃，才。」二氏所解皆非是。斯，《冊府元龜》卷 849 同，《漢紀》卷 2、《長短經‧時宜》、《通鑒》卷 10 亦作「度」。「斯」當作「期」，猶言預料、估計，與「度」義近。下文並同。

（24）倒載干戈

　　石光瑛曰：載，《史》作「置」，《漢紀》作「戢」。置、戢一聲之轉。《周頌》曰「載戢干戈」也。句下《史》有「覆以虎皮」四字，蓋用《樂記》文。《樂記》作「倒載干戈，包以虎皮」。

　　按：載，《漢書‧張良傳》、《長短經‧時宜》同此作「載」。載，置也，藏也。《說文》：「戢，藏兵也。《詩》曰：『載戢干戈。』」《詩》見《時邁》篇，其文「載」是語辭。

（25）且夫天下游士，捐其親戚，棄墳墓，去故舊，從陛下游者，皆日夜望尺寸之地

　　石光瑛曰：皆，《史》作「徒欲」，《漢書》作「但」。

　　按：皆，猶但也，徒也。《論衡‧正說》：「說《論》者，皆知說文解語而已，不知《論語》本幾何篇；但知周以八寸為尺，不知《論語》所獨一尺之意。」「皆」、「但」互文。

（26）且夫楚雖無彊，六國復撓而從之

石光瑛曰：雖，各本作「唯」，與《史》、《漢》同。嘉靖本作「惟」，字通用。宋本、鐵華館本作「雖」，古亦通用。盧文弨曰：「雖，何本亦作『惟』。」《漢書》「無」作「毋」，「無」、「毋」通。《史記集解》：「《漢書音義》曰：『唯當使楚無彊，彊則六國弱從之。』」《索隱》曰：「荀悅《漢紀》〔說〕此事云：『獨可使楚無彊，彊則六國弱（屈撓）而從之。』又韋昭云：『今無彊楚者，若六國立，必復屈撓從楚。』是二說之意同。」〔服虔曰：『唯當使楚無彊，彊則六國弱而從之。』〕晉灼曰：「當今唯楚大，無有彊之者，若復立六國，皆撓而從之。」師古曰：「服說是也。」〔註291〕王念孫曰：「《史記·張儀傳》：『雖無出甲，席卷常山之險，必折天下之脊。』雖讀曰唯，『唯』、『雖』古字通。此承上文言秦兵之彊如是，是唯無出甲，出甲則席卷常山，而折天下之脊也。不更言『出甲』者，蒙上而省也。《留侯世家》曰：『楚唯無彊，六國〔立者〕復撓而從之。』」（原注引《集解》所載《漢書音義》之說）《莊子·人閒世篇》曰：『若唯無詔王公，必將乘人而鬥其捷。』語意並與此同。」洪頤煊《讀書叢錄》曰：「唯無，見《墨子》。『無』是語助詞。言今唯楚彊，若六國立，復撓而從之，則陛下不得臣之矣。」案：無彊猶莫彊也。

按：「六國」下，《史記》、《通鑑》卷10有「立者」二字，《長短經》有「去者」二字，「去」是「立」形譌。撓，《漢紀》卷2、《長短經·時宜》同，《史》、《漢》作「橈」。《文選·漢高祖功臣頌》李善注引《漢書》作「撓」。宋本、校宋本、龍谿本作「雖無」，程本、四庫本作「惟無」，《史記》、《漢紀》卷2、《長短經》、《通鑑》卷10作「唯無」，《漢書》作「唯毋」。趙仲邑曰：「惟，猶于。『楚惟無彊』即『楚于無彊』，即無彊于楚。其句法正如《左傳》『私族于謀』、『室于怒』這類的倒裝句一樣。《集解》、《索隱》的解釋比較繞彎，而且和下句銜接得不緊，所以不用。」趙氏以倒裝句說之，非是，趙氏未達其句法，且「惟」用於倒裝句，別無所見。諸說惟王念孫省略說得之，徐仁甫亦謂「省假設句」。猶言楚國只是不彊，彊則六國從之也。服虔等舊說皆知其是省略句，釋文補出「彊則」二字，甚確。《墨子·尚賢中》：「古者聖王唯毋得賢人而使之，班爵以貴之，裂地以封之，終身不厭。」王念孫曰：

〔註291〕石氏引脫「說」字，「屈撓」誤作「弱」。「是二說之意同」亦《索隱》語，點校本《校釋》第1318頁標於引號外，則誤作石氏校語。石氏引又脫「服虔曰」云云十七字，則下文師古所說「服說是也」無著。

「畢改『毌』為『毌』，云：『毌讀如貫習之貫。』畢改非也。毌，語詞耳，本無意義。唯毌得賢人而使之者，唯得賢人而使之也。若讀毌為貫習之貫，則文不成義矣……以上諸篇，其字或作『毌』，或作『無』，皆是語詞，非有實義也。」〔註292〕王說亦非，自忘省略之說耳。楊伯峻等認為是省略句，「班爵」上隱含的假設分句為「如得賢人而使之」〔註293〕。楊說是也，這種句式古書多見。但楊氏在討論「唯無」、「唯毌」時，認為「無」字「不表示否定，主要起加強語氣的作用」，「毌」字「作語助詞，不表否定而加強語氣」〔註294〕，亦忘了省略說，其說則非。「無（毌）」正表示否定，句中省略了表示肯定的假設分句。《墨子·節葬下》：「今惟毌以厚葬久喪者為政，國家必貧，人民必寡，刑政必亂。」《管子·立政九敗解》：「人君唯毌聽寢兵，則群臣賓客莫敢言兵。」又「人君唯毌聽觀樂玩好，則敗。」又「人君唯毌聽請謁任譽，則群臣皆相為請。」皆其例（上引王念孫說，其「語詞」說不當，但舉例極多，可以參看）。《韓子·內儲說下》：「唯毌一戰，戰必不兩存。」此例「戰」字不省，是其完整句式。《韓子·喻老》：「雖無飛，飛必沖天；雖無鳴，鳴必驚人。」《呂氏春秋·重言》：「是鳥雖無飛，飛將沖天；雖無鳴，鳴將駭人。」本書《雜事二》：「是鳥雖不蜚，蜚必沖天；雖不鳴，鳴必驚人。」亦不省略。

（27）楚擊漢軍，大破之，漢王復入壁，深塹而守之

石光瑛曰：《漢書》無「之」字，此與《史》同。《項羽紀》「守之」作「自守」。

按：石氏所引《史》，指《高祖本紀》。《漢紀》卷2作「王復深壘自守」。「壘」字誤。壘不可言深，當言高。《史記·留侯世家》約其文，作「戰不利，而壁固陵」，亦作「壁」字。

（28）婁敬曰：「臣衣帛，衣帛見；衣褐，衣褐見。」

石光瑛曰：師古曰：「衣，著也。」下「衣」字訓著，上「衣」衣服之衣

〔註292〕王念孫《墨子雜志》，收入《讀書雜志》卷9，中國書店1985年版，本卷第40～41頁。

〔註293〕楊伯峻、何樂士《古漢語語法及其發展》（修訂本），語文出版社2001年版，第845頁。

〔註294〕楊伯峻、何樂士《古漢語語法及其發展》（修訂本），語文出版社2001年版，第325、327頁。

（下句同）。

按：二「衣」字皆動詞，猶今言穿。石氏分別之，非是。

（29）公劉避桀居邠，大王以狄伐，去邠

石光瑛曰：邠，二書（引者按：指《史記·劉敬傳》、《漢書·婁敬傳》）作「豳」。

按：《漢紀》卷3「邠」亦作「豳」。桀，《史》、《漢》、《長短經·霸圖》同，《漢紀》誤作「狄」，《御覽》卷158引《漢書》誤同。「桀」字是，言公劉避夏桀居邠，戎狄攻伐之，故去邠耳。《吳越春秋·吳太伯傳》：「公劉避夏桀於戎狄。」

（30）杖馬策居岐

石光瑛曰：策，二書作「箠」。師古曰：「箠，馬策也。」箠、策一聲之轉，箠即策也。

按：《長短經·霸圖》亦作「箠」。「坡」乃「歧」形譌。《漢紀》卷3作「杖馬策之岐」。

（31）凡居此者，欲令周務德以致人，不欲恃險阻，令後世驕奢以虐民也

石光瑛曰：「德以」二字，《史》、《漢》互倒。《漢書》無「恃」字，《史》作「依」。險阻，二書作「阻險」。

按：德以，當據《史》、《漢》、《漢紀》卷3、《長短經·霸圖》乙作「以德」，非「務德」為詞也。《鹽鐵論·備胡》：「及鄭平，務以德安近而綏遠。」又《和親》：「為政務以德親近。」文例相同。恃險阻，《冊府元龜》卷849同，《史記》、《長短經》作「依阻險」（《御覽》卷156引《史》作「依險阻」）〔註295〕。「阻險」即「險阻」，阻亦險也。依亦恃也。《漢書》、《漢紀》作「阻險」，《治要》卷16、《元和郡縣志》卷1引《漢書》同，無「恃」或「依」字，則「阻」為動詞，負恃也。《長短經》下「令」誤作「今」。

（32）今陛下起豐沛，收卒三千人

〔註295〕 《長短經》據南宋刊本，四庫本作「依險阻」。

石光瑛曰：舊本「沛」上有「擊」字。宋祁曰：「當有『擊』字。」王先謙曰：「《史記》有『擊』字，故宋云然。但高祖起豐沛，漢代恒言，上文《陸賈傳》即其證。不必定有『擊』字也。」案：王說是也，《史記》「擊」字當衍。凌稚隆曰：「一本《史記》無『擊』字。」無「擊」字者是也。高祖初起，書帛射沛城上，說沛父老誅殺令，即立為沛公，事見《高紀》，無用兵擊沛之事。

按：宋本《史記》並有「擊」字〔註296〕，《長短經・霸圖》同〔註297〕；《漢書》、《通鑑》卷11無「擊」字。《四庫漢書考證》：「宋說無理。」又《史記考證》：「刊本『豐』下衍『擊』字。案《高帝本紀》無擊沛事，據《漢書》刪。」〔註298〕瀧川資言《史記會注考證》本作「今陛下收豐沛，起卒三千人」（「收」、「起」二字誤倒），云：「各本『豐』下衍『擊』字，今從楓、三本、毛本、凌引一本。」〔註299〕

（33）以之徑往，卷蜀漢，定三秦

按：《長短經・霸圖》「之」誤作「足」〔註300〕。

（34）臣竊以為不侔矣

按：竊，《長短經・霸圖》作「切」〔註301〕，借字。

（35）卒然有急，百萬之眾可具

按：《長短經・霸圖》「具」誤作「拒」〔註302〕。

（36）夫與人鬥而不搤其亢，拊其背，未全勝也

石光瑛曰：亢，《史》作「肮」，《索隱》本作「亢」。《集解》：「張晏曰：

〔註296〕 余所見宋本《史記》有北宋景祐監本、南宋紹興刊本、南宋建安黃善夫本三種。

〔註297〕 《長短經》據南宋刊本，四庫本無「擊」字。

〔註298〕 《四庫全書漢書考證》、《史記考證》，分別收入景印文淵閣《四庫全書》第250、1498冊，臺灣商務印書館1986年初版，第168、37頁。

〔註299〕 瀧川資言《史記會注考證》，上海古籍出版社1986年版，第1685頁。「楓、三」指「楓山本、三條本」。

〔註300〕 《長短經》據南宋刊本，四庫本「之」字不誤。

〔註301〕 《長短經》據南宋刊本，四庫本作「竊」。

〔註302〕 《長短經》據南宋刊本，四庫本「具」字不誤。

『肮，喉嚨也。』」《索隱》：「亢，蘇林以為『亢，頸大脈，俗所謂胡脈也』。」〔註303〕「肮」俗字，作「吭」亦非。《說文》：「亢，人頸也。」

　　按：水澤利忠《史記校補》：「亢，景、井、蜀、紹、蜀刻、耿、慶、中統、彭、毛、凌、殿『肮』。《札記》：『《索隱》本亢，《御覽》卷371、又496引同，它本皆作肮。』」〔註304〕《漢書》作「亢」，《元和郡縣志》卷1、《御覽》卷164引《漢書》作「吭」，《御覽》卷461引《漢書》作「肮」。陳茂仁指出《御覽》卷156引《史記》、《長短經·霸圖》作「喉」。

（37）南有巴蜀之饒，北有胡宛之利

　　石光瑛曰：胡苑，舊本皆作「故宛」，此形聲俱近而譌，今依《史》、《漢》改正。《漢紀》作「胡宛」，亦誤。

　　按：四庫本作「胡苑」，《長短經·霸圖》同；嘉靖本作「胡宛」，《御覽》卷156引《漢書》同。「胡」、「故」古聲相轉耳。

（38）上欲易太子，立戚夫人子趙王如意

　　石光瑛曰：易，《史》作「廢」。

　　按：宋本、校宋本、程本、嘉靖本、龍谿本、四庫本、武井驥本俱作「廢」，「戚」下有「氏」字。《漢書·張良傳》、《漢紀》卷4亦作「廢」。《史記·呂后本紀》：「常欲廢太子，立戚姬子如意。」又《周昌傳》：「及帝欲廢太子而立戚姬子如意為太子，大臣固爭之。」記此事並作「廢」字。

（39）君常為上計

　　石光瑛曰：計，二書作「謀臣」，疑此奪「臣」字。

　　按：石說非是，「計臣」不辭。《漢紀》卷4：「初，上欲廢太子，呂后聞之，使留侯為太子計。」「計」字誼同。

（40）今太子為書，卑辭，以安車迎之

　　石光瑛曰：「以」字、「迎之」字，《史》、《漢》俱無，疑後人旁加訓釋，混入正文，蓋「迎」與下文「固請」誼複故也。

　　按：各本「今」作「令」，石氏《校釋》本誤。石氏刪字非也。《漢書》

〔註303〕石氏二「亢」字誤作「肮」，據《索隱》逕正。
〔註304〕水澤利忠《史記會注考證校補》，廣文書局1972年版，第2923頁。

－929－

卷72：「呂后用留侯計，使皇太子卑辭，束帛致禮，安車迎而致之。」《漢紀》卷4：「今令太子卑辭安車迎此四人。」

（41）上見之，即必異問之

按：異，怪也。下文「上怪而問曰」，正作「怪」，異字同義之例也。

（42）呂氏真而主矣

石光瑛曰：《御覽》卷147引此文云：「呂后子真貳主矣。」「貳」明是「而」音之誤。

按：景宋本《御覽》卷147引《史記》作「呂后子真而主矣」，石氏所據乃俗本，「而」誤作「貳」，又誤記出處。

（43）承閒為上泣

按：《漢紀》卷4作「對上泣涕」。為，介詞，猶言對也。

（44）悼惠王懼不得出城

按：出城，《史記·呂后本紀》、《漢書·高五王傳》並作「脫長安」。顏師古曰：「脫，免也。言死於長安不得更至齊國也。脫，音吐活反。」據本書，知顏注脫訓免非是。脫，猶出也。《管子·霸形》：「言脫於口。」尹注：「脫，出也。」《老子》第36章：「魚不可脫於淵。」亦謂出於淵。

（45）今以陛下之威，海內為一家，天下同任

石光瑛曰：《漢書》無「家」字。任，何也。合天下力同何一事。如淳曰：「任，事也。」

按：如、石說是。武井驥曰：「『任』、『袵』通，猶左袵之袵。」趙仲邑曰：「任，載。天下同任，天下的人，像一同載在一輛車子上面。」其說並誤。

（46）遣子弟乘邊守塞，轉粟輓輪

按：武井驥引顏師古曰：「乘，登也。登其城而備守也。」《漢書·高帝紀》：「興關中卒乘邊塞。」李奇曰：「乘，守也。」顏師古曰：「乘，登也。登而守之，義與上『乘城』同。」師古說是，「乘邊」是「乘邊城」的省略語。《鹽鐵論·取下》：「衣輕暖、被英（美）裘、處溫室、戴（載）安車者，不知乘邊城、

飆胡代、鄉清風者之危寒也。」〔註305〕

（47）而匈奴侵盜不休者，無他，不痛之患也

石光瑛曰：痛，甚也。《漢書》作「以不恐之故耳」。

按：武井驥曰：「吳本『痛』作『恐』。《漢書》作『以不恐之故耳』。」趙仲邑曰：「痛，應作『恐』，威嚇之意。《漢書·韓安國傳》、《通鑒》卷18均作『以不恐之故耳』。」陳茂仁曰：「『痛』疑當作『恐』。」「痛」字不誤，言不痛擊匈奴，故匈奴侵盜不休也。本書卷9：「此四國者，不待痛而服也。」《戰國策·秦策四》同，高誘注：「痛，急也，不待急攻而服從也。」鮑彪注：「痛言攻伐之酷。」《趙策一》：「今足下功力，非數痛加於秦國；而怨毒積惡，非曾深陵於韓也。」《韓策三》：「恐梁之不聽也，故欲痛之以固交也。」諸「痛」字誼皆同。此文作「痛」，自漢言之；《漢書》作「恐」，自匈奴言之。二文不同，吳本據《漢書》妄改耳，不可據改。

（48）及解圍反位，無忿怨之色

石光瑛曰：《漢》「色」作「心」。

按：武井驥曰：「《漢書》『怨』作『怒』。」「怒」字是。

（49）夫聖人以天下為度者也，不以己之私怨，傷天下之公義

石光瑛曰：《漢書》無「義」字，「公」作「功」。宋祁曰：「浙本作『公』。」王念孫曰：「傷天下之功，本作『傷天下之公（功）義』。『公義』與『私怨』對。『公』借為『功』，又脫去『義』字，詞意遂不完滿（備）。《治要》引此已誤。《新序》作『公義』，《漢紀·孝武紀》作『公義（議）』，皆其證也（原注：『義』、『議』同）。」〔註306〕

按：《治要》引《漢書》見卷17。《通典》卷151引《漢書》「功」作「政」，《御覽》卷327引《史記》同。皆誤。

（50）夫明於形者，分則不過於事；察於動者，用則不失於利；審於靜者，恬則免於患

〔註305〕 王利器《鹽鐵論校注》校「英」作「美」，中華書局1992年版，第468頁。
〔註306〕 石氏引「功」誤作「公」，「備」誤作「滿」，「議」誤作「義」。茲據王氏王念孫《漢書雜志》訂正，《讀書雜志》卷5，中國書店1985年版，本卷第87頁。

石光瑛曰：不過於事，處事無有過當者。此數語恐有譌脫……「免」上疑奪去一字。

按：張國銓曰：「分，猶理也。過，猶失也。」趙仲邑曰：「『免』上疑脫『可』字。」前二句出自《鄧子·無厚》：「夫明於形者，分不遇（過）於事；察於動者，用不失則利。」譚儀、伍非百並謂「遇」當作「過」〔註307〕，是也，此文是其確證。「免」上疑奪「必」字。

（51）行者垂泣而倪於兵

石光瑛曰：「倪」與「睨」通，謂俾睨不敢發聲也。《說文》：「睨，衺視也。」惟無「睥」字，蓋「睥」為俗字，「倪」叚借字。

按：武井驥曰：「《廣漢魏叢書》本『倪』作『視』。『倪』、『睨』通。《說文》曰：『邪視也。』」趙仲邑曰：「行者，流浪者。倪，弱小之稱，在這裏作怯弱解。」石說本於武井，其說是也，而尚未盡。行者，行路者。「睨」亦作「覞」，古書多以「倪」字為之。「睥」是「頯」俗字。《說文》：「頯，傾首也。」又「覞，旁視也。」《淮南子·修務篇》：「則布衣韋帶之人過者，莫不左右睥睨而掩鼻。」《玄應音義》卷8「俾倪」條、「頯面」條二引《淮南子》並作「左頯右倪」。

（52）來若猋風，解若收電

石光瑛曰：猋風，各本作「風雨」，今依宋本（鐵華館本同），《漢書》同，「來」作「至」。猋，省借字，當作「飆」。作「風雨」與下文不對。解，散去也，《漢書》作「去」，誼同。

按：宋本、校宋本（即鐵華館本）、龍谿本作「焱風」，《冊府元龜》卷988同，石氏失檢。趙仲邑指出「焱」是「猋」形譌〔註308〕。《通典》卷194引《漢書》誤作「炎飈」。《漢紀》卷11作「至如颸（飈）風，去如流電」〔註309〕。猋風、收電，皆狀其疾速。作「風雨」亦通，不必泥於對文。《吳子·應變》：「退如山移，進如風雨。」《漢紀》卷16：「來如風雨，去如絕

〔註307〕譚儀《鄧析子補校》，清同治11年刻本。伍非百《鄧析子辯偽》，收入《中國古名家言》，中國社會科學出版社1983年版，第846頁。
〔註308〕趙仲邑《新序校證》，《中山大學學報》1961年第4期，第97頁。
〔註309〕《漢紀》據四庫本，明嘉靖刊本「飈」誤作「飇」，張烈《漢紀》點校本以明刊本作底本，字作「飇」，而不知校正其誤，中華書局2002年版，第179頁。

絃。」〔註310〕「風雨」狀鋪天蓋地疾速而來。《戰國策・齊策一》:「戰如雷電，解如風雨。」〔註311〕《淮南子・兵略篇》、《修務篇》並有「合如雷電，解如風雨」語，此二例「風雨」狀鋪天蓋地疾速而去。《管子・七法》:「故舉之如飛鳥，動之如雷電，發之如風雨。」又《事語》:「故發如風雨，動如雷霆。」又《幼官》:「行若風雨，發如雷電。」又《輕重甲》:「發若雷霆，動若風雨。」《淮南子・兵略篇》:「卒如雷霆，疾如風雨。」又「止如邱山，發如風雨。」諸例「風雨」皆狀其疾速。

（53）故接兵覆眾，伐國墮城，常坐而役敵國

石光瑛曰:此三句舊本譌舛不可讀，作「按兵奮眾深入，伐國墮城，故常坐而役敵國」。蓋倒「故」字在下，「接」誤「按」，「覆」誤「奮」，又衍「深入」二字，遂難解矣，今從《漢書》改正。原文「深入」二字，涉下而衍。師古曰:「覆，敗也。墮，毀也。言兵與敵接，則敗其眾。所伐之國，則毀其城也。」盧文弨曰:「『伐國墮城』下，宋本有小注云:『《漢》、《史》作「故按兵覆眾，伐國墮城」。』」今本《漢書》「按」作「接」，當從今本作「接」為是。

按:趙仲邑曰:「奮，傾覆，戰敗。鐵華館校宋本作『奪』。」龍谿本作「奪」，校宋本仍作「奮」，趙氏失檢。石氏校「按」作「接」是也，但「奮」字不誤。奮，讀為僨，僵仆也，字亦作賁、奔。《禮記・射義》:「賁軍之將。」鄭玄注:「賁，讀為僨。僨，猶覆敗也。」《釋文》:「賁軍，依注讀為僨，音奮，覆敗也。」《詩・行葦》毛傳暗用《禮記》文，「賁」作「奔」，《釋文》:「奔，音奮。奮，覆敗也。」《集韻》:「奔，敗覆也，通作賁。」

（54）夫衝風之衰也，不能起毛羽；彊弩之末，力不能入魯縞

石光瑛曰:《漢》無「也」字。「衰也」疑涉下而誤，「衰」字為句，不譌。「也」字屬下，不知所當作。《史記・韓長孺列傳》作「且彊弩之極，矢不能穿魯縞；衝風之末，力不能漂鴻毛。」本文亦以「末」字為句，「力」字屬下，與上不偶，故知上「也」字誤。或當依《漢書》刪上「也」字。

按:武井驥、趙仲邑以「力」字屬上句，非是。此文當作「夫衝風之衰，

〔註310〕《後漢書・西羌傳》同。
〔註311〕《史記・蘇秦傳》「電」作「霆」，古字通。

—933—

勢不能起毛羽；彊弩之末，力不能入魯縞」。「也」字當衍，「不能起毛羽」上脫「勢」字。《史記》「矢」疑「勢」音誤。《三國志・諸葛亮傳》：「此所謂『彊弩之末，勢不能穿魯縞』者也。」《淮南子・說山篇》：「矢之於十步貫兕甲，於三百步不能入魯縞。」又《說林篇》：「矢之於十步貫兕甲，及其極不能入魯縞。」

（55）夫草木之中霜霧，不可以風過；清水明鏡，不可以形遯也

石光瑛曰：《漢》作「夫草木遭霜者」，「遯」作「逃」，誼同。

按：《靈樞經・外揣》：「合而察之，切而驗之，見而得之，若清水明鏡之不失其形也。」

（56）止擅賦

按：止，嘉靖本誤作「上」。

（57）今以法割之，即逆節萌起

石光瑛曰：《史》「割」下有「削」字。《漢書》無「之」字。

按：《漢書》、《漢紀》卷 12 亦有「削」字。《漢紀》無「之」字，「逆節萌起」作「邪逆萌生」。

（58）今諸侯子弟或十數，而適嗣代立；餘雖骨肉，無尺地之封

石光瑛曰：師古曰：「適，讀曰嫡。」《史》作「無尺寸地分」。

按：宋本「適」誤從商作「適」，程本、四庫本「肉」誤作「內」。《史記》作「無尺寸地封」，不作「分」字，石氏失記。《漢書》同此文，《漢紀》卷 12下句節省作「餘無尺土」。

本稿主要內容曾以《新序解詁》為題發表於《東亞文獻研究》總第 19輯，2017 年 6 月出版，第 1～22 頁。

《法言》校補

西漢楊雄所撰《法言》，也稱作《楊子》。東漢侯芭、吳宋衷、吳陸績、隋辛德源曾各注《楊子法言》〔註1〕，今均已佚。北宋司馬光彙集晉人李軌、唐人柳宗元、宋人宋咸、宋人吳祕舊注，附以己見，著成《法言集注》，合稱「五臣注」。有清以還，學者的學術札記中於《楊子法言》有所校正，大致有如下各種：王念孫《法言雜志》〔註2〕，姚鼐《惜抱軒筆記》卷7〔註3〕，洪頤煊《讀書叢錄》卷16〔註4〕，蔣超伯《南漘楛語》卷8〔註5〕，周悅讓《法言通》〔註6〕，俞樾《楊子法言平議》〔註7〕，孫詒讓《法言札迻》〔註8〕，

〔註1〕 《隋書·經籍志》：「《揚子法言》十五卷，解一卷（揚雄撰，李軌注。梁有《揚子法言》六卷，侯芭注，亡。）《揚子法言》十三卷（宋衷注。）」《隋書·辛德源傳》：「德源注《揚子法言》二十三卷。」《新唐書·藝文志》「《揚子法言》六卷，宋衷注。《法言》十卷，李軌注。《法言》三卷，陸績注。」

〔註2〕 王念孫《法言雜志》，收入《讀書雜志》餘編上卷，中國書店1985年版，本卷第53～56頁。

〔註3〕 姚鼐《惜抱軒筆記》卷7《子部·法言》，收入《續修四庫全書》第1152冊，上海古籍出版社2002年版，第199～200頁。

〔註4〕 洪頤煊《讀書叢錄》卷16，《續修四庫全書》第1157冊，上海古籍出版社2002年版，第702～703頁。

〔註5〕 蔣超伯《南漘楛語》卷8《揚子法言》，《續修四庫全書》第1161冊，上海古籍出版社2002年版，第372頁。

〔註6〕 周悅讓《法言通》，收入《倦遊庵槧記·子通》，齊魯書社1996年版，第734～735頁。

〔註7〕 俞樾《楊子法言平議》，收入《諸子平議》卷34～35，上海書店1988年版，第675～709頁。

〔註8〕 孫詒讓《法言札迻》，收入《札迻》卷8，中華書局1985年版，第265～267頁。

李慈銘《越縵堂讀書記》〔註9〕，劉師培《楊子法言校補附校勘記》、《法言補釋》〔註10〕，陶鴻慶《讀揚子法言札記》〔註11〕，于省吾《法言新證》〔註12〕，徐仁甫《法言辨正》〔註13〕。

　　近人汪榮寶（？～1933）撰《法言義疏》，是《法言》研究的集大成之作。其初版《法言疏證》，曹元忠、錢維驥分別作序；修訂版《法言義疏》，胡玉縉、黃侃分別作序〔註14〕。曹、錢、胡、黃四子皆極稱讚之，自非虛譽。汪氏《疏證》出版後，汪東著《法言疏證別錄》〔註15〕，湯炳正著《〈法言〉汪注補正》〔註16〕，各有所補訂。

　　整理版《義疏》由陳仲夫點校，凡有所校正，陳氏於當頁作《校記》。陳氏時有失誤，如：①第 98 頁：「《真西山文集》、楊實之《字說》引亦作『史』。」當作「真《西山文集》楊實之《字說》引亦作『史』」，指宋人真德秀《西山文集》卷 33 引楊實之《字說》所引《楊子》作「史」字。②第 100 頁：「知《集解》之說，乃漢師古義也。」陳氏於「漢」和「師古」旁標專名線，大誤。當讀作「漢師／古義」。③第 124 頁：「《老子》云：『大音希聲。』河上公注云：『大音猶雷霆，待時而動。』喻常愛氣希言也，故設問以論其義。」「喻常愛氣希言也」七字亦是河上公注文，當放在引號中。④第 173 頁：「盍勢諸名卿，可幾也。」汪氏《義疏》明云「『盍勢諸』為句，『名』為

〔註9〕 李慈銘《越縵堂讀書記‧子部‧法言》（由雲龍輯），上海書店 2000 版，第 618～619 頁。

〔註10〕 劉師培《楊子法言校補附校勘記》、《法言補釋》，並收入《劉申叔遺書》，江蘇古籍出版社 1997 年版，第 1037～1051、1052～1059 頁。又見汪榮寶《法言義疏》附錄一、二。本稿引劉氏《校補》但稱劉師培說，引後二文稱作劉氏《校勘記》、《補釋》以區別之。本稿隨文標示《義疏》附錄之頁碼，以便覆按。

〔註11〕 陶鴻慶《讀揚子法言札記》，收入《讀諸子札記》卷 14，中華書局 1959 年版，第 421～427 頁。

〔註12〕 于省吾《法言新證》，收入《雙劍誃諸子新證》，上海書店 1999 年版，第 438～441 頁。

〔註13〕 徐仁甫《法言辨正》，收入《諸子辨正》，中華書局 2014 年版，第 564～586 頁。

〔註14〕 汪榮寶《法言義疏》，中華書局 1987 年版。初版題《法言疏證》，汪氏金薤琳琅齋 1911 年排印本。修訂版改題《法言義疏》，1933 年排印本，收入《續修四庫全書》第 933 冊，上海古籍出版社 2002 年版，第 117～328 頁。本稿隨文標示《義疏》頁碼，以便覆按。

〔註15〕 汪東《法言疏證別錄》，《華國月刊》第 1 卷第 1、3、6、8 期，1923～1924 年版。

〔註16〕 湯炳正《〈法言〉汪注補正》，《制言》第 4 期，1935 年版，本文第 1～6 頁。

句,『卿可幾也』為句」,陳氏標點,竟不顧汪氏疏語!⑤第 176 頁:「太山之與螘、垤,江、河之與行潦,非難也。」陳氏不知「螘垤」指蟻堆,竟至加頓號以為「螘」、「垤」平列。⑥第 199 頁:「《易‧蒙》王注云:『付物以能,不勞聰明,功斯克矣,故云何乃明哲。』」王注止至「功斯克矣」,「故云何乃明哲」是汪榮寶語。⑦第 226 頁:「《釋文》云:『沈字或作耽,皆『媅』之假。』」《釋文》止至「耽」字,「皆媅之假」是汪榮寶語。⑧第 267 頁:「吳云:『矢,放也;肆,恣也。放口恣筆,動成典訓。』《爾雅》曰:『矢,弛也。』郭云:『弛,放。』」《爾雅》及郭注,亦吳祕所引,陳仲夫不檢《集注》,誤以為是汪榮寶語。又郭注「弛放」當連文,郭氏以複詞「弛放」釋「弛」。⑨第 281 頁:「體之大而無實者曰魁梧;言之大而無實者曰詭譌,曰怪誤,曰怪迂,其義一也。合音言之,則曰夸逸,《周書‧諡法》『華言無實曰夸』,是也。」陳氏居然不知「逸」當屬下,《逸周書》是書名。不思「夸逸」不辭,且《諡法》但出「夸」字,何得「夸逸」連文邪?「夸逸」又怎得是「怪迂」或「怪誤」之合音邪?⑩第 292 頁:「《淮南子‧齊俗》云:『今握一君之法,籍以非傳代之俗,譬由膠柱而調瑟也。』」陳氏不知「法籍」當連文。此等謬誤,荒陋已甚,不勝枚舉,姑出十例,以見一端。

　　茲依汪氏《義疏》整理本為底本作校補焉。本文先列五臣注,次汪氏《義疏》(汪氏但出李軌注及《音義》,另四家說偶有引用或化用),次汪氏未引之諸家說。

　　余所見《法言》版本如下:國圖藏宋劉通判宅仰高堂《纂圖分門類題五臣注揚子法言》本(省稱作宋刻本),秦恩復石硯齋翻宋治平二年國子監《揚子法言》李軌注本(附《音義》一卷,省稱作宋治平本,四部叢刊本、湖北先正遺書本均是影印此本),宋淳熙八年唐仲友台州公使庫《揚子法言》五臣注本(附《音義》一卷,省稱作宋台州本),明程榮校刻《漢魏叢書》《法言》白文本(省稱作程本),日本內閣文庫藏明初《纂圖互注楊子法言》五臣注本(省稱作明刊本),日本內閣文庫藏日本萬治二年(1659)跋刊《新纂門目五臣音註揚子法言》本(省稱作萬治刊本),四庫全書《揚子法言》五臣注本(省稱作四庫本)。

　　本文引用類書版本如下:孔廣陶校刻本《北堂書鈔》(省稱作《書鈔》),古香齋本《初學記》,南宋刻本《藝文類聚》(省稱作《類聚》),景宋本《太平御覽》(省稱作《御覽》),南宋刻本《事類賦注》,宋刊本《記纂淵海》。汪榮

寶、劉師培均未見景宋本《御覽》，每依所據俗本誤校。

下列五書余未見：許翰（瀚？）《法言訓詁》，葉景葵《揚子法言校異》，日人立野春節《揚子法言校勘》，日人佚名《訓點五臣注揚子法言》〔註17〕，衛仲璠《楊子法言會箋》〔註18〕。

《學行》卷第一

（1）天之道不在仲尼乎？仲尼駕說者也，不在茲儒乎？如將復駕其所說，則莫若使諸儒金口而木舌

李軌注：駕，傳也。茲，此也。金寶其口，木質其舌，傳言如此，則是仲尼常在矣。

汪榮寶曰：《說文》：「駕，馬在軛中。」《方言》：「稅，舍車也。」經傳多以「說」為之。說駕本謂舍車，因以為休息之喻，諱言死則亦曰說駕。陸士衡《弔魏武帝文》云「將稅駕於此年」，謂將死於是歲也。然則仲尼駕說，猶云仲尼既沒。古「也」、「矣」字多互用。駕說者也，猶云沒矣。《文選·潘安仁·西征賦》、江文通《雜體詩》、陸士衡《弔魏武帝文》，李善注三引此，皆作「仲尼之駕稅矣」，文異而義同也。復駕其所說，謂修聖道於孔子既沒之後，譬復駕其已舍之車，有若孔子復生然也。注「駕，傳也」，按：此妄人所改。《西征賦》、《弔魏武帝文》注再引《法言》此文李軌注：「稅，舍也。」是弘範不以駕說為傳言可知。今各本作「駕，傳也」，乃校書者誤讀「說」為如字，又因後注「儒言如此」，「儒」誤作「傳」，遂以「駕說」為「傳言」，而妄改此「說，舍也」字為「駕，傳也」字，以傅合之耳。（P6～7）

洪頤煊曰：《淮南·繆稱訓》「子產騰辭」，高誘注：「騰，傳也。」《後漢書·隗囂傳》：「帝數騰書隴蜀。」皆與「駕說」義同〔註19〕。

劉師培曰：《文選·弔魏武帝文》注引作「仲尼之駕稅矣」，又引李範（上脫「弘」字）曰：「稅，舍也。」今本挩李注詁「稅」之詞，正文復異（古

〔註17〕許翰《法言訓詁》，葉景葵《揚子法言校異》，立野春節《揚子法言校勘》，佚名《訓點五臣注揚子法言》，嚴靈峰《周秦漢魏諸子知見書目》第5冊著錄，中華書局1993年版，第331、350、352頁。

〔註18〕衛仲璠《〈楊子法言會箋〉前言》，《安徽師大學報》1989年第3期，第315～316頁。衛氏撰《前言》，但其書迄未得見。

〔註19〕洪頤煊《讀書叢錄》卷16，《續修四庫全書》第1157冊，上海古籍出版社2002年版，第702頁。《繆稱》是許慎注。

「稅」字亦作「說」，或李本正文亦作「說」，《選》注所引亦用正字），知非李本之舊。又案注文「駕，傳也」三字如係李注，似「傳」字當讀「傳遽」之「傳」，今下注又云「傳言」，知非李注。李本「說」字亦當作「稅」，「駕其所稅」謂駕其既息之道也。今注以「傳言」為訓，明係以「言」訓「說」，亦非李注。（P575）

　　劉師培《補釋》曰：「駕說」猶《淮南子》所謂「騰詞」。《淮南·繆稱訓》云：「子產騰辭。」高注云：「騰，傳也。」而《說文》亦說騰為傳。騰、駕二字義同。（P613）

　　徐仁甫曰：劉師培《補釋》說為優。且上言「傳說」，下言「金口木舌」，文正相承。（P564）

　　按：《文選·弔魏武帝文》「將稅駕於此年」李善注，宋淳熙本、明嘉靖金臺汪諒刊本引作「仲尼之駕稅矣」，此汪氏、劉氏所據；國圖藏宋刻本、宋刊明州本、四部叢刊影南宋本引則同今本作「仲尼駕說者也」，明吳勉學刻本引作「仲尼駕稅者也」。又《文選》呂向注：「稅，捨也。捨駕，言死也。」此亦汪說所本。李善注引此文「駕說」以說「稅駕」，未必然也。「稅，舍也」是《爾雅》舊詁，李善注二引此文作李軌注，恐亦以意增之，不可據信。注文「傳」字不誤，劉師培《補釋》說近之。此文「駕說」猶言流傳儒家言論。使諸儒金口而木舌者，謂使諸儒奮木鐸以振告天下也，然則「駕其所說」指流傳儒家學說。《廣雅》：「駕，行也。」王念孫引此文為證〔註20〕，是也。《增韻》釋此文「駕」為「騰駕」，又遠早於洪頤煊、劉師培說矣。

（2）學無益也，如質何？

　　汪榮寶曰：謂材美者無恃於學，材下者學無所施也。《說苑·建本》云：「子路曰：『南山有竹，弗揉自直，斬而射之，通於犀革，又何學為乎？』」（P8）

　　按：司馬光已引《家語》說之〔註21〕，汪氏易作《說苑》同文耳。

（3）礱而錯諸，質在其中矣。否則輟

　　李軌注：長輟，猶言不為耳。否，不也。輟，止也。此章各盡其性分而

〔註20〕王念孫《廣雅疏證》，收入徐復主編《廣雅詁林》，江蘇古籍出版社1992年版，第30頁。
〔註21〕引者按：見《子路初見篇》。

已。

汪榮寶曰：注「長輟，猶言不為耳」，按：各本皆無此語，今依錢本補。
（P8）

按：汪氏所謂錢本，指淳熙八年吳郡錢佃重刊元豐國子監本。吾檢宋淳
熙八年台州本無此七字，宋刻本、宋治平本、明刊本、萬治刊本、四庫本同。

（4）螟蛉之子殪，而逢蜾蠃祝之曰：「類我，類我。」久則肖之矣

李軌注：肖，類也。蜾蠃遇螟蛉而受化，久乃變成蜂爾。

汪榮寶曰：螟蛉，今《毛詩》、《爾雅》皆作「螟蛉」。按：《說文》蛉、蛉
異字，亦異物。「蛉，螟蛉，桑蟲也。蛉，蜻蛉也。」則「螟蛉」字以作「蛉」
為正。《說文》：「殪，死也。」《釋名》：「殪，翳也，就隱翳也。」又《說文》：
「詋，詛也。」經傳通作「祝」。《詩·小宛》云：「螟蛉有子，蠃蜾負之，教
誨爾子，式穀似之。」《法言》此文，全本此《詩》為說。「祝之」云云，即負
之之謂；久而肖之，即似之之謂。毛訓負為持，鄭箋以為「負持而去，煦嫗養
之」。馬氏瑞辰據《夏小正》「正月雞桴粥」傳「桴，嫗伏也」，讀負為伏，而
通之於「孚」，謂負之即孚育之，解最精當。鄭云「煦嫗養之」，實用嫗伏之意，
惟不云負即是伏，而增「持」、「去」字說之，於義轉紆。（P9）

按：蛉，《文選·酒德頌》李善注、《鉅宋廣韻》「蠃」字條、《御覽》卷945、
《祖庭事苑》卷4、《證類本草》卷22引作「蛉」。殪，仆也。《文選·王褒·
四子講德論》「穫刈則顛倒殪仆」，「顛倒殪仆」四字同義連文。《詩》「負」當
讀如字，鄭箋「負持」，是也，「煦嫗養之」乃增字以足其義，非訓詁字。陸璣
《毛詩草木鳥獸蟲魚疏》卷下：「螟蛉者，犍為文學曰：桑上小青蟲也，似步
屈，其色青而細小或在草葉上。蜾蠃，土蜂也，一名蒲盧，似蜂而小腰，故許
慎云『細腰也』。取桑蟲負之于木空中，或書簡筆筒中，七日而化為其子。里
語曰：呪云：『象我！象我！』」《博物志》卷4：「細腰，無雌蜂類也。無雌則
負別蟲於空木中，七日而化。蓋取桑蠶即阜螽子呪而成子。《詩》云『螟蛉有
子，蜾蠃負之』是也。」（此二例汪氏已節引）《鉅宋廣韻》：「蠃，蜾蠃，蒲盧。
郭璞云：『細腰蜂也。』負螟蛉之子於空木中，七日而成其子。《法言》云：『螟
蛉之子殪，而逢蜾蠃祝曰：類我！類我！久則肖之。』」「負」均是負抱義。

（5）羿、逢蒙分其弓，良捨其策，般投其斧

汪榮寶曰：《音義》：「羿，五計切。逢蒙，薄江切。」按：逢蒙，《漢書·

人表》、《藝文志》、《王褒傳》均作「逢門」，《荀子・王霸》《正論》諸篇、《史記・龜策傳》均作「蠭門」，《莊子・山木》作「蓬蒙」，《呂氏春秋・具備》作「蠭蒙」，惟《孟子・離婁》作「逄蒙」，與此同。世德堂本作「逢蒙」。俞氏樾《平議》云：「『分』字之義不可通，當讀為『焚』，正與下文『羿捨其策，般投其斧』一律。」按：《說文》：「分，別也。別，分解也。」《後漢書・寇恂傳》「今日朕分之」，章懷太子注云：「分，猶解也。」《說文》：「弛，弓解弦也。」分、弛同訓解，則分弓猶云弛弓矣。（P13）

洪頤煊曰：「分其弓」與下文「良捨其策」、「般投其斧」對言之，「分」當是解散之名。《素問・五常政大論》「分潰癰腫」，王砅注：「分，裂也。」與「解散」義近〔註22〕。

劉師培曰：分當訓裂。（P576）

劉師培《補釋》曰：俞說非。《說文》訓分為別，引伸之則為離析之義。《莊子・漁父篇》：「遠哉！其分於道也。」司馬彪注云：「分，離也。」《素問・五常政大篇》云：「分潰癰腫。」王砅注云：「分，裂也。」則羿、逢蒙分其弓猶言裂其弓耳，不必改「分」為「焚」也。（P613）

郭鵬飛曰：此句與「良捨其策」、「般投其斧」相對，「捨」、「投」皆有棄義，「分」理應義亦相當。案桃源藏（1722～1801）指「分」是「分手」之「分」，甚是。「分」本義為分開、分離……「分」字本通，不必如俞氏改讀〔註23〕。

按：①逢蒙，程本、明刊本、四庫本同，宋刻本、宋治平本、宋台州本、萬治刊本作「逄蒙」。是本書早期刊本作「逄蒙」。汪氏所引《莊子・山木》「蓬蒙」，世德堂本如此，道藏注疏本、白文本、《口義》本作「逢蒙」。景宋本《淮南子》「逢蒙子」，道藏本作「逄蒙子」。②汪氏「分弓猶云弛弓」乃採其弟汪東說〔註24〕。郭鵬飛說「分」是棄義，是也，但未得本字。分，讀作糞。《說文》：「糞，棄除也。」引申訓作棄，與「捨」、「投」同義對舉。楊雄《甘泉賦》云「般、倕棄其剞劂兮，王爾投其鉤繩」，文例同。

〔註22〕洪頤煊《讀書叢錄》卷16，《續修四庫全書》第1157冊，上海古籍出版社2002年版，第702頁。

〔註23〕郭鵬飛、蔡挺《俞樾〈諸子平議・楊子法言〉辨疑》，《漢語史學報》第21輯，上海教育出版社2019年版，第92頁。

〔註24〕汪東《法言疏證別錄》，《華國月刊》第1卷第1期，1923年版，本文第3頁。

—941—

（6）視日月而知眾星之蔑也，仰聖人而知眾說之小也

汪榮寶曰：《御覽》卷613引《鄒子》「見日月而知眾星之照微也，仰聖人而知眾說之少觀也。」按：鄒子乃晉鄒湛。此湛書用《法言》語耳。（P22）

按：景宋本《御覽》卷613引作《楊子》，上文引「博學者，所以求為君子也，求而不得鮮矣，未有不求而得之者也」，亦出本文；又上文引「夫觀書者，譬猶登東嶽而知丘陵之崔巍也」云云，則出本書《吾子篇》「觀書者，譬諸觀山及水，升東嶽而知眾山之峛崺也」。俗本《御覽》誤《楊子》作《鄒子》，汪氏未見宋本耳。

（7）吾未見斧藻其德若斧藻其楶者也

李軌注：斧藻，猶刻桷丹楹之飾。楶，櫨也。

汪榮寶曰：斧藻其德，各本皆作「好斧藻其德」。按：《文選·王元長曲水詩序》、張茂先《女史箴》，李注再引此文，均無「好」字，《御覽》卷188引與《選》注同。本書《音義》遇呼報切之「好」，多為作音，此獨無文，是《音義》本亦無此字。今各本有之，乃校書者妄增，今訂正。《爾雅》云：「斧謂之黼。」郭璞注云：「黼文畫斧形，因名云。」《玉藻》鄭注云：「雜采曰藻。」則斧、藻皆謂文飾。《說文》：「楶，欂櫨也。」（P26）

按：劉師培亦據《選》注及《御覽》，疑「好」是後人所增（P577、607）。《永樂大典》卷11603引亦無「好」字，又「楶」作「梲」。朱駿聲曰：「斧，叚借為黼。」曾廷枚、吳玉搢說同〔註25〕。

（8）學者，所以求為君子也。求而不得者有矣，夫未有不求而得之者也

李軌注：有其具，猶或不能成其事；無其志，必不能立其業。

汪榮寶曰：「求而不得者有矣夫」，於義可疑。下文云：「顏徒易乎？曰睎之則是。」又云：「不欲睎則已矣，如欲睎，孰禦焉？」又篇末云：「立道，仲尼不可為思矣。術業，顏淵不可為力矣。曰：『未之思也，孰禦焉？』」然則學者患不求為君子耳，無容有求而不得者。今云「有矣夫」，明與「睎之則是」諸文相反。《御覽》卷613引《鄒子》曰「博學者，所以求為君子也。求而不得鮮矣，未有不求而得之者也」，全本此文，而「有矣夫」作「鮮矣」，疑鄒湛

〔註25〕朱駿聲《說文通訓定聲》，第401頁。曾廷枚《香墅漫鈔》卷3，曾氏家塾本，本卷第5頁。吳玉搢《別雅》卷3，收入景印文淵閣《四庫全書》第222冊，臺灣商務印書館1986年初版，第684頁。

所見《法言》如此。《文選·曹子建·與吳季重書》李注引此文作「求而不得者有矣」，無「夫」字，《御覽》卷607引亦同，尤不可通。明「有矣」必「鮮矣」之誤。（P27～28）

　　陳仲夫《校記》曰：「有矣」，習俗誤以下文「夫」上屬，與「有矣」連讀，汪氏仍之，而頗覺其非，放（故）曰「於義可疑」，而以「夫」字為從前校書者所妄增。今正以「夫」為發語詞，與下文「未有」連讀，於義固無可疑，汪氏按語以為「有」當作「鮮」，「夫」字係妄增者，差矣。（P27）

　　按：「矣夫」連文作語氣詞，陳氏妄說耳。景宋本《御覽》卷613引作《楊子》，汪氏失考。景宋本《御覽》卷607引同今本作「有矣夫」，有「夫」字。《書鈔》卷97引《鄒子》，「求而不得」下有「者」字，餘同《御覽》卷613，《鄒子》亦誤。「有」字不誤，與下文無涉。李軌注云「有其具，猶或不能成其事」，亦是說有求而不得者也。《抱朴子內篇·勤求》：「有仙命者，要自當與之相值也。然求而不得者有矣，未有不求而得者也。」文例相同。

（9）睎驥之馬，亦驥之乘也；睎顏之人，亦顏之徒也

　　吳祕曰：睎，睎慕也。

　　汪榮寶曰：《說文》：「睎，望也。」經傳多作「希」。《晉書·虞溥傳》引此作「希驥之馬，亦驥之乘。希顏之徒，亦顏之倫。」《文選·李蕭遠·運命論》李注引與今本同，惟「睎」皆作「睎」。《文選·謝玄暉·拜中軍記室辭隨王牋》李注引「希驥之馬，亦驥之乘也」，李軌曰：「希，望也。」又《運命論》注引「顏嘗睎夫子矣」，李軌曰：「希，望也。言顏回嘗望孔子也。」今各本無此注。（P28～31）

　　按：《意林》卷3引同今本，惟二句互倒。《後漢書·趙壹傳》李賢注、《御覽》卷897、《事類賦注》卷21引「睎」作「希」，《記纂淵海》卷31（凡二引）、《永樂大典》卷2537引作「睎」〔註26〕，餘同今本。梁·寶唱《比丘尼傳序》：「故曰希顏之士，亦顏之儔，慕驥之馬，亦驥之乘。」正出於本文。

（10）昔顏嘗睎夫子矣，正考甫嘗睎尹吉甫矣，公子奚斯嘗睎尹吉甫矣

　　汪榮寶曰：嘗，世德堂本作「常」。（P29）

　　按：宋治平本作「嘗」，《捫蝨新話》卷1引同；宋刻本、宋台州本、程

〔註26〕《記纂淵海》四庫本在卷60，「睎」作「希」。

本、明刊本、萬治刊本、四庫本三「嘗」作「常」，《困學紀聞》卷 3 引同。
古字通用。

（11）不欲睎則已矣，如欲睎，孰禦焉

汪榮寶曰：不欲睎，世德堂本作「如不欲睎」。按：此涉下文而衍。（P29）

按：宋治平本、宋台州本作「不欲睎」，宋刻本、程本、明刊本、萬治刊
本作「如不欲睎」。台州本有校語云：「一本上有『如』字。」有「如」字與下
文對舉，亦無傷也，未必是衍文。

（12）或人啞爾笑曰

汪榮寶曰：《音義》：「啞爾，於革切。」《說文》：「啞，笑也。」《易·震》
云：「笑言啞啞。」《釋文》引馬融云：「笑聲。」（P31）

按：馬王堆帛書本《易·震》作「亞亞」。笑聲曰「啞啞」，音轉則作「呵
呵」。《廣雅》：「欧欧、啁啁、呵呵、啞啞，笑也。」並一聲之轉。今俗音轉作
「哈哈」。「啞啞」又音轉作「謚謚」、「嗌嗌」。《說文》：「謚，笑貌。」《韓詩
外傳》卷 9：「一幸得勝，疾笑嗌嗌。」

（13）百川學海，而至於海；丘陵學山，不至於山，是故惡夫畫也

李軌注：畫，止。

汪榮寶曰：《御覽》卷 607 引「而至於海」作「而歸於壑」；又卷 53 引「惡
夫畫也」作「惡夫住者」。（P33）

劉師培曰：《御覽》卷 607 引「至於海」作「歸於壑」。《事類賦注》引
「不至」作「而不至」，「而」字當有。畫也，《御覽》卷 607 引「也」上有
「者」字；卷 53 引「畫也」作「住者」，引注「畫，止」作「住，止」。（P577
～578）

按：景宋本《御覽》卷 607 引作「百川學海，而歸於海；丘陵學山，而
不至乎山，是故惡夫畫者也」，汪氏、劉氏未見宋本，所見本「海」誤作「壑」。
劉氏「不至」上補「而」字，是也。程本、明刊本、萬治刊本、四庫本有「而」
字，《御覽》53、60、《事類賦注》卷 6、《記纂淵海》卷 31、153 引亦均有
〔註27〕。宋治平本、宋台州本亦脫（宋刻本缺此頁）。

〔註27〕《記纂淵海》四庫本分別在卷 60、62。

（14）或曰：「使我紆朱懷金，其樂可量也。」

汪榮寶曰：可量也，治平本作「不可量已」；世德堂本作「不可量也」，《文選・宦者傳論》李注、《後漢書・宦者傳》章懷太子注引同，此皆校書者妄改。惟毛本《文選・擬古詩》注引作「可量也」，為古本之僅存者。楊書多以「也」為「邪」。妄人不知「也」字之義，遂增「不」字。而治平本直改「也」為「已」，愈失其真。俞云：「其樂可量也，猶云其樂可量邪？與上文『眾人所能踰也』，文法一律。」（P41）

劉師培曰：《文選・擬古詩》注引無「不」字，「已」作「也」；《宦者傳論》注、《讓平原內史表》注及《後漢書・宦者傳》注亦引「已」作「也」。（「也」與「邪」同，「不」字當衍。）（P578）

徐仁甫曰：《文選・擬古詩》李善注引作「不可量也」。俞樾所見《文選》無「不」字，故訓「也」為「邪」。（P566）

按：《文選・擬古詩》李善注引本文，宋明州本、宋淳熙八年尤刻本、日本宮內廳藏南宋初刊宋遞修本、奎章閣本、明家趣堂覆廣度裴氏本、明嘉靖汪諒刊本、慶長十二年活字本、寬永二年活字本、朝鮮木活字本作「可量也」，並非只有毛本（「毛本」疑是「尤本」誤刻）如此；國圖藏宋刻本、四部叢刊影南宋本、日本宮內廳藏南宋刊宋元遞修本、明吳勉學刻本作「不可量也」。本書宋台州本亦作「不可量已」；宋刻本、程本、明刊本、萬治刊本、四庫本亦作「不可量也」，《文選・為吳令謝詢求為諸孫置守冢人表》李善注引亦同。如從俞樾說讀「也」為「邪」，則「可量也」下句號當改作問號。

《吾子》卷第二

（1）霧縠之組麗

李軌注：言可好也。

吳祕曰：組織纖麗。

汪榮寶曰：《書・禹貢》馬融注云：「組，文也。」《御覽》卷816引此作「霧縠之麗」，無「組」字。（P47）

按：《合璧事類備要》前集卷44、《事文類聚》別集卷11、《禮記集說》卷66引同今本，《御覽》脫「組」字。《廣雅》：「珇，美也。」又「珇，好也。」王念孫曰：「《方言》：『珇，美也。』〔註28〕《晏子春秋・諫篇》云：『今君之

〔註28〕引者按：見卷13。

服驵華。』《法言·吾子篇》云：『霧縠之組麗。』組、驵並與珇通。」〔註29〕
吳祕說誤，王、汪說是。「珇」是玉有文采的分別字。字亦作祖、黼，音轉作
楚。《說文》：「祖，事好也。」《荀子·樂論》「其服組」，孫詒讓曰：「『組』謂
華麗也，即『黼』之叚字。《說文》：『黼，合五色（采）鮮色。《詩》曰「衣裳
黼黼」。』《晏子春秋·諫下篇》云『聖人之服中倪而不驵』，又云『今君之服
驵華，不可以導眾』，組、驵字亦通。」〔註30〕《詩·蜉蝣》作「衣裳楚楚」，
毛傳：「楚楚，鮮明貌。」

（2）或曰：「朱、曠不世，如之何？」

汪榮寶曰：朱，離婁。曠，師曠。（P52）

按：汪說是。朱、婁聲轉。《山海經·大荒南經》「離朱」又音轉作「離俞」。
「離婁」雙聲連語，亦作「麗廔」、「矑瞜」，通明之貌，因作明目者之稱。

（3）中正則雅，多哇則鄭

李軌注：中正者，宮商，溫雅也。多哇者，淫聲，繁越也。

汪榮寶曰：王氏念孫《讀書志餘》云：「引之曰：多讀為哆。哆，邪也……
多、哇皆邪也，中亦正也。」……《文選·擬鄴中集詩》，又《養生論》，李
注再引《法言》「哇則鄭」，無「多」字。又引李軌注：「哇，邪也。」治平本
李注無此語。吳曹侍讀元忠云：「反於中正為邪。哇訓邪聲，此其本字，假
借為『蠅』。《漢書·王莽傳贊》：『紫色蠅聲。』『紫色』即用上文『蒼蠅紅
紫』，『蠅聲』即用『哇則鄭』之文。故應劭注云：『紫，間色。蠅，邪音也。』
李注用應舊訓，其本本無『多』字，淺學人欲整齊句法而增之。知治平本注
云『多哇，淫聲，繁越也』，以繁越釋多，非李義也。」榮按：君直以《莽傳
贊》「紫色蠅聲」為即用《法言》語，其說甚精。然則孟堅固以此為子雲刺
莽之微文矣。惟謂「多」字乃淺學者欲整齊句法增之，則未必然。多、哇同
訓，恐非淺學所知。謂繁越非李義則可，謂李本本無「多」字則不可也。（P54
～57）

劉師培曰：《文選·東京賦》注、《擬陳琳詩》注、《養生論》注並引李

〔註29〕王念孫《廣雅疏證》，收入徐復主編《廣雅詁林》，江蘇古籍出版社1992年版，
第54頁。又第61頁說略同。

〔註30〕孫詒讓《荀子札迻》，收入《札迻》卷6，中華書局1985年版，第190頁。中
華本「黼」字右旁誤作「盧」。

注云:「哇,邪也。」今本挩。(李既訓哇為邪,或此注「淫聲繁越」亦非李注。)(P579)

按:「多哇」複語,王引之說是也,汪東有極為精彩的補說〔註31〕,文繁不作徵引。曹元忠引《漢書》「紫色䵟聲」說者,王念孫《讀書雜志餘編上·法言》引王引之說的自注已及之,又王氏疏證《廣雅》「哇,衺也」、桂馥疏證《說文》「哇,諂聲也」說同〔註32〕。《文選·東京賦》李善注:「哇與䵟同。」不知汪氏何故獨引曹說,引王引之說卻刪去注文以避其複?

(4)女惡華丹之亂窈窕也,書惡淫辭之溷法度也

宋咸曰:溷,亂也。

吳祕曰:溷,濁也。

汪榮寶曰:《說文》:「溷,濁也。」經典或作「汩」,《洪範》:「汩陳其五行。」應劭注云:「汩,亂也。」(P57)

按:諸說均是,桂馥亦引此文以證《說文》〔註33〕。字亦音轉作扣、滑(古忽切)、猾、捐,心亂之專字作惛、緡。

(5)事勝辭則伉

李軌注:夫事功多而辭美少,則聽聲者伉其動也。

汪榮寶曰:注「聽聲者伉其動也」,按:治平本如此,當有誤。世德堂本作「聽聲者伉直也」,似為近之,而「聽聲」字終不可解。(P61)

按:宋刻本、宋台州本、明刊本、萬治刊本、四庫本均作「聽聲者伉直也」。

(6)捖革為鞠

吳祕曰:「梡」當為「捖」。捖,刮摩也。

司馬光曰:「梡」當作「楦」。楦,呼願切,所以塞履也。以毛楦革而為鞠。

〔註31〕汪東《法言疏證別錄》,《華國月刊》第1卷第6期,1924年版,本文第3~4頁。
〔註32〕王念孫《法言雜志》,收入《讀書雜志》餘編上卷,中國書店1985年版,本卷第53頁。王念孫《廣雅疏證》,收入徐復主編《廣雅詁林》,江蘇古籍出版社1992年版,第182頁。桂馥《說文解字義證》,齊魯書社1987年版,第130頁。
〔註33〕桂馥《說文解字義證》,第962頁。

　　孫詒讓曰：「挹」當為「垸」之假字。垸革，言以革為圓丸也。《考工記·冶氏》「重三垸」，注：「鄭司農云：『垸，量名，讀為丸。』」《列子·黃帝篇》「累垸二而不墜」，《莊子·達生篇》「垸」作「丸」。此「挹」亦謂丸也。《史記·衛青傳》《索隱》引《三倉》云：「鞠，毛丸，可蹋以為戲者。」《御覽》卷754引《風俗通》云：「丸毛謂之鞠。」蹋鞠，以革裹毛為丸，故謂之垸。諸說並失之〔註34〕。

　　汪榮寶曰：挹，各本皆作「梡」。《音義》：「梡革，音緩，又音款。斷木也。」此不得其義。司馬云：「梡，舊本作挹。」今據訂正。《說文》：「刓，摶也。摶，圓也。」字亦作「挹」，《淮南子·俶真》云「嫥挹剛柔」，高注云：「和調也。」嫥挹，即摶刓也。孫氏詒讓《札迻》云云（《史記》以下汪氏未引）。按：孫說亦通。《說文》：「鞠，蹋鞠也。」《文選·曹子建·名都篇》李注引郭璞《三蒼解詁》云：「鞠，毛丸，可蹋戲。」《史記·衛將軍驃騎列傳》云：「穿域蹋鞠。」《索隱》云：「鞠戲以皮為之，中實以毛，蹴蹋為戲也。」（P65）

　　支偉成曰：梡，完繕。革，皮革。鞠，球〔註35〕。

　　龐俊曰：「挹」與「刮」通。《周禮·考工記》「刮摩之工五」，鄭注：「故書『刮』作『挹』。」〔註36〕

　　按：汪氏讀挹作刓乃採其弟汪東說〔註37〕。宋刻本、宋治平本、宋台州本、程本、明刊本、萬治刊本、四庫本均作「梡」，歐陽修《與石推官書》、《演繁露》卷9、《記纂淵海》卷25、《事文類聚》前集卷42引同〔註38〕。《詩補傳》卷8引作「挹」，《書敘指南》卷9、歐陽修《試筆·用筆之法》、秦觀《進策·兵法》、李復《答辛祖德書》引作「刓」，《石門文字禪》卷24引作「丸」。諸字當以「丸」為正字，孫詒讓說是也，所引「《風俗通》」當作「《通俗文》」，「丸毛」當是「毛丸」倒文〔註39〕。《玄應音義》卷22引《三

〔註34〕中華書局1985年點校本《札迻》第265頁點作：「《三倉》云：『鞠毛丸可蹋以為戲者。』《御覽》卷754引《風俗通》云：『丸毛謂之鞠。蹋鞠以革裹毛為丸，故謂之垸。』」殊誤。「蹋鞠，以革裹毛為丸，故謂之垸」是孫詒讓語，點校者竟誤作《風俗通》文，又讀不懂《三倉》！

〔註35〕支偉成《標點注解〈楊子法言〉》，上海泰東圖書局1923年印行，第11頁。

〔註36〕龐俊、郭誠永《國故論衡疏證》卷中之五，中華書局2008年版，第388頁。

〔註37〕汪東《法言疏證別錄》，《華國月刊》第1卷第8期，1924年版，本文第1～2頁。

〔註38〕《記纂淵海》四庫本在卷59，字作「挹」。

〔註39〕《故訓匯纂》引誤作「凡毛」，商務印書館2003年版，第2223頁。臧庸從盧文弨說改「《風俗通》」作「《通俗文》」，嚴可均亦疑是《通俗文》，是也。臧庸

蒼》：「毱，毛丸，可戲笑者也。」《廣韻》：「毱，皮毛丸也。」「毱」同「鞠」，「革」即「皮」。丸革者，以皮毛為丸毬也。

（7）觀書者譬諸觀山及水，升東嶽而知眾山之邐迆也，況介丘乎

汪榮寶曰：「邐迆」各本皆作「峛崺」。《音義》：「峛崺，上力紙切，下移爾切。」司馬云：「宋、吳本『峛崺』作『邐迆』。」按：吳季重《答東阿王書》云：「夫登東嶽者，然後知眾山之邐迆也。」用《法言》語，而字作「邐迆」，當是所據本如此。李注引《法言》亦作「邐迆」，足證宋、吳本此條乃舊本之偶存者也，今據改。《說文》無「峛崺」，有「邐池」：「邐，行邐邐也。池，邪行也」。「池」即「迆」字。《爾雅・釋丘》《釋文》引《說文》正作「迆」。「邐迆」疊韻連語。《釋丘》云：「邐迆沙丘。」郭注云：「旁行連延。」是也。（P67）

劉師培曰：《文選・褚淵碑文》注引「升」作「登」，「峛崺」作「迆邐」。（《答東阿王書》注亦引作「迆邐」，惟袁本作「峛崺」。）據慧琳《一切經音義》卷78云：「『峛崺』或作『邐迆』。」（《文選・甘泉賦》：「登降峛崺。」李注云：「邪道也。」）是兩文古通。（《御覽》卷613引《鄒子》曰：「夫觀書者，譬猶登東嶽而知丘陵之崟巏也，浮滄海而知江河之不廣也。」意與此同。（P580～581）

按：《文選・答東阿王書》，宋淳熙八年尤刻本正文及注並作「邐迆」，此蓋汪氏所本。國圖藏宋刻本、四部叢刊影南宋本、宋明州本正文作「邐池」，李善注引本書作「池邐」；宋紹興三十一年陳八郎本正文亦作「邐池」，《類聚》卷26引正文作「迆邐」。景宋本《御覽》卷613引出處作《楊子》，不作《鄒子》，劉師培未見宋本。各本皆作「峛崺」，《記纂淵海》卷15二引〔註40〕，一引《揚子》作「峛崺」，一引《列子》作「迆邐」。「峛崺」是「邐迆」音轉，吳季重易作轉語，李善注引本書改字以就正文，不能必證本書舊本即作「邐迆」。《御覽》引作「崟巏」，乃是臆改。

（8）浮滄海而知江河之惡沱也，況枯澤乎

宋咸曰：惡沱，猶淺末也。

輯本《通俗文》，邃雅齋叢書本，第13頁。嚴可均《全後漢文》卷37，收入《全上古三代秦漢三國六朝文》，中華書局1958年版，第681頁。

〔註40〕《記纂淵海》四庫本在卷57。

汪榮寶曰：《音義》：「惡沱，上哀都切，下徒何切。」班孟堅《答賓戲》：「振拔洿塗。」李注引《說文》云：「洿，濁水不流也。塗，泥也。」按「洿塗」亦疊韻連語，即濁水不流之貌，急言之曰洿，長言之曰洿塗，無二義也。惡沱即洿塗。亞聲、它聲，古不同部，此以「惡沱」為疊韻者，漢時魚、歌同用之列然也。（P67）

汪東曰：讀惡為洿是矣。「沱」即「池」。洿亦池也，「洿」與「汙」聲義並通。洿池，水之小者。浮乎海，則江河為小。此以名詞為狀詞之例也〔註41〕。

章太炎曰：《禮器》：「必先有事于惡池（即『沱』）。」蓋惡池較大河為小，故取此名誼〔註42〕。

徐仁甫曰：惡讀為汙。「惡沱」即「汙池」。（P567）

按：汪榮寶說牽強，「惡沱」與「洿塗」無涉。汪東、徐仁甫說是，不知汪榮寶何故不採錄汪東說？「汙池」也作「污池」，小停水也。謂江河猶如汙池，極言其小。章太炎蓋讀惡為亞，故有此說，然未得也。

（9）山嶇之蹊

李軌注：嶇，谷也。

汪榮寶曰：治平本無此注，今據世德堂本補。（P69）

按：宋刻本、宋台州本、明刊本、萬治刊本、四庫本均有此注，獨宋治平本脫之。

（10）有人焉，自云姓孔，而字仲尼

汪榮寶曰：「自云」之「自」，治平本作「曰」。秦校云：「『曰』當作『自』。」各本作「自」而奪「云」，今訂正。（P71）

按：宋台州本正作「自云」，有校語云：「一無『云』字。」

（11）入其門，升其堂，伏其几，襲其裳

汪榮寶曰：《說文》：「褺，重衣也。」經傳多以「襲」為之。（P71）

按：《說文》「褻」訓私服，「褺」訓重衣。「褺」也作「褻」，實是「疊」轉語，「襲」亦借字。「褻」當改作「褺」。

〔註41〕汪東《法言疏證別錄》，《華國月刊》第1卷第8期，1924年版，本文第4頁。

〔註42〕章太炎《膏蘭室札記》卷1，收入《章太炎全集》，上海人民出版社2014年版，第52頁。

（12）好書而不要諸仲尼，書肆也。好說而不要諸仲尼，說鈴也

汪榮寶曰：下句「不要」，世德堂本作「不見」，誤也。（P74）

按：下句「不要」，宋治平本、宋台州本同；宋刻本、程本、明刊本、萬治刊本、四庫本作「不見」，南宋王之望《六藝折中於夫子論》引同。

（13）震風陵雨

李軌注：陵，暴。

汪榮寶曰：陵，世德堂本作「凌」；《御覽》卷10、又卷401兩引，一作「凌」，一作「陵」。二字古亦通用。《演連珠》：「迅風陵雨，不謬晨禽之察。」「陵雨」字本此……《演連珠》注引此文李軌注作「陵雨，暴雨也」。《廣雅》云：「凌，暴也。」義出《法言》此文，當是侯芭、宋衷舊義。（P80～81）

劉師培曰：《御覽》卷10、洪興祖《楚辭·九章》補注引「陵」作「凌」，《文選·陸機·連珠》注引注作「陵雨，暴雨也」。（P581）

按：宋治平本作「陵」，《文選·演連珠》李善注、《御覽》卷401引同；宋刻本、宋台州本、程本、明刊本、萬治刊本、四庫本作「凌」，《歲華紀麗》卷2、《御覽》卷10、《記纂淵海》卷2、130引同〔註43〕。其本字是「夌」，由侵犯、欺辱義引申訓作暴虐。《管子·明法解》「強不凌弱，眾不暴寡」，《新語·道基》、《說苑·脩文》、《鹽鐵論·輕重》同，《韓子·姦劫弒臣》、《韓詩外傳》卷6「凌」作「陵」，《禮記·祭義》、《家語·正論解》作「犯」。「凌（陵）」、「暴」同義對舉，此自是常用義，《廣雅》不必義出《法言》此文也。

（14）萬物紛錯則懸諸天，眾言淆亂則折諸聖

按：《弘明集》卷10梁·謝舉《答釋法雲〈與王公朝貴書〉》引語曰：「萬物紛糺則懸諸天象，立言淆舛則折乎聖理。」正出於本文。

《修身》卷第三

（1）上交不諂，下交不驕

按：宋治平本、四庫本作「諂」不誤，宋刻本、宋台州本、程本、明刊本、萬治刊本均誤作「謟」。

〔註43〕《記纂淵海》四庫本分別在卷55、72。

（2）熒魂曠枯，糟莩曠沈

李軌注：莩，熟也。

柳宗元曰：熒，明也。熒魂，司目之用者也。「糟」當為「精」。莩如葭莩之莩，目精之表也。言魂之熒明，曠久則枯。精之輕浮，曠久則沈。

吳祕曰：熒，光。熒魂，神光。精莩，精之白也。故本「精」作「糟」。

俞樾曰：熒魂以喻輕清之氣，糟莩以喻重濁之氣。糟者酒之滓，莩者米之皮也。其輕清者日以枯，其重濁者日以沈，斯盲矣。柳宗元注以「糟」為「精」之誤，而訓莩為目精之表，殆失其旨。李注曰：「莩，孰也。」義亦未安〔註44〕。

汪榮寶曰：「糟」當依舊本作「精」，「精」、「糟」形近而誤。「熒魂」、「精莩」皆疊字為義，熒魂謂神，精莩謂光也。「熒」讀為《老子》「載營魄」之「營」，營亦魂也……是熒魂者，神氣也。陸士衡《文賦》：「攬營魂而探賾。」〔註45〕營魂即熒魂，士衡用《法言》語也。《淮南子·本經》高注云：「精，光明也。」「莩」讀為《聘義》「孚尹旁達」之「孚」。彼鄭注云：「謂玉采色也。」……是精莩猶言光采。曠者，久廢之謂。「熒魂曠枯」謂目之神氣久廢而枯槁。「精莩曠沈」謂目之光采久廢而湛沒也。俞云云。榮按：俞以糟莩為喻重濁之質，夫重濁之質無取其上浮，盲者亦不因重濁之質日沈而致盲，此說殊不可從。子厚破糟為精，是矣。而以精莩為目精之表，則亦失其義。（P94～96）

朱駿聲曰：柳注：「糟當為精。」按：精，今睛字。莩，叚借為稃〔註46〕。

黃式三曰：莩，「稃」之借字，穤也〔註47〕。

劉師培曰：「糟」字當從柳注易「精」。《淮南·俶真訓》云：「夫人之事其神而嬈其精營，慧然而有求于外（高注「營彗」連讀，失之），此皆失其神明，而離其宅也。」熒、營古通。（「營」即《老子》「營魄」。）熒魂、精莩，即《淮南》所謂「精營」。又《荀子·賦篇》云：「血氣之精也，志氣之榮也。」《成相篇》云：「思之精，志之榮。」《管子·內業篇》曰：「精存自

〔註44〕俞樾《楊子法言平議》，收入《諸子平議》卷34，上海書店1988年版，第681～682頁。

〔註45〕引者按：「而」當作「以」。

〔註46〕朱駿聲《說文通訓定聲》，武漢市古籍書店1983年版，第270、272頁。

〔註47〕黃式三《儆居集》卷4《讀子集一·讀李注〈法言〉》，收入《黃式三全集》第5冊，上海古籍出版社2014年版，第271頁。

生，其外安榮。」精、營對文，亦與此文熒、精意合。（李注不改字者，蓋以「糟」猶《淮南·道應訓》「糟粕熒魂」，糟粕別精粗言之。）（P582～583）

劉師培《補釋》曰：李注云：「莩，熟也。」柳注以「糟」為「精」之誤，而訓莩為目精之表。俞氏樾云云。案：眾說均非。惟柳改「糟」為「精」，則其說甚確。《淮南子·俶真訓》云云，「精營」二字正此文「熒魂精莩」之的解（高注以「營慧」連文，失之）。「熒」當作「營」，《老子》云：「載營魄。」注云：「神之常居處也。」《法言》之「熒魂」，即《老子》之「營魄」。蓋神之養於中者謂之營，神之顯於外者謂之精。凡從孚聲之字均含有外字之義。精莩者，精之浮露於外者也。柳注以為目皮，失之矣。考揚子此文，蓋以神之內蓄者日以枯，神之外著者日以沈（沈即消減之義），則其智日昏。（P614～615）

按：各本均作「糟」，吳祕亦指出「故本精作糟」，北宋·晁補之《後招魂賦》：「舍君之靈龜，而糟莩沈些。」是晁氏所見本是「糟」字。《音義》：「舊本亦作『精莩』。」注「熟」，宋治平本、宋台州本同，宋刻本、萬治刊本作「孰」，四庫本改作「郭」。諸說各有對錯。柳宗元說「糟當為精」，朱駿聲云云，「精莩」指眼睛之表皮，今言眼膜；汪榮寶說「熒魂」即「營魂」，營亦魂也。均是也。諸家均未得「沈」字之誼。《說文》：「沈，一曰濁黕也。」又「黕，滓垢也。」沈，讀作黕，汙濁也。

（3）實無華則野，華無實則賈，華實副則禮

汪榮寶曰：《音義》：「則賈：音古。俗本作『史』，後人改之爾。舊本皆作『賈』，謂賈人衒鬻過實。下篇云『衒玉賈石』是也。」按：《說文》：「賈，市也。」《周禮·大宰》鄭注云：「處曰賈。」野、賈韻語，本作「史」者，蓋或據《論語》野、史對文改之。世德堂本作「史」，此承溫公依宋、吳本所改，《集注》可證。真《西山文集》楊實之《字說》引亦作「史」〔註48〕，則所據即《集注》本也。（P97～98）

徐仁甫曰：此「賈」，當與「盈」同義。（P568）

按：宋治平本作「賈」；宋刻本、宋台州本、程本、明刊本、萬治刊本、四庫本作「史」，《記纂淵海》卷77、《論語全解》卷3引同。宋刻本、明刊本、

〔註48〕指宋人真德秀《西山文集》卷33引楊實之《字說》所引《楊子》。陳仲夫點校本第98頁標點作「《真西山文集》、楊實之《字說》」，大誤。

萬治本、四庫本有校語云：「史，音古，或作『賈』。」台州本校語云：「史，李作『賈』。」「賈」是其舊本，但非市賣義，當讀為假。

（4）簞瓢捽茹

汪榮寶曰：《音義》：「捽茹，上音在忽切；下音人恕切，菜也。」俞云：「捽讀為啐，嘗也。」按：當讀為啐。《說文》：「啐，小飲也。」啐即啐之假。此以捽為之，其義亦同。《方言》云：「茹，食也。吳、越之間，凡貪〔飲〕食者謂之茹。」然則捽茹猶言飲食耳。（P99）

洪頤煊曰：捽，古通作「掇」字。《禮記・檀弓》：「啜菽飲水。」《爾雅》：「啜，茹也。」郭璞注：「啜者，拾食。」與「掇」字同義。《廣雅》：「茹，食也。」舊注失之〔註49〕。

支偉成曰：捽，手持也。茹，食也。以手取食，不用箸〔註50〕。

按：汪、洪說均是。字亦作歠，《說文》：「啜，嘗也。」又「歠，歙（飲）也。」又「啐，小歙（飲）也。」《廣雅》：「啜，食也。」黃侃指出「歠」、「啐」同文〔註51〕。俗字或作歠，又音轉作呪、餕、嚱。至於「啜（歠）」訓「飲食」的語源，郭璞說是「掇」，指拾食，朱駿聲、徐復從其說〔註52〕；劉熙說是「絕」，《釋名》云：「啜，絕也，乍啜而絕於口也。」〔註53〕余謂二說皆誤，語源當是「叕」、「綴」，取連續不止為義。

（5）在夷貉則引之，倚門牆則麾之

李軌注：……故每道其妙寄，而去其麤迹。

汪榮寶曰：道其妙寄，治平本作「遺其妙寄」，今依世德堂本。（P103）

〔註49〕洪頤煊《讀書叢錄》卷16，收入《續修四庫全書》第1157冊，上海古籍出版社2002年版，第702頁。

〔註50〕支偉成《標點注解〈揚子法言〉》，上海泰東圖書局1923年印行，第17頁。

〔註51〕黃侃《說文同文》，收入《說文箋識》，中華書局2006年版，第58、79、107頁。

〔註52〕朱駿聲《說文通訓定聲》，武漢市古籍書店1983年版，第675頁。徐復《釋名補疏上篇》，收入《徐復語言文字學晚稿》，江蘇教育出版社2007年版，第25頁。

〔註53〕啜、絕是聲訓，《老子》第54章「子孫以祭祀不輟」，帛書本「輟」作「絕」。《說苑・尊賢》「簡主聞之，絕食而歎」，《御覽》卷474引「絕」同，《書鈔》卷49引作「輟」，《列女傳》卷6亦作「輟」。《荀子・宥坐》「輟」與「絕」合韻。《說文》：「蠿、蠿蟊，從蚰，蠿聲。蠿，古絕字。」「蠿蟊」即《爾雅・釋蟲》郭璞注「蛛蝥」。

按：宋刻本、萬治刊本、四庫本亦作「道」，宋台州本亦誤作「遺」。

（6）聖人耳不順乎非，口不肄乎善

李軌注：性與天道，發言成章，不肄習。

汪榮寶曰：《音義》：「肄乎，羊至切。」按：「肄」當為「違」，隸形相近而誤。違與順相反為義。（P104）

按：宋治平本、宋台州本作「肄」；宋刻本、程本、萬治刊本、四庫本作「隸」，北宋‧游酢《孟子雜解》、朱子《孟子精義》卷 13、《永樂大典》卷 2973 引同。李軌訓肄習，則李本作「肄」。「肄」俗字作「肄」，形近而訛作「隸」。汪氏改「肄」作「違」，形聲俱遠，其說不可信。李軌訓肄習，亦不合文義，當訓勤苦。謂口不以講善為勤苦。本字作勩，《爾雅》、《說文》並云：「勩，勞也。」《廣雅》：「勩，苦也。」《爾雅釋文》：「勩，亦作肄。」

（7）上士之耳訓乎德，下士之耳順乎己

李軌注：訓，順。

汪榮寶曰：世德堂本「順」作「訓」。（P108）

按：宋治平本作「順」。宋刻本、宋台州本、程本、明刊本、萬治刊本、四庫本「順」均作「訓」，是也，當與上句一致。

（8）言不慚、行不恥者，孔子憚焉

李軌注：言不違理，故形不慚；行不邪僻，故心不恥。言行能如此，仲尼所敬。憚，難也。汪榮寶曰：「孔子憚焉」者，謂孔子以為難能也。即據《論語》「其為之也難」生義。《說文》：「憚，忌難也，一曰難也。」（P108）

師為公曰：姚鼐曰：「憚，危殆之也。」按：《說文》：「憚，忌難也，一曰難也。」姚注理解為意動用法，即「以之為危」〔註54〕。

按：汪氏說「孔子以為難能」，未達李軌之誼。李軌先以敬解憚，復以難訓之。憚，忌憚也，敬畏也，所引《說文》即此誼也。本書《淵騫篇》：「夫能正其視聽言行者，昔吾先師之所畏也。」李軌注：「所畏，謂言不慚、行不恥，孔子憚焉。」吳祕曰：「孔子之所畏憚之。」足證厥誼。「難」是「戁」

〔註54〕師為公《揚雄〈法言〉姚鼐評點輯析》，《文獻》2013 年第 2 期，第 90 頁。師為公所錄姚鼐批語，乃袁思亮（1879～1940）轉錄於世德堂本，今藏上海圖書館。

省文，《爾雅》：「戁，懼也。」《說文》：「戁，敬也。」《釋名》：「難，憚也，人所忌憚也。」

《問道》卷第四

（1）及搋提仁義，絕滅禮學，吾無取焉耳

汪榮寶曰：《音義》：「搋，都回切，舊本皆從手，擲也。提，徒計切，亦擲也。」按：《廣雅》云：「搋，擿也。」擿、擲同字。（P115）

劉師培曰：宋雲《繙譯名義集》引「搋」作「槌」。（P583）

按：搋，《御覽》卷 605、《雲笈七籤》卷 1、北宋・晁補之《策問》、《翻譯名義集》卷 5 引作「槌」。

（2）吾焉開明哉？惟聖人為可以開明，它則苓

李軌注：焉，安也。開，發也。

宋咸曰：「苓」當為「蒙」，字之誤也。言開吾道之瞽以為之明者，惟聖人爾。他則愈蒙闇矣。吳祕曰：吾道可以開明哉？惟聞聖人之言為可開明，若諸子它道，無所聞焉。苓，苓耳也。苓耳徒有其名，而無聆聞之實。郭璞云：「苓耳形似鼠耳，叢生如盤。」

汪榮寶曰：《音義》：「則苓，音聆。」俞云：「『苓』當讀為『笭』。《說文》：『笭，車笭也。』《釋名》曰：『笭橫在車前，織竹作之，孔苓苓也。』此言惟聖人為可以開明，其他則如車笭然，所見者小矣。」按：俞說是也。苓、笭古字通。（P116）

姚鼐曰：「苓」乃「欞」字假借。言一欞之開亦有明焉，然其明發小矣〔註55〕。

劉師培曰：《管子・宙合篇》云：「明乃哲，哲乃明，奮乃苓，明哲乃大行。」下文釋之曰：「奮，盛。苓，落也。」彼文明、苓對文，（此文「開明」，「開」與「闓」同。李注訓發，似非。）與此文同，即此文所本。苓義詁落，當從彼說。（P584）

劉師培《校勘記》曰：《吾子篇》云：「好說而不要乎仲尼，說鈴也。」李注：「鈴以喻小聲。」此文之「苓」，蓋即彼「鈴」字之叚字也。言惟聖人能開

〔註55〕姚鼐《惜抱軒筆記》卷 7《子部・法言》，收入《續修四庫全書》第 1152 冊，上海古籍出版社 2002 年版，第 199 頁。

明，餘皆所聞弗遠也。李於此文無注，蓋以「苓」字已注釋於前，「苓」與「鈴」同，故不加釋訓。此「苓」當作「鈴」之確據（此條改前作）。（P608）

劉師培《補釋》曰：「苓」字義不可通。宋、吳之說固非，俞說亦穿鑿。「開明」為智字之義，則「苓」字必當愚昧之義。古字「令」與「民」通。《說文》：「筤，竹膚也。」而《儀禮·士喪禮》作「靲」，此其確證，則「苓」當作「民」。鄭注：「民，冥也。」《春秋繁露》：「民者，暝也。」賈子《新書》：「民之謂言萌也，萌之謂言盲也。」《荀子》注云：「民泯無所知。」則揚子所謂「苓」，即泯無所知之義。《書·呂刑》「泯泯棼棼」，《漢書》「泯」作「湎」。湎亦昏昧之狀，與「開明」之義相反。（P615～616）

方樸如曰：聖人生而知之，故自可以開明。他人則聞而知之，故必聆乃開發耳。「苓」與「聆」同〔註56〕。

徐仁甫曰：《音義》：「苓，音聆。」即訓苓為聆。謂他人則聆聽聖人之開明而已。其餘說皆鑿不可從。（P569）

郭鵬飛曰：藍秀隆讀苓作等，指隔車苓而觀外，矇矓不清，如此兀突迂曲，顯非楊雄手筆。桃源藏以「苓」通「零」，言他道則落失其所以開發者。姚鼐云云。方樸如云云，徐仁甫說同。劉師培云云。今案「苓」疑「芩」之誤。芩於此讀若黔，猶染黑也……「它則芩（黔）」是說他道則使世人雙目染黑，云使人矇昧也，與上文「開明」義正相對〔註57〕。

按：它，宋台州本、四庫本同，宋治平本作「他」，宋刻本、程本、明刊本、萬治刊本作「佗」。苓，當讀作遴，難也。《說文》：「遴，行難也。《易》曰：『以往遴。』」《廣雅》：「遴，難也。」言惟聖人可以開明，它人則難矣。郭鵬飛改字，毫無根據，且「黔」是黑色，指顏色而言，也沒有引申出蒙昧的用法，不達訓詁而妄改，斷不可信。

（3）開之，廓然見四海；閉之，閟然不覩牆之裏

司馬光曰：宋、吳本「閟」作「闇」，今從李本。

汪榮寶曰：《音義》：「閟然，匹庚切，閉門也。俗本作『闇然』，誤。諸本皆作『閟』。」按：此承上文而言，開之謂開明，閉之謂閉明也，「閟」當

〔註56〕方樸如說轉引自衛仲璠《〈楊子法言會箋〉前言》注③，《安徽師大學報》1989年第3期，第316頁。
〔註57〕郭鵬飛、蔡挺《俞樾〈諸子平議·楊子法言〉辨疑》，《漢語史學報》第21輯，上海教育出版社2019年版，第94頁。

為「闇」，「闇然」與「廓然」相反為義。《玉篇》：「閴，門扉聲。」閴以聲言，與「不睹」云云意不相協。「闇」字漫漶，故誤為「閴」。《音義》所謂俗本者，乃舊本之僅存者耳。《御覽》卷390引作「開之，廓然見四海之內；閉之，寂然不覩牆垣之裏」。（P116）

胡文英曰：閴，音品平聲。閴，門無隙貌。吳中謂閉門無隙曰石閴閴〔註58〕。

按：各本作「閴」，《記纂淵海》卷33引同〔註59〕。「閴」字不誤，蓋「冥」聲轉。冥，暗也。《御覽》臆改作「寂然」。《永樂大典》卷2973引「廓然」作「廣然」，亦是臆改。

（4）是以法始乎伏犧，而成乎堯。匪伏匪堯，禮義哨哨，聖人不取也

宋咸曰：哨哨，多言貌。

吳祕曰：哨哨，不正貌。《禮》曰：「枉矢哨壺。」

司馬光曰：哨，七笑反。

汪榮寶曰：《音義》：「哨哨，音消，又七笑切。」按：《音義》前一音蓋讀為「莦」，《說文》：「莦，惡草貌。」《廣韻》「莦，所交切，又音消」，是也。後一音則讀為「枉矢哨壺」之「哨」。《投壺》：「某有枉矢哨壺。」鄭注云：「哨，枉哨，不正貌。」《釋文》：「哨壺，七笑反。」是也。此當以讀「莦」為合。禮義莦莦，猶云治道榛蕪耳。（P119）

田藝蘅曰：哨，音消。今憎人多言不了曰哨哨〔註60〕。

胡文英曰：哨，音樵去聲。哨，攪嚼而言，非正言也。吳中罵人不正言曰哨舌〔註61〕。

支偉成曰：哨哨，小也〔註62〕。

按：《說文》：「哨，不容也。」桂馥引《投壺》「枉矢哨壺」，云「謙言壺小不足容也」，又引本文及《考工記》注「哨，小也」為證〔註63〕。則桂氏訓

〔註58〕 胡文英《吳下方言考》卷4，收入《續修四庫全書》第195冊，上海古籍出版社2002年版，第35頁。
〔註59〕 《記纂淵海》四庫本在卷61。
〔註60〕 田藝蘅《留青日札》卷38，收入《續修四庫全書》第1129冊，第304頁。翟灝《通俗編》卷35從其說，收入《續修四庫全書》第194冊，第620頁。
〔註61〕 胡文英《吳下方言考》卷9，收入《續修四庫全書》第195冊，第76頁。
〔註62〕 支偉成《標點注解〈揚子法言〉》，上海泰東圖書局1923年印行，第22頁。
〔註63〕 桂馥《說文解字義證》，齊魯書社1987年版，第133頁。

「哨哨」為小貌。余謂「哨哨」是「囂囂」轉語，猶言虛偽也。《廣雅》：「囂囂，虛也。」王念孫引本書《君子篇》二例「囂囂」以證之〔註64〕。

（5）聖人之治天下也，礙諸以禮樂

李軌注：礙，限。

吳祕曰：礙，止也，止以為準。

汪榮寶曰：礙，讀為凝，成也。《說文》：「礙，止也。」限即止之引伸義。限天下以禮樂，蓋禮以防淫，樂以禁邪之謂。說雖可通，然於義似隘。（P122～123）

于省吾曰：礙應讀作擬，度也，字亦作儗。（P439）

按：李、吳說是，汪、于二氏說非也。桂馥、朱駿聲均引此文以證《說文》「礙，止也」〔註65〕。宋翔鳳引此文以證《小爾雅》「閡，限也」，並指出「閡」同「礙」〔註66〕。

（6）刀不利，筆不銛，而獨加諸砥，不亦可乎？

李軌注：刀鈍礪之以砥，筆禿挺削以刀，申、韓行法，欲以救亂，如加刀砥，亦所以利也。

劉師培曰：《意林》及《御覽》卷346引「獨加諸砥」作「宜加砥（《御覽》作「砒」）削」。據注，以砥釋刀，以鋌（挺）削釋筆，「削」字應有。（P584）

按：景宋本《御覽》卷346引作「宜加諸礪」，又卷605引作「宜加砥削之」，劉氏未見宋本。《永樂大典》卷10112引同今本。

（7）圍棊、擊劍、反目、眩形，亦皆自然也

司馬光曰：李本「自」作「目」，今從宋、吳本。

汪榮寶曰：《音義》：「反目眩形，一本作『反自眩刑』。眩，音縣。」按：當作「反身眩形」。一本作「反自」，「自」即「身」之駁文。此文「身」誤為「自」，傳寫又改為「目」，宋、吳本作「反自眩刑」，溫公從之，而不知「自」

〔註64〕 王念孫《廣雅疏證》，收入徐復主編《廣雅詁林》，江蘇古籍出版社1992年版，第481頁。

〔註65〕 桂馥《說文解字義證》，朱駿聲《說文通訓定聲》，收入丁福保《說文解字詁林》，中華書局1988年版，第9375頁。

〔註66〕 宋翔鳳《小爾雅訓纂》，收入遲鐸《小爾雅集釋》，中華書局2008年版，第194頁。

為「身」誤，「刑」為「形」假，依文解之，殊不可通。圍棊、擊劍、反身、眩形，平列為四事。張平子《西京賦》云：「佪僮程材，上下翩翻，突倒投而跟絓，譬隕絕而復聯。」薛注云：「突然倒投，身如將墜，足跟反絓橦上，若已絕而復聯。」即此所謂「反身」。眩讀為幻。（P133）

姚鼐曰：此言或謂刑名之學亦自古傳之，有自而然矣，宜可為道也。答言圍碁擊劍及西域幻人反易人自吞刀吐火眩形之事，孰非有自而然哉？（P199，姚氏所見本作「反自眩形」）

按：宋治平本、宋台州本作「反目眩形」，宋刻本、程本、明刊本、萬治刊本、四庫本均作「反自眩刑」。《御覽》卷753引作「反目胘形」；《合璧事類備要》外集卷57引作「反自眩形」，北宋·趙鼎臣《七進篇》：「老人曰：『圍碁、擊劍、反自、眩形，少或有之，壯夫不為也。』」語出本書，亦同。余謂治平本作「反目眩形」是也，「自」是「目」形誤，《御覽》「胘」是「眩」形誤。汪氏說四事平列，讀眩為幻，均是也，但「反目」不是「反身」之誤。反目，猶言旋目、轉目。

（8）莊周、申、韓不乖寡聖人而漸諸篇，則顏氏之子、閔氏之孫其如台？

李軌注：言此數子之才，苟不乖少聖人之術，漸染其心於篇籍之中，以訓學徒，則顏、閔不能勝之。

汪榮寶曰：「乖寡」雙聲連語，猶云「睽孤」。《漢書·五行志》顏注云：「睽孤，乖剌之意也。」凡雙聲疊韻連語，以聲為義，無正字也。（P134）

按：李軌注「乖少」非是。汪說是也，但連語雖以聲為義，並非無正字。《說文》：「乖，戾也。」又「𡰪，不正也。」「乖」同「𡰪」，俗作「歪」，音轉作睽。《易·睽》：「睽孤。」上博楚簡（三）作「楑𤝗」，帛書本作「乖苽」。「乖」又音轉作佤，亦借「弧、狐、孤、苽、窊、欨、咼、華」為之，「寡」亦是「佤」雙聲疊韻轉語。本書《重黎》：「守失其微（徽），天下孤睽。」「乖寡」、「乖苽」、「睽孤」、「孤睽」都是音變複合詞。

附記：《玉篇殘卷》「歔，古華反。《字書》：『歔，歔伙，猶媧妠（妮）也。』」又「伙，五瓜反。《字書》：『歔伙也。』」《廣韻》：「歔，歔伙。」又「伙，歔伙，猶歔妮也。」〔註67〕又「𩨄，𩨄𩨄，骼骨。」《集韻》：「伙、

〔註67〕《鉅宋廣韻》、四部叢刊巾箱本「妮」作「𡟎」，《龍龕手鏡》同。

欹：歃伙，弱兒。或從瓜。」又「骩，骩骫，骼上骨。」又「歃，〔歃〕姍也，弱也。」〔註68〕又「詾，調詾，惰也。」「伙」當從化得聲作「㐴」〔註69〕，「奻」當是「姍」形誤，《篆隸萬象名義》「歃」字條正釋作「歃姍」。裴務齊《正字本刊謬補缺切韻》：「歃，〔歃〕姕也。」〔註70〕S.2071《切韻箋注》：「媣，媣姕，身弱好。」P.2011 王仁昫《刊謬補缺切韻》「姕」作「姕」。「媣」亦「歃」音轉，《說文》「媣，〔媣〕姕也。讀若驨或若委。」〔註71〕又「姕，媣姕也。」「姕」俗作「姕」，「厄」俗作「㔔」。姕從厄得聲，姕、姕是聲轉異體字。「媣姕」即是「媣姕」，亦即「歃姕」、「調詾」、「骩骫」、「歃伙」。這是與「乖寡」音近的另一系同源詞。

《問神》卷第五

（1）人心其神矣乎？操則存，舍則仁

李軌注：人心如神，變化無方。

汪榮寶曰：世德堂本「方」作「常」。（P141）

按：宋治平本、宋台州本作「方」，《永樂大典》卷 2950 引同；宋刻本、明刊本、萬治刊本、四庫本作「常」。

（2）天精天粹，萬物作類。

李軌注：天以精粹覆萬物，各成其類。

按：《書鈔》卷 149「覆載萬物」條引注「覆」下有「載」字，當據補，《永樂大典》卷 2950 引亦脫。

（3）和同天人之際，使之無間也

汪榮寶曰：世德堂本作「使之而無間者也」，「而」、「者」皆衍字。（P141）

〔註68〕「姍」當連正字讀作「歃姍」。
〔註69〕《集韻》各本均誤，方成珪已指出「伙從化得聲，此誤伙，據《廣韻》正」，趙振鐸從方說。方說是也，但《鉅宋廣韻》誤作「伙」，《廣韻》黑水城殘卷本、古逸叢書覆宋本重修本、四部叢刊巾箱本、澤存堂本誤同，覆元泰定本、符山堂藏板、龍谷大學藏至正南山書院刊本誤作「伙」，無從化作「㐴」之本，不知方氏何據？《五音集韻》、《重訂直音篇》卷 3 正作「䤑」不誤。方成珪《集韻考正》卷 3，收入《續修四庫全書》第 253 冊，上海古籍出版社 2002 年版，第 195 頁。趙振鐸《集韻校本（下）》，上海辭書出版社 2012 年版，第 286 頁。
〔註70〕「姕」當連正字讀作「歃姕」。
〔註71〕「姕」當連正字讀作「媣姕」。

按：程本、萬治刊本、四庫本亦衍「而」、「者」二字，宋刻本、明刊本衍「者」字。

（4）龍以不制為龍，聖人以不手為聖人

李軌注：手者，桎梏之屬。

宋咸曰：「手」當為「干」，字之誤也。言龍雖為蚖同肆，然終不制於泥，故能謂之龍；聖人雖為紂所因，然終不干其刑，故能謂之聖人。今注文稱「手者，桎梏之屬」，意謂文王雖囚，而不被於桎梏也。按賈誼《新書》云：「紂作梏數千，睨諸侯之不詘己者，杖而梏之。文王桎梏囚于羑里，七年而後得免。」是文王常被其桎梏矣，安可謂之不手哉？

吳祕曰：手，持也，執也。文王事不道之紂，雖以非禮見囚，終不能執而戮之，所以為聖人也。

司馬光曰：光謂手謂為人所提攜指使，枉己之道而隨人左右也。

汪榮寶曰：蓋手所以持，因而持即謂之手，以名辭為動辭也。不持謂不專執一端，即毋必、毋固之義……《東原錄》云：「楊子曰：『聖人以不手為聖人。』李軌注謂：『手者，桎梏之屬。』賈誼《新書》云：『紂作梏數千，睨天下諸侯之不順己者，杖而梏之。文王桎梏，囚於羑里，七年而後得免。』其注意以文王聖而免桎梏，則與楊子合矣。」所引《新書》見《君道篇》，龔取證弘範此注，語似有據。然聖人以得免桎梏為聖，殊不成義，此決非子雲本旨。《音義》云：「不手，不制於人之手。」宋、吳、司馬云云。俞云：「『手』當為『午』。不午者，不逆也……何損于文王之聖乎？」[註72]諸說皆不得其義。吳訓「手」為「持、執」，是矣；而以不手為不能執而戮之，則亦失之。（P143～144）

王汝璧曰：「手」字舊注為桎梏、為執持、為提攜，皆非也。按此當是「乖」字。古文「乑（手）」字與「乑（乖）」字正相似，因傳訛耳。蓋以文王乖違於時，所謂「時潛則潛，時飛則飛」也[註73]。

劉師培曰：「手」疑「乇」誤，即古「乑」字。《荀子·富國篇》：「垂事養民。」楊注：「垂，下也。」是乑為降抑之義。蓋或人以不受拘執為不制，楊

[註72] 引者按：此上為俞說，此下為汪說。陳仲夫點校本以此處下至「則亦失之」均為俞說，誤矣，未檢俞氏原書也。

[註73] 王汝璧《芸麓偶存》卷2，收入《續修四庫全書》第1462冊，上海古籍出版社2002年版，第80頁。

子以志不降抑為不制也。（P585，又 P608～609 劉師培《校勘記》說同）

劉師培《補釋》曰：李注云云，俞云云。案：二說均非。古文「手」字作「又」。此文「手」當作「囿」。蓋「囿」字古文作「有」，「有」、「又」二字古通，復由「又」字誤為「手」字也。「不囿」與「不制」義符，言龍無所制，聖人亦無所囿。與前文「聖人不制」相應。（P616）

按：劉師培二說殊迂。朱駿聲申李注，謂「手，叚借為杽」〔註74〕。《說文》：「杽，械也。」《廣雅》：「杽謂之梏。」吳祕訓「手」為持執是矣，但亦當是拘制、禁制之誼。拘制之具則曰杽，轉作名詞也。名詞「桎梏」亦可轉作動詞而作拘制、禁制用，不必坐實「文王桎梏，囚於羑里」。陸佃《埤雅》卷1引此文，釋云「手，取也」，亦非是。又汪氏所引龔鼎臣《東原錄》說，宋咸注說同，不知汪氏何故不引本書宋注？

（5）昔之說《書》者，序以百，而《酒誥》之篇俄空焉

汪榮寶曰：《音義》：「俄空，苦貢切，缺也。」謂於《酒誥》脫簡之處中空若干字，以示其有脫也……伏書有脫簡，伏生不容不自知之。知有脫簡，而老耄遺忘，不復能舉其辭，而令傳寫者於此姑空若干字，以俟異日之或求得其文而補焉，故謂之俄空。俄之為言假也……吳胡部郎玉縉云：「俄之言俄然也，忽也。」按：此說亦可備一義。（P151～155）

姚鼐曰：「俄」為設若之辭。（P200）

徐仁甫曰：俄空，猶言「何空」。（P570）

按：俄，讀為訛、譌。俄空，猶言訛缺。謂《書·酒誥》有文字訛缺也。

（6）《周書》噩噩爾

李軌注：不阿借也。

汪榮寶曰：注「不阿借也」，世德堂本作「不阿附也」。《漢書·韋賢傳》「咢咢黃髮」，顏注云：「直言也。」「噩」即「咢」字，《文選·韋孟·諷諫詩》作「諤諤」，李注云：「正直貌。」「不阿借」即正直之義。（P156）

劉師培曰：《御覽》卷 608 引注「阿附」作「可名」，是也。（P586）

按：劉師培未見宋本《御覽》。宋治平本作「阿借」；宋刻本、宋台州本、明刊本、萬治刊本、四庫本均作「阿附」，景宋本《御覽》卷 608、《永樂大

〔註74〕 朱駿聲《說文通訓定聲》，武漢市古籍書店 1983 年版，第 266 頁。

典》卷 2950 引同。「阿借」不辭，當作「阿附」。

（7）下周者，其《書》譙乎

李軌注：下周者秦，言酷烈也。

汪榮寶曰：《音義》：「譙乎，俗本非『誰』。舊本皆作『譙』。」宋、吳作「誰」，司馬從之，云：「其《書》誰乎？言不足以為《書》也。」按：「譙乎」與「渾渾爾」、「灝灝爾」、「噩噩爾」相對，皆形容之辭，溫公說非。《御覽》卷 607 引作「憔悴乎」。《音義》引《詩傳》云：「譙，殺也。殺，所戒切。故注云酷烈。」所引《詩傳》，《鴟鴞》毛傳文。《說文》：「譙，嬈譊也。」「嬈譊」疊韻連語，煩苛之意，與酷烈義近。（P156）

劉師培曰：《御覽》卷 608 引「譙」作「憔悴」，「悴」字疑衍。憔、譙古通。溫公從宋、吳本作「誰」，誤矣。（P586）

劉師培《補釋》曰：「譙」當作「噍」。《禮記·樂記》云：「其聲噍以殺。」又云：「志微噍殺之音作。」「噍」即「逎」字。其《書》譙者，言其文促急，無安雅之音也……李注以酷烈解「譙」字，蓋訓譙為殺，其義稍晦。（P616～617）

于省吾曰：《音義》說是，注及汪說並非。譙訓殺，殺謂衰殺。（P439）

按：汪氏誤記《御覽》卷號。《詩·鴟鴞》毛傳只有「譙譙，殺也」四字，「殺，所戒切。故注云酷烈」是《音義》語，汪氏引作《詩傳》，亦非是。宋治平本、宋台州本作「譙」，《永樂大典》卷 2950 引同；宋刻本、程本、明刊本、萬治刊本、四庫本作「誰」。《御覽》卷 608 引作「憔悴」是也，《史通·敘事》引同。

（8）天地之為萬物郭，《五經》之為眾說郛

汪榮寶曰：《書鈔》卷 95 引作「天地為萬物之郭，《五經》為眾說之郛」。（P157）

劉師培曰：《書鈔》卷 95 引「郭」亦作「郛」。（P586）

按：劉校是。《御覽》卷 608、《演繁露》卷 10、《永樂大典》卷 2950 引同今本。

（9）或問：「聖人之作事，不能昭若日月乎？何後世之訔訔也！」

宋咸曰：訔訔，當作「狺」，傳之誤也。訔訔，中正也。狺狺，犬聲

也〔註75〕。言聖人猶為後世非其道者之所吠也。若謂「誾誾」，中正之義，則理不通焉。

吳祕曰：聖人之作事，豈不能使明白如日月乎？何使後世之學者徒誾誾貌悅之而不能達其心也。誾誾，和也，和悅之貌。

司馬光曰：宋、吳本「訔」作「誾」，今從李本。訔，語巾切。訔訔，爭辯之貌，謂學者爭論是非。

汪榮寶曰：《音義》：「訔訔，語巾切，爭訟也。」《廣雅》：「誽誽、訔訔，語也。」〔註76〕王疏云：「訔訔猶誽誽也。《法言》云云。《史記·魯世家》贊：『洙、泗之間，齗齗如也。』徐廣注云：『齗齗，爭辭。』〔註77〕《鹽鐵論·國病篇》云：『諸生誾誾爭鹽鐵。』『齗』、『誾』並與『訔』同。」按：宋、吳作「誾誾」，溫公依李本作「訔」。漢魏叢書本作「誾誾」。（P158）

按：汪氏誤校。漢魏叢書本仍作「訔訔」，宋刻本、宋治平本、宋台州本、萬治刊本、四庫本同，《永樂大典》卷2950引亦同；明刊本作「誾誾」。台州本有校語云：「一本『訔』作『誾』。」王念孫《廣雅疏證》說是也。方以智曰：「訔訔、訴訴、言言、齗齗、齦齦。訔訔，爭辨也。子雲曰『後世之訔訔』，即『誾誾』，謂和悅而諍……『齦齦』、『齗齗』之聲，亦因『狺狺』來，見《九辨》。子美用『犴犴』。」〔註78〕陳鱣曰：「『誾誾』疑亦『齗齗』之假字……《法言篇》云『何後世之誾誾也』，李注：『謂爭論是非也。』」〔註79〕方、陳說亦皆是也。亦音轉作「訮訮」，《說文》：「訮，諍語訮訮也。」又作「研研」、「妍妍」、「嚬嚬」、「齘齘」、「諺諺」、「嗲嗲」、「齸齸」等〔註80〕。《說文》：「誾，和說而諍也。從言門聲。」舊注：「語巾切。」段玉裁曰：「《論語·鄉黨》孔注：『侃侃，和樂皃。誾誾，中正皃。』《先進》皇侃亦云爾。按：侃侃為和樂者，謂『侃侃』即『衎衎』之假借也。誾誾為中正者，

〔註75〕 據宋刻本、台州本、萬治刊本「犬」誤作「大」。《說文》：「狺，犬吠聲。」「狺」同「犴」。

〔註76〕 陳仲夫誤點作：「誽誽，訔訔語也。」下文《廣雅》王疏語至「與訔同」，陳氏誤以《史記》以下為汪說。

〔註77〕 陳仲夫校云：「『辭』字原本作『辨』，據《史記·魯周公世家》改。」按此《廣雅》王疏語，王疏原文作「辯」。

〔註78〕 方以智《通雅》卷10，收入《方以智全書》第1冊，上海古籍出版社1988年版，第388頁。

〔註79〕 陳鱣《簡莊疏記》卷14，收入《續修四庫全書》第1157冊，上海古籍出版社2002年版，第275頁。

〔註80〕 參見蕭旭《敦煌賦校補》，收入《群書校補》，廣陵書社2011年版，第858頁。

謂和悅而諍，柔剛得中也。言居門中，亦有中正之意。按此字自來反語皆恐誤。凡『齗齗』為辨爭，『狺狺』為犬吠，皆於斤聲言聲得語巾之音。若門聲字當讀莫奔切，或讀如瞞、如蠻，斷不當反從言之雙聲切語巾也。揚子《法言》：『何後世之訔訔也。』司馬曰：『爭辨皃。』是『訔訔』同《漢書》之『齗齗』，自來字書、韻書與門聲之『誾』同，又恐誤也。『誾誾』與『穆穆、慎慎、勉勉、亹亹』等為雙聲。」〔註81〕許慎說「誾，從言門聲」非是，段氏不辨，反謂「自來反語皆恐誤」。張文虎指出：「《論語·鄉黨篇》孔注：『誾誾，中正皃也。』和說而諍，即無犯無隱之意，故曰中正。從門會意，從言省亦聲，非從門聲也。」〔註82〕張說是也。

（10）瞽曠能默，瞽曠不能齊不齊之耳；狄牙能喊，狄牙不能齊不齊之口

　　宋咸曰：喊，呧物聲也。

　　吳祕曰：喊，聲也。狄牙之甘美，能使喊而稱之者，必待狄牙之口。不能齊食者不齊之口。司馬光曰：狄牙能嘗和味，而人之口酸辛鹹苦各有所好，狄牙不能齊也。

　　汪榮寶曰：《說文》無「喊」，朱氏駿聲以為即「鹹」之異文。《說文》：「鹹，銜也。」《通訓定聲》云「字亦作喊」，引此文「狄牙能喊」。俞云：「喊者，諴之異文。《說文》：『諴，和也。』《廣雅》：『諴，調也。』狄牙能喊，謂狄牙能和調也。」按：俞說是也。司馬云云。（P159）

　　按：俞說是也，俞氏又曰：「《戰國·魏策》曰：『易牙乃煎熬燔炙，和調五味而進之。』所謂狄牙能喊矣。狄牙即易牙。」汪氏未引。《戰國策·魏策二》：「主君之味，易牙之調也。」《論衡·譴告》：「狄牙之調味也，酸則沃之以水，淡則加之以鹹，水火相變易，故膳無鹹淡之失也。」均是狄牙能和調五味之說。民國鉛印本《台州府志》卷88《金石考四》引王棻《太平〔石刻〕續志》：「狄牙能喊，見揚子《法言》。喊，本作『咸』，和味也，譌作『喊』耳。」王棻說與俞說合，惟以「喊」為誤字則不必。《赤溪縣志》卷2《方言》：「呼人曰喊人。案《法言》云云，是『喊』字漢時已有。」《晏子春秋·內篇諫上》「辟拂嗛齊」，孫星衍曰：「《說文》：『嗛，口有所銜也。嚌，

〔註81〕段玉裁《說文解字注》，上海古籍出版社1981年版，第91頁。
〔註82〕張文虎《舒藝室隨筆》卷2，收入《續修四庫全書》第1164冊，第318頁。

嘗也。』『齊』與『嚌』同，言減去口味。《法言》云云，『喊』亦『嗛』俗字。」〔註83〕二說均誤。

（11）灝灝乎其莫之禦也

汪榮寶曰：灝灝乎，世德堂本作「浩浩乎」。（P160）

按：宋治平本、宋台州本作「灝灝」，《永樂大典》卷2950引同；宋刻本、程本、明刊本、萬治刊本、四庫本作「浩浩」。

（12）面相之，辭相適，捈中心之所欲，通諸人之嗋嗋者，莫如言

李軌注：嗋嗋，猶憒憒也。

吳祕曰：嗋嗋，猶聲聞也。通眾人善惡之聲。

司馬光曰：宋、吳本「嗋」作「嗐」，呼陌切，叫呼也。今從李本。嗋，音晉。

汪榮寶曰：《音義》：「嗋嗋，音即刃切。俗本作『嗐嗐』，誤。」按：宋、吳本作「嗐嗐」，此《音義》以為俗本者。然《音義》引俗本，往往有古音古義存其間，轉較勝其所據本。嗋、嗐形近易誤。重言形況，以聲為義，尤難定其文字之是非。《法言》多韻語，今以聲韻求之，頗疑作「嗐嗐」者為合。《離騷》：「忽緯繣其難遷。」王注云：「緯繣，乖戾也。」字亦作「敿懂」，《廣雅》云：「敿懂，乖剌也。」王疏云：「意相乖違，謂之敿懂。」然則「嗐嗐」即「緯繣」、「敿懂」之意。通諸人之嗐嗐，猶云通眾意之相乖耳。按：「嗋」字《說文》、《玉篇》均不錄。《荀子·非十二子篇》「盡盡焉」，彼楊注云：「極視盡物之貌。」此望文生訓。俞氏樾《平議》云：「盡盡猶津津也。《莊子·庚桑楚篇》曰：『津津乎猶有惡也。』此作盡盡者，聲近，故假用耳。」按：《庚桑楚》《釋文》：「津津，如字。崔本作『律律』，云：『惡貌。』」「嗋嗋」當即「盡盡」、「津津」之謂。弘範以為憒憒者，《方言》云：「憒，盈也。」《國語·周語》：「陽癉憒盈。」韋注云：「積也。」《淮南子·俶真》：「繁憒未發。」高注云：「繁憒，眾積之貌。」然則憒憒者，積意欲發之義。（P160～163）

按：①宋刻本、宋治平本、宋台州本、程本、萬治刊本、四庫本作「嗋嗋」，《永樂大典》卷2950引作「𪐯𪐯」；台州本有校語云：「嗋，一作嗐。」

〔註83〕孫星衍《晏子春秋音義》卷上，收入《諸子百家叢書》，上海古籍出版社1989年影印浙江書局本，第63頁。

吳祕本亦作「嘖」。明刊本作「嘖嘖」，宋・林之奇《尚書全解》卷 16、《記
纂淵海》卷 154、《合璧事類備要》續集卷 48、《事文類聚》別集卷 26、南宋・
李廷忠《賀錢左相》引同（《事文類聚》注「憤憤」作「憒憒」，又誤作正文）
〔註84〕。《集韻》、《類編》：「嘖，即刃切，憤也。」並引《揚子》「通諸人之
嘖嘖」。《附釋文互註禮部韻略》卷 5：「嘖，呼陌切，聲也。」《增韻》卷 5：
「嘖，胡麥切，言聲。」並引《揚子》「通諸人之嘖嘖」。②方以智曰：「嘖嘖，
嘖嘖也。《法言》曰『通諸人之嘖嘖，莫如言』，注：『猶憤憤也。』宋、吳本
作『嘖嘖』。《禮韻新制》但引《揚子》作『嘖嘖』。《廣韻》又有『懂』字：
『懂懂，快辨也，出《音譜》。』何遜詩：『蓬居向北闕，懂懂不道車。』《集
韻》或作『咟』，升菴故造『咟咟』。《神女賦》『即（既）姽嫿于幽靜』，《韻
會》『姽』字下引作『姽嫿』。左思《賦》『用以蜑倮為嫿』，而韻書竟無『嫿』
字，『嫿』是『嫿』訛。」〔註85〕方氏引左思《魏都賦》出《文選》，四部叢
刊影南宋六臣注本作「嫿」，有校語云：「五臣本作『嫿』，胡麥反。」李善注：
「《說文》：『嫿，靜好也。』音盡。」國圖藏宋刻本同。今《說文》作「嫿」，
則「嫿」是「嫿」形誤，「音盡」當作「音畫」。宋淳熙八年尤刻本、宋明州
本、宋紹興三十一年陳八郎刊本正作「嫿」，尤刻本注音作「音畫」。《荀子・
儒效》楊倞註引《魏都賦》作「嫿」，指出「嫿音獲」。「嫿」、「姽嫿」是美好
貌，「懂懂」即「快快」，均與「嘖嘖」無涉，方氏引之不當。汪氏說此文當作
「嘖嘖」，是也，但說即「緯繣」、「敦懂」之意，則誤。嘖嘖，大叫聲也，狀
諸人之不解事。《方言》卷 13：「喊，聲也。」郭璞注：「喊，荒麥反，亦音郁。」
錢繹曰：「《玉篇》『喊』音呼麥、於六二切，云：『聲也，或作歘。』《說文》：
『歘，吹氣也，於六切。』《玉篇》：『嘖，嘖嘖，叫呼。』《法言・問神篇》吳
祕注：『嘖，呼陌切，叫呼也。』『嘖』與『喊』字異義同。」〔註86〕錢說均
是。《玉篇殘卷》「歘」字條引《字書》：「亦喊字也。喊，聲也。」裴務齊《正
字本刊謬補缺切韻》：「喊，聲。」P.2011 王仁昫《刊謬補缺切韻》：「喊，於
六反，聲。又呼麥反。或作歘。」字亦作嚄、咟，裴氏《切韻》：「嚄，嚄咋。
又作『咋咟』。」「嘖嘖」亦作「擆嘖」、「嚄嘖」，聲轉則作「嚄唶」、「嚄譜」、

<hr>

〔註84〕《記纂淵海》四庫本在卷 63。
〔註85〕方以智《通雅》卷 10，收入《方以智全書》第 1 冊，上海古籍出版社 1988 年
　　　　版，第 387 頁。方氏引「既」誤作「即」。
〔註86〕錢繹《方言箋疏》卷 13，上海古籍出版社 1984 年版，第 731 頁。錢氏誤司馬
　　　　光注為吳祕注。

「獲齰」、「嚘咋」、「咭咋」、「陌咋」等。③李軌注「憒憒」，當作「噴噴」。《古文苑》卷 7 蔡邕《短人賦》：「噴噴怒語，與人相拒。」《永樂大典》卷 2978 引「噴噴」同，《蔡集》作「嘖噴」，《初學記》卷 19 引作「嘖噴（噴）」。

（13）彌綸天下之事，記久明遠，著古昔之唔唔，傳千里之忞忞者，莫如書

李軌注：唔唔，目所不見。忞忞，心所不了。

宋咸曰：唔唔，猶喋喋。忞忞，猶勉勉。言書畫者，所以著古人喋喋之言，傳千里勉勉之懷也。

吳祕曰：唔唔，不可知也。忞忞，自彊勉也。

汪榮寶曰：《音義》：「唔唔，呼昆切。」《文賦》注引《法言》作「昏昏」。又《音義》：「忞忞，武巾切。」俞云：「『忞忞』與『唔唔』同義。《史記·屈原傳》：『受物之汶汶。』《索隱》曰：『汶汶，昏暗不明也。』『汶汶』即『忞忞』也。」（P161）

按：俞樾說是也。唔唔，四部叢刊影南宋本《文選·文賦》李善注引作「昏昏」，《鶡冠子·近迭》陸佃注引作「涽涽」。「昬」是「昏」俗字。「唔唔」即「惛惛」、「昏昏」。「忞忞」、「汶汶」或省作「文文」，亦是「惛惛」轉語。《易林·明夷之蠱》：「文文墨墨，禍福相雜。」《廣雅》：「惛惛、忞忞，亂也。」「惛惛」是「惛惛」俗字，又省作「怋怋」。《集韻》：「怋、惛，怋怋，不明也，亂也，悶也，或從昏。」《孟子·盡心篇》：「今以其昏昏，使人昭昭。」又音轉作「悶悶」、「閔閔」、「閩閩」。《老子》第 20 章「俗人察察，我獨悶悶」，帛書甲本「悶悶」同，帛書乙本作「閩閩」，北大漢簡本亦作「昏昏」，傅奕本、范應元作「閔閔」。《老子》第 58 章「其政悶悶，其民淳淳」，北大本「悶悶」作「昏昏」，傅、范本作「閔閔」，景宋本《淮南子·道應篇》引作「惛惛」（道藏本仍作「悶悶」）。

（14）曾范、蔡之不若

吳祕曰：范睢，魏人也。蔡澤，燕人也。

司馬光曰：不如范睢、蔡澤能偶合世俗以求富貴。

汪榮寶曰：范睢、蔡澤，《史記》有傳。（P163）

按：字當從且作「雎」。各本均誤，汪氏未校，陳仲夫亦不知是正。本書汪氏引均誤作「范睢」，下不復出之。

（15）育而不苗者，吾家之童烏乎！

李軌注：童烏，子雲之子也。

汪榮寶曰：《華陽國志·序志》云：「文學神童楊烏，雄子，七歲預父《玄》文，九歲卒。」《御覽》卷385引《劉向別傳》云：「楊信字子烏，雄第二子。」按：童烏卒九歲，未必有字，烏蓋小名耳。若云名信，字子烏，則此以父稱子，乃字而不名，非其理矣。又袁文《甕牖閒評》以「育而不苗，吾家之童」為句，「烏乎」為句，謂子雲歎其子童蒙而早亡，故曰「烏乎」，即「嗚呼」字。張氏澍《蜀典》駁之云：「考《漢郎中鄭固碑》云：『君大男孟子有楊烏之才。』《文士傳》漢桓驎答客詩云：『伊彼楊烏，命世稱賢。』客示桓驎詩，亦云：『楊烏九齡。』此豈作嘆詞解乎？」〔註87〕按：自來說《法言》者，皆以「童烏」連文，「烏」是童名。質甫盡廢諸書，妄為穿鑿，不足置辯也。（P167）

按：湯炳正乙「育而不苗」作「苗而不育」〔註88〕，徐仁甫說同（P571），是也。諸家說「童烏」當連文，亦是也；但說「童烏」、「烏」是小字，則均誤。「童烏」是「童牙」、「童兒」轉語，指稱子雲之子〔註89〕。

《問明》卷第六

（1）或問「明」。曰「微」。或曰：「微何如其明也？」曰：「微而見之，明其悖乎？」

吳祕曰：微已察之明，豈亂哉？誖，亂也。

汪榮寶曰：《音義》：「悖，布內切。」按：讀為孛。《說文》：「孛，𤳊也。《論語》：『色孛如也。』」是此。今《論語》作「勃」。《廣雅》：「勃勃，盛也。」經傳亦以「悖」為之。然則明其悖乎者，謂明其盛矣也。（P179）

按：吳說近之，汪說非是。宋刻本、宋治平本、宋台州本、程本、明刊本、萬治刊本、四庫本「悖」作「誖」，字同。當讀作：「微而見之明，其悖乎？」「明」屬上句。「或曰」下「微」當一字為句。「微而見之明」即《老子》第52章「見小曰明」之誼。「其」是反詰詞，猶豈也。悖，猶言惑亂。或問以明，答以微，故云「由微而見明，豈有惑亂乎」。

〔註87〕張澍《蜀典》卷2云『『烏』為字，『信』為名也」，因駁袁文說，先引《文士傳》，復引《鄭固碑》。張澍《蜀典》卷2，收入《續修四庫全書》第735冊，上海古籍出版社2002年版，第152頁。

〔註88〕湯炳正《〈法言〉汪注補正》，《制言》第4期，1935年版，本文第1～2頁。

〔註89〕參見蕭旭《〈法言〉「童烏」解詁》。

（2）夫能高其目而下其耳者，匪天也夫？

汪榮寶曰：匪天也夫，《御覽》卷 2 引作「惟天也夫」。（P180）

按：劉師培說同汪氏（P588）。景宋本《御覽》引仍作「匪」字，汪、劉二氏未見宋本。

（3）聖讀而庸行，猶有聞焉。去之，抗也。抗秦者，非斯乎？投諸火

李軌注：斯，李斯。

宋咸曰：言讀之尚有聞聖人之道者，去之則雖無所行，復無所聞矣。阬，猶陷也，言聖人之道陷矣。

司馬光曰：李本「阬」作「抗」，五官切，今從宋、吳本。言俗儒雖不能行聖人之道，猶得聞其道而傳諸人，愈於亡也。若惡其無實而遂去之，則與秦之阬儒何異哉？

汪榮寶曰：《音義》：「抗也，五官切。《漢書》云：『海內抗斃。』下『抗秦』同。舊本皆作『抗』。」宋、吳作「阬」，司馬從之。宋、司馬云云，世德堂本因之作「阬」。按：此承「猶有聞焉」而言，意謂去讀則並此無之。則「抗也」云者，必與「有聞」字相反為義。破抗為阬，固非；解為抗斃，亦於義未協。抗之為言頑也……抗亦刉也。今用於愚魯之義者，習以「頑」為之，而不知「抗」之即「頑」……此言聖讀庸行者，其於聖人之道雖不能行，猶有所知。若去讀，則一無所知，直頑而已矣。抗秦，猶云「愚秦」。吳胡部郎玉縉云：「抗當徑讀為刉。《廣雅》『刉』與『絕』並訓為斷，斷亦絕也。聖讀庸行者，猶有所聞。若去讀，則一無所聞，是自絕也。」（P184～186）

按：宋治平本、宋台州本作「抗」，宋刻本、程本、明刊本、萬治刊本、四庫本作「阬」（萬治本上「阬」字形誤作「阮」）。台州本有校語云：「抗，一作阬。」司馬光說是，宋咸、胡玉縉、汪榮寶說均誤。「抗」是「坑」形誤，《音義》所見本已誤。「坑」同「阬」。「去之，坑也」謂去讀則坑其俗儒；「坑秦」謂俗儒坑于秦，言為秦所坑。坑秦投火即指焚書坑儒事。

（4）辰乎，辰！曷來之遲，去之速也，君子競諸

李軌注：進德修業，欲及時也

吳祕曰：君子無所競，必也為道亟於時也。

汪榮寶曰：《小爾雅》云：「競，逐也。」（P193）

按：「諸」是「之」聲轉，代指辰，即指時。競，讀為遽，急遽也。《詩·

長發》「不競不絿」，馬王堆帛書《五行》引「競」作「勮」。《文子・道德》「吾若與俗邀走」，《淮南子・齊俗篇》「邀」作「競」。《文子・上禮》「邪人詻而陰謀邀載」，《淮南子・覽冥篇》「邀」作「競」。均其音轉之證。下文云「君子謹于言，慎于好，亟于時」，「君子競諸」即「亟于時」之誼，亟、競一聲之轉。李軌注：「亟，急。」吳祕於「競」上增「無所」二字解之，非是。

（5）在治曰若鳳，在亂曰若鳳

汪榮寶曰：在治，《御覽》卷915引作「在位」，誤。（P194）

按：景宋本《御覽》引仍作「在治」，汪氏未見宋本。

（6）鴻飛冥冥，弋人何慕焉？

汪榮寶曰：《音義》：「弋人何慕，《後漢書・逸民傳》序引《揚子》作『弋者何慕（篡）』〔註90〕。宋衷注云：『篡，取也……今篡或為慕，誤也。』」按：《文選・范蔚宗・逸民傳論》李注引《法言》宋衷注如此，《後漢書》此傳章懷太子注云：「『篡』諸本或作『慕』，《法言》作『篡』。」下引「宋衷曰『篡，取也』」云云，與《選》注引同，而文字小異。其下云：「然今人謂以計數取物為篡，篡亦取也。」然則《選》注「今篡或為慕，誤也」，乃崇賢所加，《音義》亦以為宋衷注語，疏矣。溫公《集注》據《音義》此條，遂改「慕」為「篡」，云：「光謂逆取曰篡。」榮按：治平本作「慕」，錢本同，《御覽》卷916引亦同。《音義》出「弋人何慕」，是其所據本如此。又《音義》往往引天復本異文，此不及之，明天復本亦作「慕」。《類聚》卷90引亦作「慕」。張九齡《感遇詩》云：「今我遊冥冥，弋者何所慕？」用《法言》語，而以「慕」與顧、樹、懼、惡為韻，其非「篡」誤可知。是唐初所行《法言》多作「慕」。然則作「篡」者，宋衷本；作「慕」者，李軌本。慕者，貪羨欲得之謂……此言慕，猶彼言羨，於義甚順，較宋衷本為優。今文人承用，乃以作「慕」為誤，妄也。（P195）

劉師培引《野客叢書》卷6說（P588～589），文繁不錄。

按：宋台州本、明刊本同治平本作「慕」，《記纂淵海》卷88引同〔註91〕；宋刻本、程本、萬治刊本、四庫本作「篡」，《御覽》卷832引同，有注：「篡，取也。」陳子昂《梓州射洪縣陳君碑》：「弋者何慕，鴻飛高雲。」〔註92〕李白

〔註90〕引者按：「慕」當作「篡」，汪氏引誤，陳仲夫失校。
〔註91〕《記纂淵海》四庫本在卷52。
〔註92〕《文苑英華》卷873、《唐文粹》卷70、《永樂大典》卷3134引「慕」同，《野

《書懷示息秀才》：「弋者何所慕，高飛仰冥鴻。」唐・李華《隱者讚》：「弋者
何為？仰慕飛鴻。」宋・宋祁《僕射孫宣公墓誌銘》：「弋者何慕，鶪鵬已翔。」
皆用《法言》語，而字作「慕」。唐・梁肅《四皓贊》：「弋者何思，鴻飛冥冥。」
「思」、「慕」同義。韓愈《崔十六少府攝伊陽以詩及書見投因酬三十韻》：「肯
效屠門嚼，久嫌弋者纂（篡）。」韓氏所見本作「篡」。

（7）鶪明遴集，食其絜者矣

李軌注：遴集者，類聚群遊，得其所也。

汪榮寶曰：《音義》：「遴集，鄰振切。」宋、吳並云：「遴，行難也。」義
本《說文》。彼段注云：「引伸為遴選，選人必重難也。」然則遴集者，審擇所
止，不輕集也。弘範讀遴為鱗，故訓為類聚群遊。然則鶪明鱗集，喻眾賢並進
也。（P196～197）

按：洪頤煊曰：「『遴集』與『鱗集』同，言其多也。」〔註93〕朱駿聲曰：
「遴，叚借為鴬。《法言》云云。」〔註94〕《說文》：「鴬，鳥聚貌。」讀遴為
鱗義長。

（8）鳳鳥蹌蹌，匪堯之庭

汪榮寶曰：鳳鳥，《御覽》卷915引作「鳳皇」。（P196）

按：景宋本《御覽》引仍作「鳳鳥」，《事物紀原》卷8引同，汪氏未見
宋本。《玉海》卷199、《事文類聚》後集卷42引作「鳳凰」。俞樾曰：「按
『匪堯之庭』下，亦當有『乎』字。吳祕曰：『治則見，非堯之庭乎？』是
其義也。」〔註95〕

《寡見》卷第七

（1）多聞見而識乎邪道者，迷識也

李軌注：君子多聞見而心愈真也，小人多聞見而心愈偽也。

汪榮寶曰：注「心愈偽也」，按：治平本如此，錢本同；世德堂作「情愈

客叢書》卷6引作「篡」，《文苑英華》有校語云：「慕，《集》作『篡』。」
〔註93〕洪頤煊《漢書叢錄》，收入《讀書叢錄》卷19，《續修四庫全書》第1157冊，
　　　　上海古籍出版社2002年版，第730頁。
〔註94〕朱駿聲《說文通訓定聲》，武漢市古籍書店1983年版，第835頁。
〔註95〕俞樾《古書疑義舉例》卷4「反言省『乎』字例」條，俞樾等《古書疑義舉例
　　　　五種》，中華書局1956年版，第74頁。

偽也」，浙江書局校刻秦本亦然。此據世德堂本改之耳。（P215）

按：宋台州本同治平本作「心愈偽」，宋刻本、明刊本、萬治刊本、四庫本作「情愈偽」。

（2）春木之芚兮，援我手之鶉兮；去之五百歲，其人若存兮

李軌注：春木芚然而生，譬若孔氏啟導人心，有似援手而進，言其純美也。

宋咸曰：芚，猶盛也。鶉，猶美也。

吳祕曰：天氣之春使群木芚然而盛，孔子之道使群士翕然而興。援我手相與游處之，鶉乎而安之。鶉，猶言淳也。

汪榮寶曰：司馬云：「李本『芚』作『芒』。」按：錢本作「芒」，是元豐監本如此。今治平本作「芚」，乃後校書者依溫公《集注》修改。秦校云：「《音義》不出『芚』字，是其本作『芒』也。其實『芚』是『芒』非，《音義》本傳寫訛耳。」按：秦說是也。「芚」與「鶉」、「存」為韻，作「芒」則不韻矣。湘鄉曾編修廣鈞云：「《說文》無『芚』。篆書『春』作『萅』，『芚』即『萅』之省。然則春木之芚語意重複，疑當作『睠木』。『睠』與『援』韻，此句首用韻例也。《說文》：『睠，顧也。』睠木之春，猶云顧彼木之春耳。」舍弟東寶云：「芚即屯也。《說文》：『屯，難也。象艸木之初生，屯然而難。從屮貫一。一，地也。尾曲。』此『屯』之本義也。自後通用為盈滿蓄聚之義，而本義轉微，故更造從艸之『芚』字當之。」榮按：東說是也。春木之芚，謂《五經》應時而造，若嘉木乘春而出，屯然其難也。《音義》：「鶉兮，音純。」按：鶉者，「奄（奄）」之假。《說文》：「奄（奄），大也。讀若鶉。」經傳多以「純」為之。援我手之鶉，言天下方溺，《五經》之作，如聖人援我以手，奄（奄）乎其大也〔註96〕。胡云：「李注言其純美，蓋讀鶉為純。」（P217～220）

姚瑩曰：先曾祖堂名「援鶉」，出《揚子·寡學（見）篇》「春木之芚兮，援我手之鶉兮」。言孔子教人，有以手援而醇和也。蓋字與「醇」同，非鶉鳥之謂也〔註97〕。

李慈銘曰：「鶉」乃「醇」之借字〔註98〕。

〔註96〕引者按：汪氏原書三「奄」均作「奄」，是也。陳仲夫誤作「奄」字。

〔註97〕姚瑩《識小錄》，黃山書社1991年版，第188頁。劉聲木《萇楚齋五筆》卷8從其說，收入《叢書集成三編》第7冊，新文豐出版公司1997年印行，第407～408頁。

〔註98〕李慈銘《援鶉堂筆記》跋尾，參見王利器輯《越縵堂讀書簡端記》，天津人民出版社1980年版，第317頁。

劉師培曰：李注云云。案：溫公從宋、吳本「芒」作「苉」，當從之。注云「芒然」，亦「苉然」之誤。（P590）

劉師培《補釋》曰：李注：「春木芒然而生。」宋、吳本「芒」作「苉」，溫公從之。案：易「芒」為「苉」，斯與下語協韻。《序卦傳》曰：「屯者，物之始生也。」《說文》曰：「屯，象草木之初生。」是屯象春木初生之形。古「苉」字均作「屯」，後人加草為「苉」，遂由「苉」而誤作「芒」矣。（P618～619）

徐仁甫曰：苉，《類篇》「木始生貌」，並引揚子《法言》此詩二句。「鶉」同「醇」，「醇」又同「純」，《廣韻》「好也」，故李注言純美〔註99〕。

程邦雄曰：屯者，初成之牙苞。《法言》汪榮寶疏云云，劉師培《補釋》云云。此「苉（屯）」字即用其芽苞之本義〔註100〕。

按：①宋台州本作「芒」，注同；宋刻本、程本、明刊本、萬治刊本、四庫本同治平本作「苉」（治平本注作「芒」），《竹溪鬳齋十一藁》續集卷28、四庫本《記纂淵海》卷1、《西谿易說》原序、南宋‧馮夢得《豫章先生遺藁序》引同。《集韻》：「苉，木始生皃。」〔註101〕《類篇》同。《增韻》：「苉，盛貌。」並引《楊子》亦作「苉」。宋‧劉辰翁《紫芝道院記》：「如春木之苉，五百歲而猶存。」宋‧王應麟《慈湖書院記》：「春木之苉兮，其人若存兮。」用《法言》語亦作「苉」。秦恩復、汪榮寶說當作「苉」，是矣。②「鶉」字李軌訓純美是也，字亦作純、醇、淳。「苉」字宋咸訓盛貌，是也。考《說文》：「奄，大也。」《集韻》：「萫，艸盛貌。」草木盛貌曰苉、萫，火盛貌曰炴，水勢大曰沌，多言曰詑，大雨貌曰雹，其義一也，皆「奄」分別字。

（3）良玉不雕，美言不文

汪榮寶曰：美言不文，《御覽》卷390引作「至言不文」。《淮南子‧說林》云：「至味不慊，至言不文，至樂不笑，至音不叫。」（P221）

按：《初學記》卷21、《御覽》卷585引仍作「美言」。

〔註99〕徐仁甫《古詩別解》，上海古籍出版社1984年版，第79頁；又中華書局2014年版，第85頁。

〔註100〕程邦雄《說「屯」》，《語言研究》1999年第1期，第30頁；又收入程邦雄《文字訓詁論集》，華中科技大學出版社2009年版，第13頁。

〔註101〕《集韻》據潭州宋刻本，南宋初明州刻本、寧波明州述古堂影宋鈔本、金州軍刻本同；錢恂藏揚州使院本、日本天保九年重刊顧廣圻補刻本、曹氏棟亭本、四庫本字頭「苉」誤作「屯」。

（4）荒乎淫，拂乎正，沈而樂者，君子不聽也

李軌注：拂，違也。沈，溺也。

汪榮寶曰：《音義》：「拂乎，符勿切。」世德堂本作「佛」。按：《說文》：「弗，撟也。」引伸為戾，為違。經傳多以「拂」或「佛」為之。（P226）

按：宋治平本、宋台州本作「拂」，宋刻本、程本、明刊本、萬治刊本、四庫本作「佛」。台州本有校語云：「拂，又作佛。」注文作「佛」。李軌注拂訓違，是也，汪氏以「弗」為本字則誤。拂、佛，並讀作咈。《說文》：「咈，違也。」《史記・秦始皇本紀》「不敢盡忠拂過者」，鈔本《治要》卷11引「拂」作「咈」（天明刊本改作「拂」）。字亦作佛、費、曊，又省作弗，音轉作悖、勃、弻。又音轉作非，《說文》：「非，違也。」

（5）雷震乎天，風薄乎山

汪榮寶曰：《廣雅》：「薄，聚也。」（P229）

按：汪說誤也。《淮南子・兵略篇》：「擊之若雷，薄之若風。」薄，讀為迫，急促也。

（6）灝灝之海濟，樓航之力也

李軌注：濟，度也。言度大海在舟船，興大治在禮樂。

汪榮寶曰：灝灝之海，世德堂本作「浩」。《御覽》卷771引作「灝灝于海」。按：《經傳釋詞》云：「于猶乎也。」又為歎美之詞。然則「灝灝于海」猶云灝灝乎海，疑舊本如此，校書者不知「于」字之義，改為「之」字耳。（P238～239）

按：「濟」一字為句。宋治平本、宋台州本作「灝灝」，宋刻本、程本、明刊本、萬治刊本、四庫本作「浩浩」。景宋本《御覽》卷771引「航」作「舡」。「舡」同「船」。《文選・六代論》李善注引作「浩浩之海，濟，樓航之力也」。汪氏謂《御覽》作「灝灝於海」是舊本，非是。

（7）航人無楫，如航何？

汪榮寶曰：船人無楫，《御覽》卷771引作「舫人無檝」。吳曹侍讀元忠云：「作『舫人』者是也。《說文》：『舫，船師。《明堂月令》曰：「舫人，習水者。」』隸書方、亢形近，又涉上下文而誤。」按：曹說是也。（P239）

按：景宋本《御覽》卷771引作「航人」，《文選・六代論》李善注引同。

不作「舫」字，曹說非是。

（8）乘國者，其如乘航乎？航安，則人斯安矣

汪榮寶曰：人斯安矣，《書鈔》卷 138、《類聚》卷 71 並引作「民斯安矣」。曹侍讀云：「蓋唐以前本如此。今作『人』者，乃唐人避諱改之。」按：人謂航人，不當作「民」。此唐以後校書者以唐諱「民」曰「人」，故遇唐本「人」字輒還為「民」，或於所不當改者亦改之也。（P240～241）

劉師培曰：《類聚》卷 71 引「則人」作「而民」，《御覽》卷 770 亦引作「人」。（P591）

按：景宋本《御覽》卷 770 引亦作「則民斯安矣」。曹說是，此以乘航喻乘國，故云「航安，則民斯安」也。

（9）惠以厚下，民忘其死；忠以衛上，君念其賞

汪榮寶曰：《易・兌》彖曰：「說以先民，民忘其勞；說以犯難，民忘其死。」《詩・東山》序引作「說以使民，民忘其死」。《左傳・襄公篇》引《夏書》曰：「惟帝念功。」（P241）

按：《三國志・趙雲傳》裴松之注引《雲別傳》：「當陽之役，義貫金石。忠以衛上，君念其賞；禮以厚下，臣忘其死。」本於《法言》。

《五百》卷第八

（1）赫赫乎日之光，群目之用也；渾渾乎聖人之道，群心之用也

汪榮寶曰：「赫赫乎日之光」，世德堂本作「日出之光」。按：《說苑・建本》引河間獻王云：「湯稱學聖王之道者，譬如日焉。夫捨學聖王之道，若捨日之光。」此以日之光喻聖人之道，即本河間獻王書。世德堂本有「出」字，乃淺人欲整齊文句妄增之。（P262）

按：宋治平本、宋台州本作「日之光」；宋刻本、程本、明刊本、萬治刊本、四庫本作「日出之光」，《周易窺餘》卷 7、《記纂淵海》卷 1、《永樂大典》卷 19636 引同〔註102〕。台州本有校語云：「一作『日出之光』。」宋・王安中《賀淵聖皇帝登寶位表》：「雖同群目，幸瞻日出之光；弟遠辰居，莫預眾星之拱。」用《法言》之典。河間獻王以日之光喻「學聖人之道」，非以喻「聖

〔註102〕《記纂淵海》四庫本在卷 55。

人之道」。

（2）聖人之言遠如天，賢人之言近如地

汪榮寶曰：賢人，《御覽》卷104引作「賢者」。（P262）

按：《御覽》見卷401，汪氏誤其卷號。

（3）檄之而已矣

李軌注：弓良在檄格，人良在禮樂。

按：宋治平本、宋台州本作「檄」；宋刻本、程本、明刊本、萬治刊本、四庫本作「撽」，《示兒編》卷13引同。檄（檠）、撽，正、俗字。

《先知》卷第九

（1）昔在周公，征于東方，四國是王

李軌注：王，正。

汪榮寶曰：《詩·破斧》：「周公東征，四國是皇。」毛傳云：「皇，匡也。」王應麟《詩考》引董氏云：「《齊詩》作『四國是匡』。」按：此作「王」者，蓋《魯詩》異文。《春秋繁露·深察名號》云：「王者，皇也，匡也。」然則三字聲近義同。古文詩作「皇」，傳寫或為「匡」，或為「王」，其義皆為正也。注「王，正」，世德堂本「正」作「匡」。（P286、289）

按：注「王，正」，宋治平本如此，宋刻本、宋台州本、萬治刊本、四庫本「正」作「匡」。

（2）禽獸食人之食，土木衣人之帛，穀人不足於晝，絲人不足於夜之謂惡政

汪榮寶曰：《御覽》卷816引作「此謂惡政也」。（P291）

劉師培曰：《御覽》卷819引作「此謂惡政也」。（P594）

按：《御覽》見卷818，汪、劉二氏均誤其卷號。

（3）籩豆不陳，玉帛不分，琴瑟不鏗，鍾鼓不鞎，則吾無以見聖人矣

吳祕曰：鞎，鍾鼓之聲也。「鞎」與「隱」聲相近，隱訇，皆聲也。

汪榮寶曰：《音義》：「不鞎，于粉切。天復本作『耺』，音雲，耳中聲也。」按：紹興本《後漢書·輿服志》注引正作「耺」，與天復本同。《廣韻》：「耺，耳中聲。」即《音義》所本，《集注》從之。然鍾鼓不耺，義殊未協。《說文》：「鞎，

3

有所失也。」亦非此文之義。按：《子華子・虎會》云：「鐘鼓柷圉，日以抾考，而和聲不聞。」「抾考」連文，義當相近，正合《法言》此文語意。（P291）

方以智曰：《揚子》「鐘鼓不抾」，注：「聲也。」則上聲矣。智謂言其盛，猶芸芸也〔註103〕。

洪頤煊曰：「耺」當是「眈」字之譌。《文選・吳都賦》：「鐘鼓之鏗耽有殷」，李善注：「鏗耽，大聲也。」《長門賦》「聲噌吰而似鐘音」，李善注：「噌吰，聲也。」「吰」與「耽」同〔註104〕。

按：宋治平本、宋台州本作「抾」，《附釋文互註禮部韻略》「抾」字條、《樂書》卷79、109引同《樂書》卷90引作「枮」；宋刻本、萬治刊本、四庫本作「耺」，程本、明刊本作「眈」。台州本有校語云：「抾，一作耺。」「枮」是「抾」俗譌字。「耺」訓耳中聲者，耺之言紛紜，指耳鳴亂聲，非此文之誼。耳鳴亂聲為耺，目眩暈為眩，水轉流為沄，雲轉起為霣，語不定為訜，心亂為忶、惛，其義一也。《子華子》「抾考」，抾亦是紜，考者擊也，抾考謂紛亂敲擊，故云和聲不聞。「抾考」連文，義不相近。汪說非是。吳祕說「抾」與「隱」聲相近，字亦作「殷」，大聲也，與「鏗」對舉，吳注可備一通。洪頤煊說「耺」當作「眈」，亦備一通，「眈」與「鏗」亦對舉。

（4）君子為國，張其綱紀，謹其教化

汪榮寶曰：治平本「謹」作「議」。秦校云：「『議』當作『謹』。」按：世德堂本作「謹」，今從之。《韓詩外傳》云：「謹其教道。」（P296）

劉師培《校勘記》曰：議讀若儀。「儀」為「儀型」之儀，猶言準一其教化也。（P609）

按：宋刻本、宋台州本、程本、明刊本、萬治刊本、四庫本亦作「謹」，《記纂淵海》卷29引同〔註105〕。台州本有校語云：「謹，李作議。」秦、汪說是。

（5）脩之以禮義，則下多德讓

劉師培曰：「脩」當作「循」。「循」與「順」同，猶云順之以禮義也。

〔註103〕方以智《通雅》卷9，收入《方以智全書》第1冊，上海古籍出版社1988年版，第373頁。
〔註104〕洪頤煊《讀書叢錄》卷16，《續修四庫全書》第1157冊，上海古籍出版社2002年版，第703頁。
〔註105〕《記纂淵海》四庫本在卷60。

（P594，P609《校勘記》說同）

按：各本均作「修」，《記纂淵海》卷 29 引同〔註106〕。「修」字不誤，治也，行也。

（6）曰：「於乎！天先秋而後春乎？將先春而後秋乎？」

李軌注：於乎者，駭歎之聲。

汪榮寶曰：《音義》：「於，音『烏』。」世德堂本作「嗚呼」。（P299）

按：宋治平本、宋台州本作「於乎」，《御覽》卷 19 引同；宋刻本、程本、明刊本、萬治刊本、四庫本作「嗚呼」。音轉亦作「於戲」、「烏虖」。

（7）必也律不犯，奏不剡

李軌注：此亦言當以純德化之，使不犯律，不剡奏也。

汪榮寶曰：《音義》：「剡，以冉切。」《說文》：「剡，銳利也。」按：銳所以刺，故此藉以為譏刺之意。民無罪行則律不犯，君無過舉則奏不剡。犯、剡韻語。（P304）

按：《爾雅》：「餤，進也。」本指進食，引申之凡進皆曰餤。

（8）剛則甄，柔則坏

李軌注：甄，燥也；坏，濕也。言失和也。

宋咸曰：甄，破瓦，又破罋也。坏坏，恐也。言陶法太剛則破裂，太柔則恐弱而不能成。

司馬光曰：宋、吳本「坏」作「坏」，今從李本。

汪榮寶曰：《音義》：「甄，五計切，破瓦也。坏，芳杯切，未燒瓦也。俗本作『坏』，字之誤也。」按：宋、吳本作「坏」。《音義》：「注『甄，燥也』，俗本誤作『躁』；『坏，濕也』，誤作『坏，懼也』。」〔註107〕世德堂本「坏，濕也」，「濕」作「慢」。司馬云：「坏，土疏慢不黏也。言甄者和土剛柔之齊，太剛則破裂，太柔則疏慢。治天下之道，亦猶是也。」似溫公所據本亦作「慢」……未燒謂之坏，燒而未成亦謂之坏。（P304）

劉師培《補釋》曰：李注未窮甄、坏之本訓。甄即破裂斷折之義矣。坏為未燒之瓦。未燒之瓦，其體未堅，則坏又為不堅緻之義矣。（P622）

〔註106〕《記淵海》四庫本在卷 60。
〔註107〕此上均《音義》說，陳仲夫未檢《音義》原文，誤以為汪榮寶語。

按：宋治平本、宋台州本、程本正文作「坏」，宋刻本、程本、萬治刊本、四庫本作「坯」，明刊本作「怌」，《學林》卷4引作「坏」。台州本有校語云：「坏，一作怌。」治平本注文作「坏，濕也」，台州本作「坏，慢也」，宋刻本、萬治刊本、四庫本作「坯，慢也」，明刊本作「怌，慢也」。上舉各本注文「燥」同。《集韻》、《類篇》：「怌，恐懼也。」並引《揚子》「柔則怌」為證。《附釋文互註禮部韻略》：「怌，音丕，慢也。」《增韻》：「怌，慢也。」亦並引《揚子》「柔則怌」為證。「坯」是「坏」俗字，「怌」是形誤。宋咸據誤字訓作恐，《集韻》、《類篇》本其說，非是。

（9）譬諸算乎

汪榮寶曰：治平本「算」作「筭」，各本皆作「算」。（P304）

按：宋台州本亦作「筭」，有校語云：「筭，一作算。」其他各本皆作「算」。

《重黎》卷第十

（1）賢皆不足卲也。

李軌注：卲，美。

吳祕曰：三子之從師無名焉，若以賢者議之，俱不足高也。

汪榮寶曰：治平本作「邵」，世德堂本同。錢本作「卲」，今從之。《小爾雅》：「卲，美也。」《說文》：「卲，高也。」（P335～336）

按：宋刻本、宋台州本、程本、明刊本、四庫本均作「邵」。《學林》卷10引作「卲」，又辨「邵、卲」二字之異。

（2）迄始皇三載而咸

李軌注：皆屬秦也。

汪榮寶曰：咸猶兼也。《詩·閟宮》鄭箋云：「咸，同也。」《廣雅》：「兼，同也。」咸、兼俱訓同，故兼亦可謂之咸。迄始皇而咸，猶《寡見》云「至於秦兼」也。溫公云「天下為一」，解咸為一，一亦同也。按：弘範訓咸為皆，而云「皆屬秦」，則以為指六國而言。俞云：「咸者，『𡃘』之假字。《說文》：『𡃘，絕也，讀若咸。』迄始皇三載而咸，謂至始皇三載而絕也。李注訓咸為皆，失之。」榮謂曲園讀咸為𡃘，義雖與弘範異，其以為指六國言則同。然下文云云，均謂秦，不謂六國。則所謂三載而咸者，自即就始皇言。若以為指六國，則上下文義不能一貫。李注固非，俞說亦未得也。（P339、345）

黃式三曰：「咸」即減削也……三晉皆減削都邑於三年內也。而注「咸」訓屬〔註108〕。

于省吾曰：按注及俞、汪說並非。咸猶畢也。（P439）

顏昌嶢曰：「咸」有兼並義乎？《莊子》云「周徧咸三者，異名同實，其指一也」〔註109〕。

徐山曰：「咸」不如訓和，尤為切當〔註110〕。

按：汪說是。「咸」即「兼」音轉，無庸遞相為訓。「鹹」或作「鎌」，「蜮」或作「蠊」，是其比也。

（3）東溝大河，南阻高山，西采雍、梁，北鹵涇垠

李軌注：采，食稅也。

吳祕曰：東以大河為溝塹，南以商山為險阻，西以雍、梁二州為供事，北以涇水之垠為鹵地。采，事也。《書》曰「百里采」，孔云：「供王事而已。」

司馬光曰：宋、吳本「高山」作「商山」，今從李本。梁州，蜀地也。鹵，掠也。涇垠，謂義渠，掠其畜食以自資。

汪榮寶曰：吳云云。《音義》：「鹵音魯。」按：《穀梁傳·昭公篇》云：「中國曰大原，夷狄曰大鹵。」《古微書》引《春秋說題辭》云：「廣延曰大鹵。」（P344）

按：《古微書》見卷11：「高平曰大原，廣延曰大鹵。」考《水經注·汾水》：「《春秋說題辭》曰：『高平曰太原。原，端也，平而有度。』《廣雅》曰：『大鹵，太原也。』《釋名》曰：『地不生物曰鹵。』」今本《廣雅·釋地》作「大鹵，大原也」。《永樂大典》卷11129引《水經注》「廣雅」誤作「廣延」，《古微書》所據本誤同，因引《春秋說題辭》云「廣延曰大鹵」，復刪去「太原也」三字。此文「鹵」，讀作虜、擄，猶言掠奪，司馬光說是也。采，獲取也，諸說並誤。

〔註108〕黃式三《儆居集》卷4《讀子集一·讀李注〈法言〉》，收入《黃式三全集》第5冊，上海古籍出版社2014年版，第271頁。胡玉縉《續四庫提要三種》從其說，上海書店2002年版，第127頁。李軌注「咸」訓皆，不訓屬。

〔註109〕顏昌嶢《讀〈法言〉》，《船山學報》1933年第2期，第7頁。

〔註110〕徐山《〈法言〉小詁》，南京師範大學學報編輯部《古文獻研究文集》第1輯，1986年版，第111頁；又收入《探義尋根——徐山文字訓詁萃編》，齊魯書社2016年版，第241頁。

（4）秦伯列為侯衛，卒吞天下，而赧曾無以制乎？

按：赧，宋治平本、宋台州本作「赥」。台州本有校語云：「赥，或為赧。」赧、赥，正、俗字。

（5）天下孤睽

李軌注：睽，猶乖離也。

汪榮寶曰：「孤睽」雙聲連語，乖離分散之意，單言之則曰「睽」，長言之則曰「睽孤」，《漢書·五行志》引《易傳》：「睽孤，見豕負塗。」顏注云：「睽孤，乖剌之意也。」倒言之則曰「孤睽」，其義一也。（P358）

按：「孤睽」、「睽孤」亦作「楑佤」，音變又作「乖寡」、「乖苽」，已見本書《問道篇》校補。

（6）昔在有熊、高陽、高辛、唐、虞三代，咸有顯懿

汪榮寶曰：司馬云：「宋、吳本『顯懿』作『顯德』。」按：劉越石《勸進表》、王元長《曲水詩序》、班叔皮《王命論》李注三引並作「顯懿」。（P363）

按：宋刻本、宋治平本、宋台州本、程本、萬治刊本、四庫本作「顯懿」，明刊本作「顯德」。台州本有校語云：「顯懿，一作『顯德』。」《文選·勸進表》、《曲水詩序》李善注引此文作「顯懿」。《文選·王命論》「帝王之祚，必有明聖顯懿之德」，宋尤刻本李善注引此文作「顯懿」，宋明州本、奎章閣本同，國圖藏宋刻本、四部叢刊影南宋本李善注引均作「顯德」。

（7）胎藉三正

宋咸曰：「胎」當為「跆」，字之誤也。胎藉，猶暴侮也。

吳祕曰：胎，始也。藉，狼藉也，謂亂也。胎藉，猶言侮擾也。

汪榮寶曰：《音義》：「胎藉，『胎』當作『跆』，徒來切。跆，蹋也。藉，慈夜切。」按：「胎藉」乃古語蹂躪之意，或作「駘藉」。《天官書》：「兵相駘藉。」《漢書·天文志》作「跆籍」。亦作「跆藉」，夏侯孝若《東方朔畫贊》：「跆藉貴勢。」《說文》無「跆」。凡連語皆以聲為義，不容析詁。俗學以「跆藉」既為蹂躪，字當從足，乃以作「胎」為非，此不知古人連語之義例也。（P364）

劉師培曰：此語蓋本《書·甘誓》「怠棄三正」。「胎」、「怠」同聲叚用。（P597）

按：宋治平本、明刊本作「胎藉」；宋刻本、宋台州本、程本、萬治刊本、四庫本作「胎籍」，《示兒編》卷 11 引同。汪說是，吳祕、劉師培說誤。惠棟亦指出「胎籍」即「駘藉」〔註 111〕。但汪說「連語不容析詁」則誤。《史記‧天官書》「駘藉」，紹興本作「駘籍」。《集解》引蘇林曰：「駘音臺，登躡也。」《漢志》顏注引蘇林曰：「跆音臺，登躡也，或作蹈。」駘（跆）、蹈、登一聲之轉。藉（籍）亦蹈也，字亦作蹋、蹟。《釋名》：「蹋，藉也，以足藉也。」

（8）或問「淳于越」。曰：「伎曲。」……越與亢眉，終無撓辭，可謂伎矣

李軌注：有才伎也。

汪榮寶曰：伎讀為駃。《說文》：「駃，馬彊也。」引伸為凡彊之稱。《廣雅》：「駃，強也。」《通俗文》：「強健曰駃。」「伎曲」相反為義，謂強而終屈也。（P370）

章太炎曰：「伎」與「曲」對，故以終無撓辭說伎，則伎為直誼明甚〔註 112〕。

劉師培曰：案：伎眾亢眉及無撓言，與「曲」對文。疑與《史記‧項羽傳》「枝梧」義同。枝，柱也。李說非。（P597）

劉師培《補釋》曰：李注望文生意。「支」與「搘」同。支，柱也。支猶拒也。……此伎與支、枝義同。言越能與始皇相支柱也。《史記‧魯仲連傳》云：「技桓公之心。」亦與此文之「伎」同。（P623～624）

按：伎，讀作忮。《說文》：「忮，很也。」又「很，不聽從也。」違逆、不從之義。人性彊很之字作忮，馬彊很的分別字作駃。撓，程本、明刊本、萬治刊本同，宋刻本、宋台州本、宋治平本、四庫本作「橈」。

（9）始皇方虎挒而梟磔，噬士猶臘肉也

汪榮寶曰：《說文》無「挒」，有「齚」，云：「齒分骨聲。」「虎挒」之挒，當即此字。《廣雅》：「磔，開也。」字亦作「矺」。磔謂裂其肢體而殺之。臘讀為醢。《說文》：「醢，蒼也。」（P370）

按：汪氏讀臘為醢，誤也。「挒」是「列」分別字，明刊本形誤作「例」。

〔註 111〕 惠棟《後漢書補注》卷 8，收入《二十四史訂補》第 4 冊，書目文獻出版社 1996 年版，第 434 頁。
〔註 112〕 章太炎《膏蘭室札記》卷 1，收入《章太炎全集》，上海人民出版社 2014 年版，第 52 頁。

「列」俗字作「裂」，亦謂開裂也。《三國志・譙周傳》《仇國論》：「於是豪彊並爭，虎裂狼分。」腊肉指乾肉。謂噬士猶如噬乾肉，「腊肉」上省「噬」字。《易・噬嗑》：「噬腊肉，遇毒。小吝，無咎。」

（10）處廢興之分

汪榮寶曰：世德堂本「廢興」作「興廢」。（P387）

按：獨治平本作「廢興」，宋刻本、宋台州本、程本、明刊本、萬治刊本、四庫本均作「興廢」。

（11）至顯，不終矣

李軌注：顯，光之夫人名也。毒殺許皇后，光心知之，而不討賊。

按：注「光心知之」之「光」字上，宋刻本、宋治平本、宋台州本、明刊本、萬治刊本、四庫本均有「後」字，當據補。霍光乃事後知之，未預其事，「後」字斷不可缺。

（12）明哲不終項仕，如終項仕，焉攸避？

汪榮寶曰：世德堂本「不終項仕」作「不終」，無「項仕」二字。（P399）

按：治平本有二「項仕」，宋刻本、宋台州本、程本、明刊本、萬治刊本、四庫本均是「如終」下無「項仕」二字，可以承上省略。余未見世德堂本，疑汪氏誤校。

（13）欒布之不倍

李軌注：欒布為梁大夫，奉使，高祖誅梁王彭越，布使還，報命首下，哭而祠斂之也。

汪榮寶曰：不倍，各本皆作「不塗」。《音義》：「欒布之不塗，天復本作『不倍』。」按：「不塗」無義。司馬云：「『塗』當作『渝』，變也。」亦未確。作「不倍」，於義為長，今從之。《史記・自序》云：「欒公不劫於勢而倍死。」此文「欒布之不倍」，即用《史記・自序》文也。（P403）

劉師培曰：嘉祐本亦作「倍」。「倍」字疑非。不塗，猶云弗偽飾。（P598）

劉師培《校勘記》曰：不塗，猶言不偽飾。嘉祐本作「倍」，疑後人所改。（P611）

按：「塗」、「倍」形聲俱遠，不得各本均誤作「塗」。塗，讀作舍、捨，捨棄、離去也。

《淵騫》卷第十一

（1）樗里子之知也，使知國如葬，則吾以疾為蓍龜

李軌注：疾者，樗里子之名。死葬，豫言後當有兩天子宮夾我，果如其言。使其策算國事如之，則吾以疾為蓍龜者，有為有行動而問焉。

汪榮寶曰：世德堂本作「使知國如知葬」。袁彥伯《三國名臣序贊》：「思同蓍蔡。」李注引此文作「樗里之智也，使知國若葬，吾以疾為蓍蔡也」。似舊本「龜」作「蔡」。（P427）

按：宋治平本、宋台州本作「如葬」，宋刻本、程本、明刊本、萬治刊本、四庫本作「如知葬」。台州本有校語云：「如葬，一作『知葬』。」「如」形誤作「知」，宋刻本等復誤合作「如知葬」。李善注引作「蓍蔡」，改字以就正文耳，未必舊本「龜」作「蔡」。

（2）塹山堙谷，起臨洮，擊遼水

汪榮寶曰：世德堂本作「堙」。《說文》：「堲，阬也。」「塹」即「堲」之別體，《史記》亦作「塹」。秦校云：「『擊』當作『繫』。繫，屬也。《史記》云『屬之遼東』，不作『擊』，可知。但各本皆誤，或治平初刻已如此。」俞云：「『擊』字無義，疑『磬（罄）』字之誤。《爾雅》：『磬（罄），盡也。』〔註113〕言起臨洮，而盡遼水也。《史記》作『起臨洮，至遼東』，『至』即盡義。」按：秦說是也。（P430～431）

按：宋治平本、宋台州本作「塹」，《通鑒》卷7引同；宋刻本、程本、明刊本、萬治刊本、四庫本作「堙」。各本均作「擊」，《通鑒》卷7引同。《淮南子·人間篇》：「因發卒五十萬，使蒙公、楊翁子將，築脩城，西屬流沙，北擊遼水，東結朝鮮，中國內郡挽車而餉之。」亦作「擊」字。方以智曰：「『擊』借『及』字也。《莊子》『目擊而道存』，《淮南·人間訓》云云，並與『及』同。」吳玉搢說同〔註114〕，蓋即本於方氏。王念孫曰：「極亦盡

〔註113〕俞氏原文作「罄」字，汪氏誤引作「磬」，陳仲夫未能校正。張雙棣、何寧引俞說誤同。張雙棣《淮南子校釋》（增定本）卷18，北京大學出版社2013年版，第1950頁（1997年舊版，第1908頁）。何寧《淮南子集釋》卷18，中華書局1998年版，第1289頁。

〔註114〕方以智《通雅》卷7，收入《方以智全書》第1冊，上海古籍出版社1988年版，第298頁。吳玉搢《別雅》卷5，收入景印文淵閣《四庫全書》第222冊，臺灣商務印書館1986年初版，第775頁。

也。《廣韻》『鑿，又楷革切』。字或作擊，《淮南·人閒篇》云云。『擊』與『鑿』同。謂築長城西連流沙、北盡遼水也。《法言》云云，亦謂起自臨洮而盡於遼水也。」〔註115〕俞樾說二出，一見《法言平議》，一見《淮南子平議》，全本於王念孫。《莊子》「目擊」，擊讀為瘛、掣，掣動也。指眼目瞤動〔註116〕。《淮南》「擊遼水」，顧廣圻曰：「『擊』疑當作『繫』。《史記》所謂『屬之遼東』也。屬、繫、結皆同義（《法言》云云，誤與此同）。」馬宗霍亦謂當作「繫」，何寧則謂借為「繫」〔註117〕。何寧說是，不必以為誤字，《樂府詩集》卷75《築城曲》解題引《淮南子》正作「繫」。

（3）原野猒人之肉，川谷流人之血

汪榮寶曰：《說文》：「猒，飽也。」古書多以「厭」為之。《東都賦》用此語，《後漢書·班固傳》作「猒」，章懷注引《法言》同，明舊本《法言》如此。世德堂本作「厭」，《文選》及李注引《法言》同。蓋校書者以少見「猒」字改之。（P437）

按：宋治平本、宋台州本作「猒」，《通鑒》卷7引同；宋刻本、程本、明刊本、萬治刊本、四庫本作「厭」。《文選》李周翰注：「厭，猶積也。」唐·慧立本《大唐大慈恩寺三藏法師傳》卷5用此語，亦改「猒」作「積」。

（4）曼面為姊

吳祕曰：《小爾雅》：「曼，無也。」

汪榮寶曰：《音義》：「曼面，謨官切，塗面。」俞云：「曼當讀為鏝。《爾雅》：『鏝謂之杇。』《說文》：『杇，所以塗也。』是鏝者，所以塗之具，故塗即謂之鏝。鏝面者，塗面也。《音義》說得之。」按：《傳》作「皮面」，《韓策》同，蓋「披」之假。《說文》：「披，析也。」謂破析其面，不欲令人識之。此云曼面者，曼謂曼漶。（P439～440）

按：司馬光用《音義》說。《列女傳》卷8作「披其面」，P.2569《春秋後語》作「破面」，披、破亦讀為披。「曼」字諸家說並誤。曼當讀為䰞，剝

〔註115〕王念孫說轉引自王引之《經義述聞》卷26，江蘇古籍出版社1985年版，第620頁。
〔註116〕參見蕭旭《馬王堆古醫書校補》。
〔註117〕何寧《淮南子集釋》卷18，中華書局1998年版，第1289頁。顧廣圻、馬宗霍說轉引自何書。

—987—

離也〔註118〕。《廣雅》：「剝、脫、𦜕、皮，離也。」澤存堂本、覆宋重修本、巾箱本、符山堂藏板、覆元泰定本《廣韻・願韻》：「𦜕，皮帨。」《鉅宋廣韻・願韻》同；《鉅宋廣韻・阮韻》、巾箱本《廣韻・阮韻》「帨」作「悅」，覆宋重修本、澤存堂本、符山堂藏板、覆元泰定本《廣韻・阮韻》作「脫」。作「脫」字是。《玉篇》：「𦜕，皮脫也。」《集韻》：「𦜕，《博雅》：『離也。』謂皮脫離。」

（5）折節，周昌、汲黯

李軌注：折節謂直諫。高祖欲易太子，周昌面爭，以為不可。武帝時，公孫弘為丞相，汲黯面折弘於上前，以為弘諛不忠。

吳祕曰：折節，言其能降也。夫彊直之人，降則為亂。若二公者，天姿彊直而能乃降，其折節可尚矣。

汪榮寶曰：《音義》：「折節，之設切。」俞云：「折，『抗』字之誤。言其能抗節而不撓也。」按：俞說至謬，「折節」無義，必「抗節」之誤……注「折節謂直諫」。按：此李本「折節」作「抗節」之證。字惟作「抗」，故以直諫釋之。（P456、460）

按：「折節」有二義，一是屈己之節以下人，一是屈人之節以下己。書傳多用前義，故吳祕曰「折節，言其能降」，俞樾以為不合文義而改作「抗節」。《漢書・田蚡傳》「非痛折節以禮屈之，天下不肅」，顏師古注：「痛猶甚也。言以尊貴臨之，皆令其屈節而下己也。」此用後一義，本書此例亦然。《漢書・汲黯傳》說黯「為人性倨，少禮，面折，不能容人之過……其諫，犯主之顏色」，又《周昌傳》說昌「昌為人強力，敢直言，自蕭、曹等皆卑下之……而昌庭爭之強」。此文「折節」，正指面折庭爭，以禮下人而從己。「折」字不誤。注「弘諛」，宋刻本作「私諛」

（6）或問……「叔孫通」。曰：「槧人也。」

李軌注：叔孫通，秦博士，避二世之亂，遇高祖起兵，從之。天下既定，還復從儒，見事敏疾。

吳祕曰：叔孫通采古禮與秦儀，雜著漢儀，簡牘之人也。槧，猶牘也。

《說文》曰：「牘樸也。」〔註119〕《西京雜記》曰：「子雲好事，常懷鉛提槧。」

汪榮寶曰：俞云：「李注謂『見事敏疾』，未詳其義。據《五百篇》楊子以魯兩生為大臣，則其不滿於叔孫通也，甚矣！不當如李氏說也。秘曰云云，此說亦殊未安。槧疑當為鋤。《太玄·上》：『初一，挫厥鋤鋤。』溫公解為挫其銳進躁急之志。叔孫通不知禮樂百年而後興，而急欲為之，豈非所謂鋤鋤者乎？故楊子以為鋤人。『鋤』字依《說文》本作『鑢』。」胡部郎云：「槧當讀為倢。《說文》：『倢，伇也。伇，便利也。』《方言》：『虔儇，慧也。宋、楚之間謂之倢。』郭注：『倢，言便利也。』《廣雅》：『倢，疾也。』倢即倢字，今以『捷』為之。叔孫通為人機警，故楊子以為倢人，而李注即以見事敏疾釋之。『敏疾』疑本作『敏捷』。」綏之此說，甚得李義，然讀槧為倢，「倢人」連文，亦嫌無據。榮謂《說文》：「憸，險陂（詖）也〔註120〕，憸利於上，佞人也。」《盤庚》云：「相時憸民。」馬云：「憸利，小小見事之人也。」又《立政》云：「國則罔有立政用憸人。」馬云：「憸利，佞人也。」《釋文》兩引徐邈音並七漸反，是讀與「槧」同，則槧人即憸人，用《尚書》語。（P469～470）

劉師培曰：槧無敏訓，疑與《荀子》「漸詐」義同。（P600）

劉師培《補釋》曰：「槧」與「漸」同。《書·呂刑》：「民興胥漸。」王引之解漸為詐……諸「漸」字均當訓詐。蓋揚子以叔孫通為詐人也。夫叔孫通之所為，無一而非譎詐。又《五百篇》以魯二臣不受通徵，稱為「大臣」，則揚子之嫉通也久矣，故以「漸人」斥之。（P624～625）

徐復觀曰：所謂槧人者，叔孫通在秦時雖待詔博士，又為漢太常，實乃未讀書之人，猶槧本以作書而尚未書〔註121〕。

按：徐復觀不通訓詁，全是妄說；叔孫通一代通儒，「從儒生弟子百餘人」（見《史記》本傳），徐氏竟說成是未讀書之人。劉師培說是也。陳直亦謂「『槧』為『漸』字之假借，亦當訓為詐欺之人」〔註122〕，其說當本於劉氏耳。帛書《周易經傳·要》「僨人為而去詐（詐）」，陳松長、廖名春等均讀僨

〔註119〕 台州本作「牘樸」，與今本《說文》「槧，牘樸也」合，宋刻本、萬治刊本「樸」作「璞」。
〔註120〕 《說文》原文「陂」作「詖」。
〔註121〕 徐復觀《兩漢思想史（二）》，九州出版社 2014 年版，第 495 頁。
〔註122〕 陳直《讀子日札·荀子》，收入《摹廬叢著七種》，齊魯書社 1981 年版，第 22 頁。

為漸，訓詐欺〔註123〕。又槧、讒聲轉，讀槧為讒亦通，謂讒諛也。考《史記·叔孫通傳》載叔孫通為秦博士，其諫二世，諸生斥通曰：「先生何言之諛也？」後叔孫通從項梁，從懷王，事項王，降漢王，魯兩儒生斥通曰：「公所事者且十主，皆面諛以得親貴。」叔孫通固讒諛反復之人也。

（7）曰：「血國三千，使捋疎，飲水，褐博，沒齒無愁也。」

　　汪榮寶曰：《音義》：「捋疏，上音郎活切，俗本作『將』，誤。沒齒無愁也，俗本誤作『沒齒然也』。」按：宋、吳本「捋疎」作「將疏」，「無愁」作「然」，司馬從之，世德堂本承之，今悉依治平本。《說文》：「捋，取易也。」按：與「采」同詁。《周禮·太宰》鄭注云：「疏材，百草根實可食者。」「疎」即「疏」之別體。（P468）

　　按：宋治平本、宋台州本作「捋疎」，宋刻本作「將疎」，程本作「將疏」，明刊本作「将疎」，萬治刊本作「將疏」，四庫本作「将疏」。台州本有校語云：「捋，一作将。」治平本、台州本作「無愁」，宋刻本、程本、明刊本、萬治刊本、四庫本作「然」。「疎」同「疏」、「疏」，俗作「蔬」。其上字當作「捋」為正，形誤作「將」，復誤作「将」、「將」。《韓詩外傳》卷1「挈奄捋蔬」，《御覽》卷765引同，又卷426引作「採蔬」，《新序·節士》作「將蔬」。俞樾曰：「『將』、『持』皆『捋』字之誤。《御覽》作『採』，則後人以意改之。」〔註124〕

《君子》卷第十二

（1）或問「君子似玉」。曰：「純淪溫潤，柔而堅，玩而廉，隊乎其不可形也。」

　　李軌注：君子於玉比德焉，《禮記》論玉備矣。

　　宋咸曰：隊，眾也。言玉之德，眾乎不可盡形容之。

　　吳祕曰：隊乎，猶言垂之如隊。其惟似德，不可形狀。

　　司馬光曰：「玩」當作「刓」，音完，謂廉而不劌。「隊」與「墜」同，謂垂之如墜。

〔註123〕　參見《長沙馬王堆漢墓簡帛集成》第3冊整理者所引，中華書局2014年版，第117頁。
〔註124〕　俞樾《讀韓詩外傳》，收入《春在堂全書》，《曲園雜纂》卷17；又收入《諸子平議補錄》卷16（李天根輯），中華書局1956年版，第133頁。

汪榮寶曰：俞云：「《說文》：『憝，深也。』『隊』疑『憝』之假字。惟其深，故不可得而形矣。」榮謂「隊」當讀為《詩·柏舟》「威儀棣棣」之「棣」，彼毛傳云：「富而閑習也。」鄭注云：「安和之貌也。」（P503）

按：李、吳、司馬說是，宋、俞、汪說均誤。《禮記·聘義》：「君子比德於玉焉：溫潤而澤，仁也；縝密以栗，知也；廉而不劌，義也；垂之如隊，禮也。」《初學記》卷27、《御覽》卷805並引《五經通義》：「玉有五德：溫潤而澤，有似於智；銳而不害，有似於仁；抑而不撓，有似於義；有瑕於內必見於外，有似於信；垂之如墜，有似如禮。」此文「純淪溫潤」即「溫潤而澤」也，「柔而堅」即「縝密以栗」、「抑而不撓」也，「玩而廉」即「廉而不劌」、「銳而不害」也，「隊乎」即是「垂之如隊（墜）」也。

（2）仲尼之道，猶四瀆也，經營中國，終入大海。它人之道者，西北之流也

汪榮寶曰：它，治平本作「他」。按：《問道篇》「他」字均作「它」，此文世德堂本亦作「它」，今據改。（P506）

按：治平本作「他」，《西山讀書記》卷36、《記纂淵海》卷12引同〔註125〕；宋刻本、宋台州本、程本、明刊本、萬治刊本、四庫本均作「它」。經營，《意林》卷3、《御覽》卷403、《記纂淵海》卷4引同〔註126〕，《記纂淵海》卷12引臆改作「經流」。

（3）不果則不果矣，又以巫鼓

李軌注：巫鼓猶妄說也。妄說傷義，甚於不言。一曰巫鼓之儔，奚徒不果而已，乃復寄詼誕以自大，假不學而高通，故揚子既吐觸情之談，又發巫鼓之義。

宋咸曰：夫巫，左道者也。言彼之書，非徒不果純於聖人之道而已，今大行於世，復使人學之，得其雜說，如左道之巫以鼓動其事，惑夫眾者也。

汪榮寶曰：「又」各本皆作「人」。《音義》：「人以巫鼓，天復本作『又以巫鼓』。」按：此形誤之顯然者，今據訂正。巫讀為誣，誣鼓謂誣妄鼓扇。弘範以「乃復」云云釋「又以巫鼓」，是其所據本「人」作「又」之證。（P509）

劉師培曰：「鼓」疑「瞽」省，猶云巫史。（P602）

〔註125〕《記纂淵海》四庫本在卷56。下同。
〔註126〕《記纂淵海》四庫本在卷55。

劉師培《補釋》曰：李軌解巫鼓為妄說。不知巫即巫覡之巫，鼓即瞽瞍之瞽也。古代巫主降神；瞽主掌樂，亦主降神。故《國語》言瞽史知天。古代荒渺之談，神語之史，大抵出於巫、瞽二官。「人以巫鼓」者，言傳記之書既多失實，遂使人人逞荒渺之說，與巫、瞽同。李說非也。（P626）

按：汪氏校「人」作「又」是也，而讀巫為誣則誤。李軌注「巫鼓猶妄說也」乃以比喻釋其詞義，並非訓巫為妄。巫，宋咸說指左道者，不誤。劉師培「巫瞽」說是。

《孝至》卷第十三

（1）或問「忠言嘉謀」。曰：「言合稷、契之謂忠，謀合皋陶之謂嘉。」

汪榮寶曰：「忠言嘉謀」，錢本、世德堂本作「嘉謨」，下「謀合皋陶」作「謨合」，此校書者因《皋陶謨》乃《尚書》篇名，故改「謀合皋陶」字為「謨」，而並改「或問嘉謀」字為「嘉謨」也。治平本兩「謨」字皆作「謀」，今浙江局翻刻秦氏影宋本乃皆作「謨」，此又校者用世德堂本改之。《漢書·匈奴傳贊》「忠言嘉謀之士」，語即本此，明《法言》舊本作「謀」也。（P531～532）

按：宋治平本、宋台州本作「謀」，宋刻本、程本、明刊本、萬治刊本、四庫本作「謨」。宋台州本有校語云：「謀，一作謨。」《容齋三筆》卷12引二句均作「謨」，《唐鑑》卷14引下句作「謨」。是宋本有作「謀」、作「謨」二本。

（2）食如蟻，衣如華

李軌注：食如蟻，言精細也。衣如華，服文彩也。

汪榮寶曰：《音義》：「螘，與蟻同。」《御覽》卷849、947引並作「蟻」。按：「食如蟻」於義難通，疑當作「皚」。《說文》：「皚，霜雪之白也。」「食如皚」猶云食如霜雪狀，精米之潔白也。「皚」誤為「螘」，傳寫遂改為「蟻」耳。世德堂本誤作「皑」……按《論語》：「食不厭精，膾不厭細。」然以「如皚」為喻精細，似未安。（P534、536）

湯炳正曰：果如汪說，則作「食如霜雪」方可通。若作「食如皚」，則須解作食如白，是成何語哉？崔駰《七依》云：「玄山之粱，不周之稻，萬鑿百陶，精細如蟻。」是古人皆以蟻比食之精者，不必改字〔註127〕。

〔註127〕湯炳正《〈法言〉汪注補正》，《制言》第4期，1935年版，本文第4頁。

按：《書鈔》卷 142 引此文「螘」亦作「蟻」。程本亦誤作「螘」。李注、湯說是。湯氏所引後漢・崔駰《七依》，《書鈔》卷 142 凡二引，又卷 144 引同（惟「粱」誤作「梁」）。鑿借作繫，陶借作淘。言稻粱精繫後精細如蟻，正足證此文及李注。

（3）黃支之南，大夏之西，東鞮、北女，來貢其珍

吳祕曰：「東鞮北女」未詳，或傳寫之誤，當言「北鞮東女」。

汪榮寶曰：「東鞮」即「東鯷」也。「北女」未聞。司馬云：「女，女國也。」今以事實方輿度之，於北當言匈奴。吳胡部郎玉縉云：「北女者，北匈奴也，省稱曰北奴。『奴』字斷爛，脫右旁，遂為『女』耳。」榮按：下文「詪詪北夷，被我純繢，帶我金犀」云云，稱匈奴為北夷，疑此文「北女」或即「北夷」之誤。「夷」字漫漶，傳寫因改為「女」歟？（P547）

按：汪說「東鞮」即「東鯷」，是也，指今臺灣，一說指日本。「北女」疑「北狄」之誤，指匈奴。

（4）被我純繢

李軌注：純，繒。繢，畫。

按：純繢，《書鈔》卷 142 引同，《御覽》卷 849、《鶡冠子・王鈇》陸佃注引誤作「純繢」。

（5）珍膳寧䫞

李軌注：寧䫞，䫞其口也。

宋咸曰：言安然而饗珍膳。

吳祕曰：常珍之膳，以安然䫞其口。

汪榮寶曰：《御覽》卷 849 引作「曼䫞」。按：「寧䫞」於義難通，當依《御覽》作「曼䫞」。《楚辭・招魂》王注云：「曼，澤也。」《後漢書・杜篤傳》章懷太子注云：「曼，美也。」世德堂本「䫞」誤作「䫢」，注同。按：《爾雅》：「䫞，饐也。」《莊子・人間世》《釋文》引李云：「䫞，食也。」然則「曼䫞」謂精米之食，與「珍膳」對文，「曼」、「寧」形近而誤。（P552）

劉師培曰：《御覽》卷 849 引作「曼䫞」（《書鈔》卷 142 引亦作「寧」）。（P604）

湯炳正曰：寧䫞即飪䫞也。《御覽》卷 849 引《通俗文》云「熅羊乳曰

酪，酪曰飪餬」，又引慕容光《與顧和書》曰「今致飪餬十斤」〔註128〕，是也。字亦是（作）「醍醐」。寧、飪、醍三字，一聲之轉耳。《詩》「鴟鴞」，毛傳云：「鸋鳩也。」孔疏亦云：「鴟鴞一名鸋鳩。」《廣韻》以為「鸋鳩」即「鶌鳩」。此寧、氐、是三聲通轉之證也。寧餬者，乃酪漿之尤美者。汪氏改作「曼餬」似誤。章先生云：「寧與醍舌音同類，亦可云雙聲。然醍醐本戎狄之物，中國不應以此享之，彼亦未必以為珍膳也。今謂『寧餬』當依《御覽》引作『曼餬』。『曼餬』乃形況之辭，據《釋名》『胡餅，作之大漫沍也』，《天官·鼈人》注『互物，謂有甲㒼胡，龜鼈之屬』，『漫沍』、『㒼胡』皆平徧圓滿之謂。《莊子·說劍篇》『曼胡之纓』，司馬云：『曼胡，麤纓，無文理也。』此則以曼為縵，亦取平徧之義。此珍膳曼餬，則取徧滿之義。凡是數者，悉當於音求之。若求之字形，則窒矣。」〔註129〕

按：宋治平本、宋台州本作「寧餬」，《書鈔》卷142、《永樂大典》卷2259引同；宋刻本、程本、明刊本、萬治刊本、四庫本作「寧鍸」。章太炎說是，「曼餬」是形容珍膳的狀詞，字亦作「漫湖」、「縵胡」，不是名詞。《文子·下德》「是以器械不惡，職事不慢也」，P.4073《文子》「慢」作「寧」，《淮南子·主術篇》作「嫚」。「寧」亦「曼」形誤。形誤之例胡敕瑞另有舉證〔註130〕，可參。

2021年1月1日～2月20日初稿，2月20日～2月23日二稿。
本稿部分內容以《法言校詁》名義發表於《古典學志》第2輯，2022年版，第26～39頁。

〔註128〕《御覽》卷858引《通俗文》云「熅羊乳曰酪酥，曰飪餬」，又引慕容晃《與顧和書》亦作「飪餬」，湯氏誤其字形及句讀，又誤其卷號。「飪」是「飪」誤。
〔註129〕湯炳正《〈法言〉汪注補正》，《制言》第4期，1935年版，本文第4～5頁。
〔註130〕胡敕瑞《隸書形近相誤揭例》，《古漢語研究》2019年第4期，第41～42頁。胡文承王挺斌博士檢示，謹致謝忱！